**ABITUR-TRAINING**

# Erziehungswissenschaft 1

## Entwicklung, Erziehung, Sozialisation und Identität

Matthias Frohmann · Stephanie Kleinwegener · Christoph Storck

**STARK**

**Autoren:**

MATTHIAS FROHMANN-STADTLANDER (geb. Frohmann) war jahrelang Lehrer für Erziehungswissenschaft und Evangelische Religionslehre an einem Gymnasium. Zurzeit ist er an der Ruhr-
Universität Bochum für die Fachdidaktik des Pädagogikunterrichtes in der AG Schulforschung tätig.
Dadurch hat er zusätzlich zu seinen Erfahrungen als Lehrkraft Einblick in aktuelle Unterrichts-
methoden und Aufgabenformen.

STEPHANIE KLEINWEGENER ist Fachleiterin für das Fach Erziehungswissenschaft und Kernseminarlei-
terin am Zentrum für schulpraktische Lehrerausbildung sowie Lehrerin für Erziehungswissenschaft
und Englisch an einem Gymnasium. Diese Tätigkeiten eröffnen ihr unterschiedliche Sichtweisen auf
die Fachinhalte, die sie in die schülergerechten Lernhilfen einbringt.

DR. CHRISTOPH STORCK †

© 2015 by Stark Verlagsgesellschaft mbH & Co. KG
www.stark-verlag.de

Das Werk und alle seine Bestandteile sind urheberrechtlich geschützt. Jede vollständige oder
teilweise Vervielfältigung, Verbreitung und Veröffentlichung bedarf der ausdrücklichen
Genehmigung des Verlages.

# Inhalt

Vorwort

## Die pädagogische Perspektive .................................................... 1

**1 Was ist die Aufgabe von Erziehung?** .............................. 1

1.1 Erziehung als Reaktion auf die Entwicklungstatsache .................. 2

1.2 Der Erziehungsbegriff Klaus Beyers ............................................. 2

**2 Mündigkeit, Freiheit und Moralität als zentrale Erziehungsziele** ................................................... **5**

2.1 Immanuel Kant: Erziehung zu Aufklärung und zu Moralität ......... 6

2.2 Nicht-affirmative Bildung und Erziehung – Werten lernen anstatt Werte lernen ....................................... 8

**3 Erziehung und Bildung aus pädagogischer Perspektive** .......... **10**

**4 Pädagogik im Verhältnis zu Psychologie, Soziologie, Biologie, Philosophie** ...................................................... **12**

## Entwicklung, Sozialisation und Erziehung .................................... 15

**1 Freuds Modell psychosexueller und psychosozialer Entwicklung** .......................................................... **15**

1.1 Wie entsteht die Psychoanalyse? ................................................ 15

1.2 Das psychoanalytische Persönlichkeitsmodell ......................... 17

1.3 Das Phasenmodell menschlicher Entwicklung ........................... 20

1.4 Zentrale Einsichten der Psychoanalyse ...................................... 22

1.5 Die Bedeutung der Psychoanalyse für die Pädagogik .................... 24

**2 Eriksons Modell psychosexueller und psychosozialer Entwicklung** .......................................................... **27**

2.1 Das epigenetische Prinzip ........................................................ 27

2.2 Einteilung des menschlichen Lebens in acht Phasen .................... 28

2.3 Kritische pädagogische Würdigung des Phasenmodells Eriksons .... 41

**3 Piagets Modell der kognitiven Entwicklung** .......................... **46**

3.1 Grundlagen der Lehre Piagets .................................................. 46

3.2 Die Phasen der kognitiven Entwicklung nach Piaget ..................... 48

3.3 Einwände gegen Piagets Theorie ............................................... 55

3.4 Kritische pädagogische Würdigung des Ansatzes von Piaget .......... 58

**4 Moralische Entwicklung am Beispiel des Just-Community-Konzeptes nach Kohlberg** ............................................................ **61**

4.1 Kohlbergs Stufenmodell zur moralischen Entwicklung ................ 61

4.2 Kohlbergs Ansatz in der wissenschaftlichen Diskussion ............... 68

4.3 Moralische und demokratische Erziehung und Bildung als
komplexe pädagogische und gesellschaftliche Aufgabe ................ 72

**5 Meads Verständnis von Sozialisation als Rollenlernen** ........... **77**

5.1 Grundgedanken und Intentionen Meads ................................... 78

5.2 Kritische pädagogische Würdigung des Modells
symbolisch-sprachlicher Kommunikation Meads ....................... 81

**6 Förderung kindlicher Bildungsprozesse: Sprachentwicklung
und Bedeutung des Spiels** ...................................................... **84**

6.1 Bildung im Verständnis Gerd E. Schäfers ................................. 84

6.2 Prozesse der Selbstbildung und Prozesse eines bildenden Lernens ... 87

6.3 Die Bedeutung des Spiels .................................................... 93

6.4 Sprachentwicklung ........................................................... 96

6.5 Reggio-Pädagogik ............................................................ 99

6.6 Pädagogische Würdigung des Ansatzes Gerd E. Schäfers .............. 102

**7 Erziehung in der Familie** ...................................................... **106**

7.1 Was ist eine Familie? ......................................................... 107

7.2 Die systemische Sicht auf Familie ......................................... 110

7.3 Erziehung in der Familie – Chancen und Gefahren ..................... 113

7.4 Ergänzte Familien – familiale Professionalisierung .................... 119

7.5 Aufgaben von Familie – pädagogische Konsequenzen ................. 121

**8 Das Modell der produktiven Realitätsverarbeitung nach
Klaus Hurrelmann** ................................................................ **123**

8.1 Hurrelmanns Nachdenken über Lebensphasen als Fundament
seiner Theorie .................................................................. 123

8.2 Entwicklungsaufgaben im Jugendalter ................................... 124

8.3 Das Modell der acht bzw. zehn Maximen der produktiven
Realitätsverarbeitung ........................................................ 127

8.4 Das Modell der produktiven Realitätsverarbeitung als Fundament
für Versuche, auffallende Phänomene oder auch Probleme des
Jugendalters zu erklären ..................................................... 133

8.5 Pädagogische Würdigung des Modells Hurrelmanns ................... 134

**9 Verschiedene Theorien zur Erklärung von Jugendgewalt** ....... **138**

9.1 Der soziologische Ansatz nach Heitmeyer ............................... 138

9.2 Aggressionen aus der Sicht der Psychoanalyse .......................... 149

Entstehung und pädagogische Förderung
von Identität und Mündigkeit .................................................... **153**

**1** **Das Rollenkonzept des soziologischen Interaktionismus
nach Lothar Krappmann** ........................................................ **154**
1.1 Krappmanns Kritik traditioneller Rollenkonzepte –
am Beispiel Meads ................................................................. 154
1.2 Krappmanns kritische Einstellung zu konventionellen
Rollenkonzepten ................................................................... 156
1.3 Das Rollenkonzept des Interaktionismus ............................... 157
1.4 Kritische pädagogische Würdigung von Krappmanns
Identitätskonzept .................................................................. 162

**2** **Hurrelmanns Aussagen zur Identitätsentwicklung** .............. **163**

**3** **Neue Formen der Identität im 21. Jahrhundert?** .................... **164**

**4** **Unzureichende Identitätsentwicklung** ................................. **169**
4.1 Eriksons Begriff der Identitätsdiffusion ................................. 169
4.2 Deviantes Verhalten aufgrund der Identitätsdiffusion ................ 172

**5** **Erziehung durch Medien und Medienerziehung** ................... **181**
5.1 Theorien zu medialen Einflüssen ........................................... 183
5.2 Mediennutzung und -wirkung ............................................... 186
5.3 Medienpädagogik ................................................................. 188

**Lösungen** ................................................................................. **195**

Stichwortverzeichnis ................................................................. 231
Quellennachweis ....................................................................... 234

Autoren: Matthias Frohmann, Stephanie Kleinwegener, Dr. Christoph Storck

# Vorwort

**Liebe Schülerinnen und Schüler,**

der vorliegende Band „Abitur-Training Erziehungswissenschaft 1" hilft Ihnen dabei, sich gezielt auf die **Abiturprüfungen ab 2017** vorzubereiten. Alle **inhaltlichen Schwerpunkte** für Grund- und Leistungskurse werden in diesem Buch und im „Abitur-Training Erziehungswissenschaft 2" (Stark Verlag, Best.-Nr. 54944) berücksichtigt.

- Im ersten Kapitel werden Sie in die pädagogische Perspektive eingeführt. In den anderen beiden Kapiteln werden die jeweiligen **Inhalte und Theorien** zu den **abiturrelevanten Themen** der Q1 zunächst **vorgestellt** und in einem zweiten Schritt **kritisch betrachtet**. Es geht nicht nur darum, Theorien kennenzulernen und zu verstehen, sondern auch darum, diese in einer pädagogischen Perspektive anwenden, beurteilen und bewerten zu lernen.
- **Übungsaufgaben** am Ende jedes Kapitels helfen Ihnen, Ihr Fachwissen selbst zu überprüfen. Sie können üben, dieses nicht nur zu reproduzieren, sondern auch kritisch zu reflektieren und in anderen Kontexten heranzuziehen. Am Ende des Bandes finden Sie **Lösungsvorschläge**, damit Sie Ihre Antworten beurteilen können.
- **Tabellen und Grafiken** erleichtern das Lernen und unterstützen Sie darin, Wissen zusammenzufassen oder vergleichend zu betrachten.
- Ein ausführliches **Sachregister** ermöglicht es Ihnen, Fachbegriffe schnell nachzuschlagen und Wissenslücken effektiv zu schließen.

In den Büchern „Abiturprüfungsaufgaben mit Lösungen. Erziehungswissenschaft LK" (Stark Verlag, Best.-Nr. 55940) bzw. GK (Stark Verlag, Best.-Nr. 55941) finden Sie die Abituraufgaben der letzten Jahre und Übungsaufgaben zu den neuen Schwerpunktthemen mit Lösungen. Zusammen ermöglichen die Bände eine **optimale Abiturvorbereitung**.

Viel Erfolg in der Abiturprüfung wünschen Ihnen

Matthias Frohmann und Stephanie Kleinwegener

# Die pädagogische Perspektive

## 1 Was ist die Aufgabe von Erziehung?

Wer das Unterrichtsfach Erziehungswissenschaft belegt, beschäftigt sich u. a. mit Entwicklungs- und Sozialisationstheorien oder mit der Geschichte der Kindheit und des Schulwesens. Diese Inhalte können auch in anderen Fächern behandelt werden: in Sozialwissenschaften, Geschichte, Psychologie oder im Religionsunterricht. Worin besteht also die spezifisch pädagogische Perspektive?

## 1.1 Erziehung als Reaktion auf die Entwicklungstatsache

Wenn Menschen auf die Welt kommen, können sie nicht ohne Hilfe überleben. Sie benötigen die Unterstützung Erwachsener, bis sie ihr Leben selbstständig führen können. Der Pädagoge **Siegfried Bernfeld** hat diese Einsicht in eine Definition von Erziehung einfließen lassen:

> *„Erziehung ist die Summe der Reaktionen einer Gesellschaft auf die Entwicklungstatsache."* Siegfried Bernfeld (1892–1953)

Die Tatsache der Entwicklung von Kindern und Jugendlichen ruft unterschiedliche Reaktionen hervor, z. B. die Bereitstellung von Nahrung und Kleidung. Ohne Nahrung und Kleidung können sich Kinder und Jugendliche nicht gesund entwickeln. Ist das aber schon „Erziehung"?

## 1.2 Der Erziehungsbegriff Klaus Beyers

**Erziehung als Versuch, die Entwicklung der Edukanden zu fördern**
Welche Reaktionen auf die Entwicklungstatsache als „Erziehung" begriffen werden können, hat der Erziehungswissenschaftler Klaus Beyer präzisiert:

> *„‚Erzieherische Handlungen' … sind solche Handlungen, mit deren Hilfe versucht wird, die Entwicklung (der Dispositionen) einer (anderen) Person in deren Interesse zu fördern."* Klaus Beyer (geb. 1941)

Beyer unterscheidet zunächst **Handeln von Verhalten**. Verhalten umfasst alle menschlichen Aktivitäten und Äußerungen, Handeln nur einen Teil davon. Wer handelt, verfolgt immer bewusst bestimmte Ziele. Im nächsten Schritt unterscheidet er **verschiedene Arten von Handlungen**. Handlungen können sich – z. B. als technisches Handeln – auf die Natur beziehen oder – als soziales Handeln – auch auf Menschen. Es ist ein Unterschied, ob mit einem Rasenmäher der Rasen geschnitten wird oder ob ein Mensch einen anderen bittet, das Fenster zu schließen. Letzteres könnte dieser verweigern.

Nicht jedes soziale Handeln ist Erziehung. Soziales Handeln liegt z. B. auch vor, wenn Erwachsene mit anderen Erwachsenen Verkaufsgespräche führen. Was ist dann das Besondere an Erziehung? Beyer antwortet: **Erziehen ist soziales Handeln mit einer besonderen Absicht.** Er nennt drei Merkmale, die Erziehen von anderen Formen sozialen Handelns unterscheiden:
1. Erziehen strebt keine kurzzeitige Verhaltensänderung, sondern die Veränderung und den Aufbau von Dispositionen an.
2. Erzieherisches Handeln will die Entwicklung seines Adressaten fördern.

3. Und dies soll im Interesse des Edukanden geschehen. (Auch die Werbung zielt darauf ab, die Disposition ihres Adressaten zu verändern. Sie hat aber ein wirtschaftliches Interesse: ein Produkt zu verkaufen und Gewinne zu erzielen. Dies muss nicht im Interesse des Adressaten sein. Man denke z. B. an Werbung für Süßigkeiten, die sich an Kinder richtet.)

Erzieherisches Handeln ist immer eingebettet in **Bedingungen**. Eine Familie lebt in einem bestimmten Wohnumfeld, hat bestimmte soziale Kontakte und finanzielle Möglichkeiten, nutzt bestimmte Medien. Diese Bedingungen haben mehr oder weniger großen Einfluss darauf, ob beabsichtigte Wirkungen erzieherischen Handelns eintreten oder nicht.

Jeder Erzieher macht die Erfahrung, dass die beabsichtigte **Wirkung** nicht mit der tatsächlichen übereinstimmt. In der Regel treten auch Nebenwirkungen auf, die oft unerwünscht sind. Der Erzieher wird dann darüber nachdenken, ob er das richtige Erziehungsziel angestrebt, angemessene Mittel gewählt und die Bedingungen richtig eingeschätzt hat.

### Erziehung in technologischer und axiologischer Sicht

In seinem **Strukturmodell** liefert Beyer ein Instrumentarium von Begriffen, das zur Analyse von Erziehungssituationen und zur Planung von erzieherischem Handeln genutzt werden kann. Er unterscheidet zwei Ebenen:
- **technologische** Gesichtspunkte: Welche Mittel sind zur Erreichung welcher Ziele unter welchen Bedingungen erfolgsversprechend?
- **axiologische** Aspekte: Ist das Handeln bzw. das Ziel des Handelns wertvoll?

| | Handlungsdimension | | Bedingungs-dimension | Wirkungs-dimension |
|---|---|---|---|---|
| | Zwecke | Mittel | Bedingungsfeld | Wirkungs-hypothesen |
| | zu prüfende Erziehungsziele | zu prüfende erzieherische Handlungsmöglichkeiten | erkennbare Bedingungen erzieherischen Handelns | absehbare Nebenwirkungen erzieherischen Handelns |
| **technologisches Kriterium** | erreichbar? | erfolgsversprechend? | erfolgsfördernd, -widrig, -neutral? | erfolgsverstärkend, -widrig, -neutral? |
| **axiologisches Kriterium** | normativ wünschenswert? | normativ wünschenswert? | normativ erwünscht? | normativ wünschenswert? |

Abb. 1: Klaus Beyers Strukturmodell

Beyers Erziehungsbegriff ist allgemein angelegt. Er geht nicht darauf ein, welche Ziele und Mittel gewählt werden. Darum ist er geeignet für die Planung erzieherischer Handlungen und für die Kritik vorliegender Konzeptionen und Praktiken.

Erzieherisches Handeln, das erfolgreich realisiert wird, muss **noch nicht erzieherisch gutes Handeln** sein. Die Erziehung in der Hitlerjugend war zweifellos effektiv, und dennoch wird sie nicht als wertvoll angesehen. Umgekehrt können gute erzieherische Ziele allein nicht gewährleisten, dass sie auch erreicht werden. Was aber ist „gutes" Handeln, was sind „gute" Ziele? Hier ergeben sich folgende Fragen:

- Welche Rolle spielt z. B. der Adressat erzieherischer Handlungen? Wird seine Mitwirkung beim Prozess seiner Entwicklung unterschätzt?
- Wer bestimmt, ob bzw. welche erzieherischen Handlungen im Interesse des Heranwachsenden sind?
- Was heißt Erziehung in unserer komplexen, modernen, demokratisch verfassten Zivilgesellschaft? Wodurch unterscheidet sie sich von Erziehung in vormodernen Gesellschaften, in faschistischen oder kommunistischen Diktaturen, in Gottesstaaten? Gibt es Maßstäbe, mit deren Hilfe Erziehung in verschiedenen gesellschaftlichen Systemen sinnvoll bewertet werden kann?

Der Erziehungsbegriff Beyers und die Fragen, die sich daraus ergeben, führen vor Augen, wie weitreichend pädagogisch gedacht werden muss, will man einseitige Urteile vermeiden. Sicherlich können im Alltag nicht immer alle Gesichtspunkte einer pädagogischen Handlung berücksichtigt werden. Darum muss man die **Ebene des unmittelbaren pädagogischen Handelns** und die **Ebene der distanzierten pädagogischen Reflexion** unterscheiden.

Pädagogikunterricht zielt darauf ab, Wissen und Kompetenzen für pädagogisches Handeln zu vermitteln. Im theoretischen Unterricht kann die Ebene des unmittelbaren erzieherischen Handelns aber nur indirekt berücksichtigt werden, vornehmlich findet erziehungswissenschaftliche Reflexion statt. Deshalb soll der Pädagogikunterricht nach Beyer **„paideutisches"** Wissen und „paideutische" Kompetenzen vermitteln. Mit dem Begriff „Paideutik" macht er deutlich, dass im Pädagogikunterricht vor allem das nötige Wissen vermittelt werden soll, um die erzieherische Wirklichkeit kritisch betrachten zu können und innerhalb einer solchen Perspektive handeln zu lernen. Er erkennt nur pädagogisch kompetentes und reflektiertes Denken und Handeln als paideutisch an. Tatsächlich findet im Alltag häufig pädagogisches Handeln statt, das nicht auf fundiertem pädagogischen Nachdenken beruht.

# 2 Mündigkeit, Freiheit und Moralität als zentrale Erziehungsziele

Erst vor etwa 250 Jahren wurde Erziehung zum Thema, zu dem sich zunächst aber nur wenige Philosophen und Pädagogen äußerten. Man ging damals davon aus, dass Gott die Welt vernünftig eingerichtet hat. **Erziehung hatte ganz selbstverständlich das Ziel, die Heranwachsenden in die durch göttliche Wahrheit begründeten Traditionen einzuführen.** Konkret bedeutete dies, dass man sein Leben lang dem Stand angehörte, in den man hineingeboren war. Sozialer Fortschritt war kaum denkbar, die individuelle Entwicklung endete mit der Eingliederung in die statischen Vorgaben von Stand und Religion.

Der Glaube an eine vorgegebene, feste, statische Ordnung der Welt ging mit **Beginn der sogenannten Neuzeit** zunehmend verloren. Newton, Kepler und Galilei erkannten und erklärten, dass die Erde nicht Mittelpunkt des Weltalls ist. Luther wiederum trat dem Glauben entgegen, dass Menschen einer von Gott eingesetzten Autorität gehorchen müssten. Damit aber begannen Menschen nicht nur die Autorität kirchlicher, sondern zugleich auch weltlicher Autoritäten in Zweifel zu ziehen. Mit der Erfindung des Buchdrucks konnten wiederum Ideen und Einsichten leicht weit verbreitet werden. Das aber setzte voraus, dass Menschen begannen, lesen und schreiben zu lernen. Das freiere Denken der Menschen begünstigte das Entstehen neuer Einsichten und damit neuer Handlungsmöglichkeiten. So veränderte sich ebenfalls – wenn auch langsam – die menschliche Arbeitswelt. Effektivere Methoden des Arbeitslebens erforderten wiederum Menschen, die veränderten Arbeitsanforderungen gewachsen waren. Mehr Menschen mussten mehr lernen.

Die traditionelle Ordnung der Gesellschaft geriet im **18. Jahrhundert** zunehmend in Bewegung. Der wachsende Einfluss des Bürgertums (von Kaufleuten, Manufakturbesitzern, Pfarrern, Lehrern und Professoren), die fortschreitende Alphabetisierung, der Einzug marktwirtschaftlicher Grundsätze, eine wachsende Effizienz der Arbeitsmethoden, die Erfolge bei der Verbesserung der landwirtschaftlichen Erträge führten dazu, dass am Ende des 18. Jahrhunderts mit den bürgerlichen Revolutionen in den Vereinigten Staaten von Amerika und in Frankreich die Konturen der modernen Welt sichtbar wurden. In Deutschland wurden u. a. in Preußen im System des aufgeklärten Absolutismus die Spielräume für die Durchsetzung bürgerlicher Lebensformen und Werte vergrößert. Der **gesellschaftliche Status wurde jedenfalls nicht mehr allein durch die Geburt festgelegt**, sondern zunehmend auch durch die Leistungen, die ein Mensch im Laufe seines Lebens erbrachte. Damit wiederum

6 ◢ Die pädagogische Perspektive

verbanden sich – wenn auch nur langsam und gegen Widerstände – **Veränderungen in den Wert- und Sinnorientierungen der Menschen**. Dadurch setzte ein Prozess ein, der sich unterdessen rasant beschleunigt hat und der sich bis heute immer weiter fortsetzt.

## 2.1 Immanuel Kant: Erziehung zu Aufklärung und zu Moralität

Der bedeutendste Denker, der Erziehung im Sinne der Aufklärung konzipierte, war Immanuel Kant. In seiner berühmten Definition liefert er einen normativen Maßstab – nicht nur für Erziehung:

> *„Aufklärung ist der Ausgang des Menschen aus seiner selbstverschuldeten Unmündigkeit. Unmündigkeit ist das Unvermögen, sich seines Verstandes ohne Leitung eines anderen zu bedienen. Selbst verschuldet ist diese Unmündigkeit, wenn die Ursache derselben nicht am Mangel des Verstandes, sondern der Entschließung und des Mutes liegt, sich seiner ohne Leitung eines anderen zu bedienen! Sapere aude! Habe Mut, dich deines eigenen Verstandes zu bedienen! ist also der Wahlspruch der Aufklärung."* Immanuel Kant (1724–1804)

Kant legt in seinen Vorlesungen über Pädagogik dar: **Der Mensch wird nur Mensch durch Erziehung!** Anders als das Tier besitzt er keinen natürlichen Instinkt und muss sich deshalb „seine Natur" selbst suchen. Erziehung kann Kant zufolge zu einem wichtigen **Motor des menschlichen, sogar menschheitlichen Fortschritts** werden. Es geht also nicht nur um die Entwicklung des Einzelnen, vielmehr muss immer die Zukunft – und zwar die der gesamten Menschheit – in den Blick genommen werden. Erziehung muss den „Weg zur Vervollkommnung der Menschheit", zu einem künftigen glücklicheren Menschengeschlecht anstreben. Was der Mensch aus seinen Anlagen machen kann, muss er in intergenerationellen Prozessen schrittweise selbst herausfinden. Deswegen fordert Kant auch, dass nur die „aufgeklärtesten Kenner" Erzieher der nächsten Generationen sein sollten.

Kant misstraut sowohl dem Elternhaus als auch dem Staat (damals als absolutistischer Staat in der Hand des Adels). Beiden unterstellt er einseitige oder egoistische Interessen: „Eltern sorgen für das Haus, Fürsten für den Staat." Beide hätten so niemals das „Weltbeste" im Auge.

Für den Erziehungsprozess beschreibt Kant vier Stufen, die er für unverzichtbar hält:
1. **Disziplinierung** meint die „Bezähmung der Wildheit". Heute spricht man von Trieb- und Bedürfniskontrolle, die jedes Kind erfahren muss. Kant war

sich dabei der Gefahr bewusst, dass Disziplinierung in der Erziehung leicht dazu führen kann, Kinder zu kritiklos-gehorsamen Charakteren zu erziehen.

2. **Kultivierung** beschreibt den Erwerb fundamentaler Kulturtechniken wie Lesen und Schreiben und auch den Erwerb von Tischsitten.

3. **Zivilisierung** bedeutet eine Weiterentwicklung der Kultivierung: Der Mensch muss lernen, sich innerhalb von sozialen Handlungsfeldern und gesellschaftlichen Erwartungen nicht nur angemessen, sondern auch im eigenen Interesse gewandt und klug zu verhalten.

4. Erst mit der **Moralisierung** erreicht aber Erziehung ihr eigentliches Ziel: Der Mensch lernt, aus eigenem Antrieb und eigener Einsicht, nur gute Zwecke zu verfolgen. Gute Zwecke, so hat Kant insbesondere mit dem sogenannten kategorischen Imperativ bestimmt, sind solche Zwecke, die „notwendigerweise von jedermann gebilligt werden; und die auch zu gleicher Zeit jedermanns Zwecke sein können".

Kant will, dass Menschen aus eigenem Willen und eigener Einsicht eine freie Entscheidung für moralisch gute Zwecke treffen. Ihm zufolge ist der Mensch als einziges Wesen nicht den Gesetzen der Natur unterworfen. Wer sich fremdbestimmt verhält, kann nicht moralisch handeln, auch wenn die Auswirkungen seiner Handlungen noch so nützlich sind. Kant überlegte auf der Basis dieser Einsichten, wie eine Erziehung zu Freiheit und Moralität gelingen kann:

> *„Eines der größten Probleme der Erziehung ist, wie man die Unterwerfung unter den gesetzlichen Zwang mit der Fähigkeit, sich seiner Freiheit zu bedienen, vereinigen könne. Denn Zwang ist nötig! Wie kultiviere ich die Freiheit bei dem Zwange? Ich soll meinen Zögling gewöhnen, einen Zwang seiner Freiheit zu dulden, und soll ihn selbst zugleich anführen, seine Freiheit gut zu gebrauchen."* Immanuel Kant

Der Mensch kann nicht von Geburt an frei handeln. Umgekehrt wäre nicht wünschenswert, wenn er nur gehorchen würde. So könnte er sich nicht zum freien Menschen entwickeln. Kant hat diese Problematik erkannt, aber keinen endgültigen Lösungsweg gefunden.

## 2.2 Nicht-affirmative Bildung und Erziehung – Werten lernen anstatt Werte lernen

Dietrich Benner interpretiert die „Klassiker" der Pädagogik, insbesondere Herbart und Humboldt mit Blick auf die Gegenwart neu. Er postuliert eine **nicht-affirmative Erziehung und Bildung**. Danach darf es nicht das Ziel von Erziehung und Bildung sein, dass die nachwachsenden Generationen genau die Überzeugungen und Haltungen der Menschen der ihnen jeweils vorangehenden Generation übernehmen sollen. Das bedeutet aber keineswegs, dass Eltern ihre Kinder nicht in die spezifischen Lebensweisen z. B. der eigenen Familien einführen dürften. Religiöse Eltern dürfen beispielsweise ihre religiösen Überzeugungen an ihre Kinder weitergeben und sie dürfen auch ihre Kinder an ihren jeweiligen religiösen Riten teilhaben lassen. Die Alternative wäre, die Kinder vollkommen ohne Religion aufwachsen zu lassen und somit die eigenen Überzeugungen den eigenen Kindern gegenüber zu unterdrücken. Das gilt ähnlich für kulturelle Orientierungen und Einstellungen. Menschen können nicht alle Religionen oder Kulturen gleichermaßen erleben und durchleben, um so am Ende „frei" entscheiden zu können. Hingegen darf die Bildung darum nicht einseitig bleiben. Kinder und Jugendliche müssen auch andere religiöse oder kulturelle Orientierungen als die ihrer Eltern oder ihres Umfeldes kennenlernen können. Auch dürfen ihnen Wissen oder Einsichten nicht vorenthalten werden, welche bewirken könnten, dass bisherige Überzeugungen und Einstellungen der Kinder und Jugendlichen hinterfragt werden müssten. Nur so können sie sich zu mündigen Menschen bilden.

Aus Mündigkeit resultiert hingegen keine beliebige Freiheit. Dietrich Benner hat erläutert, dass die menschliche Freiheit nicht einfach „**Willkürfreiheit**", aber ebenso wenig nur „**Wahlfreiheit**" sei. Benner erklärt seine Überlegungen, indem er neben dem Begriff der „**Freiheit**" auch die Begriffe „**Leiblichkeit**", „**Geschichtlichkeit**" und „**Sprache**" als fundamentale Begriffe im Kontext von Bildung begreift.

Nur der Mensch kann als „mündig" gelten, der im Hinblick auf alle unterschiedlichen Praxen der gesellschaftlichen Lebenswelt bewusst denken, urteilen und handeln kann. Nach Benner dürfte keine Praxis über eine andere Praxis dominieren, zugleich dürfte keine Praxis die Bedingungen oder Erwartungen der jeweils anderen Praxen einfach ausblenden.

Aus pädagogischer Perspektive betrachtet folgt aus dieser Überlegung nicht, dass ein Mensch in allen Handlungsfeldern gleichermaßen Experte sein könnte. Aber jeder Mensch sollte mit Blick auf diese Praxen begründet werten und urteilen können. Darum muss immer wieder neu gefragt werden, was er lernen muss, um hinreichend kompetent und bewusst die jeweiligen menschlichen Praxen in den Blick nehmen zu können. **„Freiheit" des Menschen erwächst jedenfalls nicht daraus, dass er in Bildungs- und Erziehungsprozessen „frei" wählen dürfte, was er lernen und studieren möchte.**

Wie aber lernt ein Mensch nicht nur vielseitig zu denken und zu wissen, sondern auch begründet und bewusst zu urteilen und zu werten? Volker Ladenthin fordert eine Bildung als „Aneignung der notwendigen, nützlichen und sinnvollen Mittel, um ein sachlich und sittlich gültiges und sinnvolles Verhältnis zu Natur und Geschichte, zu den anderen Menschen und zu sich selbst denken und als Gegenwart gestalten bzw. als Zukunft planen zu können." Dies verbindet er mit der Hoffnung, dass Bildung so „die Fähigkeit und Bereitschaft" hervorbringe, „dieses Verhältnis im Hinblick auf die Conditio humana und dem Anspruch eines sinnvollen individuellen und sozialen Gelingens zu leben." (Vgl. Ladenthin 2010, S. 2 f.)

Auch wenn pädagogisch unterstützte Bildung niemals sicher gewährleisten kann, dass ein Mensch durch seine Bildung eine solche Fähigkeit und Bereitschaft tatsächlich entwickelt, so kann Ladenthin doch eine Besonderheit der pädagogischen Aufgabe herausstellen. Ladenthin macht nämlich deutlich, dass innerhalb von Erziehungs- und Bildungsprozessen Kinder und Jugendliche immer wieder zu eigenen Urteilen und Wertungen aufgefordert werden müssen.

Wichtig ist, dass Ladenthin daran festhält, dass Menschen nicht nur sachlich, sondern immer auch sittlich Entscheidungen treffen müssen. Welche Folgen hat mein Tun für meine Mitmenschen? Werde ich ihnen mit meinem Tun als Menschen gerecht? Nicht zufällig erinnert der Artikel 1 des Grundgesetzes der Bundesrepublik Deutschland an die **Unantastbarkeit der menschlichen Würde**.

Würde dieser Gedanke ernst genommen, hätte das z. B. weitreichende Folgen auch für schulischen Unterricht in Fächern, die es nicht unmittelbar nahelegen, nach der Conditio humana zu fragen. Weiter müsste dieser Gesichtspunkt auch im familiären oder außerfamiliären Alltag Bedeutung gewinnen. Dürfen Menschen einander belügen? Warum oder wann müsste Lügen verboten oder könnte vielleicht doch erlaubt sein? Sind Situationen denkbar, in welchen Regeln, die eigentlich immer gelten sollen, einmal nicht gelten müssen?

Aus solchen Fragen will Ladenthin keinen Menschen entlassen. Die „richtige" Antwort kann und darf man ihnen nicht vorgeben, sie müssen **nicht „Werte" lernen**, sondern **zu werten lernen**.

**Bildung und Erziehung sind offene Prozesse.** Ihr Ausgang lässt sich nicht vorhersagen. Bildung und Erziehung sollen die zu Erziehenden weder formen noch prägen, sondern jungen Menschen ermöglichen, ihre eigene Formung und Prägung zu suchen und zu realisieren. Das heißt aber nicht, dass Auseinandersetzungen im Erziehungs- und Bildungsprozess ausgeschlossen sind.

Bildung und Erziehung können ohnehin nie gezielt Menschen formen und prägen. Denn entscheidend ist immer das eigentätige Handeln des zu Erziehenden. Wenn Erzieher mit Schlägen Kinder oder Jugendliche zu bestimmten Verhaltensweisen zwingen wollen, bewirken sie damit eventuell eher das Gegenteil. Darum ist wichtig, dass pädagogisch von Anfang an die Eigentätigkeit des Menschen anerkannt wird.

## 3 Erziehung und Bildung aus pädagogischer Perspektive

Die Überlegungen Kants, Beyers, Benners und Ladenthins beinhalten wichtige Kriterien, um pädagogisches Handeln zu beschreiben und zu bewerten.

Erzieherisches Handeln lässt sich laut Beyer nach seinen Zielen, Mitteln und Bedingungen differenzieren und kann darüber hinaus aus einer technologischen und axiologischen Perspektive beurteilt werden. Was realisierbar ist, muss noch nicht „gut" sein; was für „gut" gehalten wird, ist möglicherweise unerreichbar oder nicht realisierbar.

Seit der Aufklärung werden **Freiheit und Mündigkeit** als **grundlegende Ziele erzieherischen Handelns** verstanden, eine Erziehung zur Unterordnung oder eine manipulative Pädagogik sind vor dem Hintergrund dieses Anspruchs nicht zu legitimieren. Das schließt allerdings nicht aus, in Erziehungs- und Bildungsprozessen den zu Erziehenden immer auch die Frage nach der „Conditio humana" zuzumuten.

Erziehung lässt sich praktisch nie ohne Zwang realisieren. Dieser Problematik muss sich ein Pädagoge bewusst sein. Erziehung kann nur schrittweise erfolgen. Erst auf dem Fundament von Disziplinierung kann sich ein Mensch kultivieren, auf dieser Basis seine Fähigkeiten und Handlungsmöglichkeiten in der kulturellen Welt weiter entfalten und sich nach Kant zivilisieren. Entscheidend ist aber, dass der Mensch lernt, „gute Zwecke" zu verfolgen. Was darunter zu verstehen ist, müssen Menschen immer wieder neu herausfinden. Lernt es ein Mensch nicht, eben diese „guten Zwecke" zu verfolgen, ist nicht auszuschließen, dass er später zur Gefahr für seine Mitmenschen und die Gesellschaft wird. Somit muss immer wieder gefragt werden, ob jeweils erzieherisch möglicherweise nur Kultivierung oder Zivilisierung, nicht aber Moralisierung angestrebt wird.

Wann kann Erziehung aber als erfolgreich bewertet werden? Herbart hat als Maßstab dafür formuliert, dass der **„Zögling wird, was er wünscht geworden zu sein"**.

Über den Erfolg von Erziehung urteilen weder der Erzieher noch das Kind oder der Jugendliche, sondern der „erzogene" Erwachsene. Das heißt, ein zu Erziehender kann nicht bewerten, ob seine Erziehung richtig ist. Der Erwachsene muss sich bewusst machen, dass er seine Entscheidungen vor dem Kind verantworten muss und dass dieses später als erwachsener Mensch auch über seine erzieherischen Handlungen urteilen wird. Dennoch muss pädagogisch gehandelt werden. Es muss z. B. entschieden werden, wann ein 15-jähriger Teenager abends zu Hause sein muss oder welche Schule ein Jugendlicher wie lange besuchen soll. Entsprechende Gebote oder Verbote erweisen sich nicht selten als elterliche Bemühungen, ihr Kind zu schützen. Das birgt allerdings die Gefahr, den Kindern dadurch eigene Lebenserfahrungen vorzuenthalten. Insofern sind erzieherische Entscheidungen nie einfach.

Mündigkeit und Freiheit als die zentralen Ziele von Erziehung und Bildung stehen nicht erst am Ende des Erziehungsprozesses, sondern gewinnen praktisch von Beginn an in allen pädagogischen Prozessen Relevanz. Auch **kleine Kinder** können auf ihre Weise Interessen und Bedürfnisse äußern, welche **Erziehende ernst nehmen** müssen. Wenn Kinder Disziplin lernen müssen, so darf das nicht bedeuten, dass damit ihr Wollen „gebrochen" wird. Sie müssen vielmehr lernen, mit ihren Wünschen und Bedürfnissen in einer Weise umzugehen, dass sie weder sich selbst noch Mitmenschen lang- oder kurzfristig schaden. Jugendliche lernen, „zivilisiert", also durch kluges Auftreten innerhalb von kulturellen Erwartungen eigene Interessen zu verfolgen. Gleichzeitig müssen sie auch lernen, zu bewerten, welche Interessen sie mit welchen Formen der Anpassung an Erwartungen verfolgen oder auch nicht verfolgen wollen. Nur so können Prozesse in Gang gesetzt werden, die am Ende wirklich zur Mündigkeit führen.

## 4 Pädagogik im Verhältnis zu Psychologie, Soziologie, Biologie, Philosophie

Pädagogik ist auf das Wissen der Nachbardisziplinen wie Psychologie, Soziologie, Biologie, Philosophie und anderer Wissenschaften angewiesen. Das beinhaltet auch die **Bereitschaft, sich von Einsichten dieser Wissenschaften irritieren und infrage stellen zu lassen**. Das darf aber niemals bedeuten, die **spezifisch eigene Perspektive** aufzugeben. Bildung im pädagogischen Sinne kann nicht einfach nach psychologischen Maßstäben stattfinden, z. B. wären eine explizit verhaltenstherapeutische oder explizit psychoanalytische Pädagogik schwer zu begründen. Vielmehr wäre zu prüfen, welchen Stellenwert verhaltenstherapeutische oder psychoanalytische Einsichten oder Methoden innerhalb eines pädagogischen Denkens und Handelns gewinnen müssten.

So ist das Ziel jedes medizinischen oder therapeutischen Handelns primär Gesundheit. In einer pädagogischen Perspektive dagegen kann nicht ausgeschlossen werden, dass mündige Menschen Lebensentscheidungen treffen, mit welchen sie ihre Gesundheit gefährden. Umgekehrt müssen Pädagogen bereit sein, Einsichten der Medizin in dem Sinne zu berücksichtigen, dass Menschen ihr Leben auch an Kriterien der Gesundheit orientieren können.

Dass Menschen sich gesellschaftlich einfügen und somit immer anpassen müssen, können auch Pädagogen nicht bezweifeln. Umso mehr aber müssen sie erzieherisch Menschen auffordern, sich nicht beliebig und unkritisch gesellschaftlichen Erwartungen zu unterwerfen, sondern diese im Kontext der Frage nach der Conditio humana zu prüfen.

Viele thematische Schwerpunkte, die im Folgenden vorgestellt werden, verweisen zunächst auf theoretische Konzepte aus der Psychologie und Soziologie. Dabei geht es aber nicht einfach um die Aneignung des entsprechenden Theoriewissens, sondern im Fokus der Betrachtung soll **pädagogisches Denken und Handeln** stehen.

Sicherlich wird jetzt nicht von Ihnen erwartet, dass Sie nichtpädagogische Theorien zum Fundament Ihrer pädagogischen Orientierung machen müssten. Primäre Orientierung im Pädagogikunterricht bleibt die pädagogische Perspektive. Theorien bzw. Konzepte wie die von Piaget, Mead, Erikson, Hurrelmann und anderen Wissenschaftlern helfen Ihnen, Ihr eigenes Nachdenken zu vertiefen und zu differenzieren. Die obligatorischen Themenvorgaben zwingen Sie dazu, sich intensiv mit bestimmten Konzeptionen in diesem Kontext auseinanderzusetzen. Sie lernen auf diese Weise konzentriertes wissenschaftspropädeutisches oder ansatzweise sogar schon wissenschaftliches Arbeiten. Hingegen stehen diese Theorien exemplarisch für den Anspruch, in Auseinandersetzung mit Wissen und Einsichten aus Nachbardisziplinen das eigene pädagogische Denken mehr zu differenzieren und auch zu klären. Zweifellos wäre es sinnvoll, auch die Lehren C. G. Jungs oder A. Adlers zu bedenken, wenn man psychologische Einsichten innerhalb eines pädagogischen Nachdenkens berücksichtigen wollte. Des Weiteren ließen sich Soziologen wie Durkheim oder Niklas Luhmann sinnvoll heranziehen. Im Rahmen von Schulunterricht können Theorien immer nur exemplarisch Berücksichtigung finden. Die jeweiligen Theorien, die hier vorgestellt werden, können immerhin als bedeutende Theoriekonzepte innerhalb ihrer Disziplinen angesehen werden.

In Auseinandersetzung mit diesen Theorien üben Sie somit sowohl eine **fachspezifische** als auch **allgemeine Bildung** ein. Sie lernen nicht nur psychologische und soziologische Theorien kennen, sondern setzen sich auch allgemein mit einer psychologischen oder soziologischen Perspektive auseinander; indem Sie Ihre neuen Einsichten dann wiederum auf Ihr pädagogisches Nachdenken beziehen, differenzieren und vertiefen Sie auch dieses.

**Aufgabe 1**  Bewerten Sie exemplarisch erzieherisches Handeln unter axiologischem wie technologischem Aspekt.

**Aufgabe 2**  Erläutern Sie die Begriffe Freiheit und Mündigkeit zunächst aus politischer und anschließend aus pädagogischer Perspektive. Gehen Sie dabei auch darauf ein, wie ein Mensch mündig werden kann.

**Aufgabe 3**  Unterscheiden Sie „kultiviertes" von „zivilisiertem" und „moralisiertem" Verhalten.

**Aufgabe 4**  Erörtern Sie, wie man pädagogisch die Fähigkeit der Menschen fördern könnte, sich in ihrem Denken und Handeln an der Frage nach sachlich angemessenem Verhalten einerseits und sittlich gutem Verhalten andererseits zu orientieren.

# Entwicklung, Sozialisation und Erziehung

## 1 Freuds Modell psychosexueller und psychosozialer Entwicklung

Sigmund Freud (1856–1939) arbeitete als Nervenarzt in Wien, später musste er als Jude nach England emigrieren. Bei der Zusammenarbeit mit dem Nervenarzt Jean-Martin Charcot merkte er, dass man Hysterie-Patienten oft durch Hypnose helfen kann. So gewann er die Überzeugung, dass unbewusste belastende Erfahrungen, die „verdrängt" wurden, Krankheitssymptome verursachen können. Menschen handeln laut Freud nicht nur aufgrund bewusster Entscheidungen, sondern folgen immer auch unbewussten Antrieben. Er gelangte zu dieser Einsicht, indem er Menschen ohne Hypnose behandelte und sie sich an verdrängte Erlebnisse – zumeist in der frühen Kindheit – erinnern ließ. Durch seine Erfahrungen in solchen Therapiegesprächen war er sicher, dass sich der menschliche Sexualtrieb, den er auch „Lebenstrieb" nannte, nicht erst in der Pubertät ausbilde, sondern schon im frühesten Kindesalter bestehe. Zunächst stieß Freud mit dieser These auf Ablehnung und erheblichen Widerstand, fand aber dann zunehmend Zustimmung und Anhänger für seine neue Lehre.

### 1.1 Wie entsteht die Psychoanalyse?

Freud behandelte als Nervenarzt häufig Patienten mit physischen Leiden, für welche sich keine organischen Ursachen finden ließen. So suchten Menschen, die nicht sehen oder nicht gehen konnten, seine Hilfe. Freud sah sich bei der Behandlung solcher Patienten bald dem Problem gegenüber, dass er zwar, wenn er die betroffenen Menschen hypnotisierte, ihre Krankheitssymptome verschwinden lassen konnte, dass diese Symptome mit dem Erwachen aus der Hypnose aber wieder zurückkehrten. Dies motivierte ihn, den Weg zu versuchen, gemeinsam mit seinen jeweiligen Patienten **ihre „Seele" und ihr Seelenleben zu „zergliedern"**. Um den Weg in ihre „Leiden" zu verstehen, versuchte Freud mit ihnen ihre Vergangenheit zu erforschen und insbesondere auch vergessene oder verdrängte Erfahrungen der Vergangenheit neu in das Bewusstsein zu rufen. Freud ermunterte seine Patienten, nicht nur von ihren Erlebnissen in ihrer Vergangenheit zu erzählen, sondern auch ihre Gefühle mit Blick auf ihre Vergangenheit zu äußern. Sie sollten sagen, was ihnen spontan in den Sinn kam, selbst zunächst vielleicht wenig begreifbare Assoziationen sollten sie aussprechen. Freud versuchte in den Äußerungen dann **symbolische Muster oder symbolische Verschlüsselungen** aufzudecken, womit er begann, die Ebene des Unbewussten nicht nur zu betreten, sondern zu erforschen. Im Rahmen seiner „Sitzungen" mit Patienten entdeckte er, dass viele Äußerungen und Assoziationen Rückschlüsse auf Sexualsymbole nahelegten.

Der bekannteste „Fall", der zweifellos nachhaltig Einfluss auf die Ausbildung der psychoanalytischen Theorie Freuds gewann, ist der Fall **„Anna O.",** die ursprünglich Patientin des mit Freud befreundeten Josef Breuer war. Anna O. litt nach dem Tod ihres Vaters, welchen sie in den letzten Jahren liebevoll gepflegt hatte, unter dramatischen Stimmungsschwankungen, Lähmungen, Halluzinationen und Ängsten. Josef Breuer konnte eine Linderung ihrer Symptomatik erreichen, indem er die Patientin sich – teilweise mithilfe der Hypnose – an die Zeiten erinnern ließ, in denen die Symptome ihren Anfang genommen hatten. Als diese Patientin dann gegenüber Breuer eine Schwangerschaft vorgab und erklärte, er sei der Vater des Kindes, brach Breuer die Behandlung ab. Freud hat später erklärt, dass Breuer in diesem Moment den „Schlüssel" zur Lösung in Händen gehabt, aber wieder fallen gelassen habe.

Freud begreift diese „Fantasie" der Patientin als Beweis für die Annahme, dass Sexualität schon im Kindesalter existiert. Zunächst befürchtet Freud einen realen sexuellen Kindesmissbrauch durch den Vater, bis er seine Annahme sozusagen „auf den Kopf stellt": Nicht der Vater habe die Tochter real missbraucht, vielmehr habe die **Tochter (sexuelles) Verlangen nach dem Vater empfunden**. Daraus könnten dann solche Fantasien wie die einer Schwangerschaft infolge einer Beziehung mit dem Vater entstehen. Anna O. habe gegenüber Breuer ihren unbewussten Träumen Ausdruck verliehen.

Zusammenfassend lässt sich sagen, dass Freud mit der Methode der Analyse der „Seele" Einsichten darüber gewinnt, welche Motive Menschen unbewusst

steuern, und wie die menschliche Psyche aufgrund von konkreten lebensgeschichtlichen Erfahrungen Leiden hervorrufen kann. Als Arzt sucht er Wege,
Menschen von ihren Leiden zu befreien, zugleich aber strebt er als Forscher danach, die Triebkräfte menschlichen Handelns und Denkens zu erfassen. Als
wesentliche Triebkraft begreift er infolge seiner Erfahrungen im Umgang mit
Patienten die menschliche Sexualität bzw. den menschlichen Sexualtrieb.

Freuds Einsichten erschütterten das Denken der Menschen seiner Zeit. Entsprechend reagierten viele auf seine Thesen zunächst nicht nur mit Ablehnung, sondern sogar mit Verachtung.

Freuds Thesen erschüttern auch pädagogische Orientierungen. Wenn pädagogisch angestrebt wird, dass Menschen über ihre Vernunft selbstbestimmt ihr
Leben gestalten und auch verantworten können, so muss die Einsicht, dass immer auch unbewusste Antriebe Einfluss auf den Menschen gewinnen, einen
solchen Anspruch zumindest relativieren. Kein Mensch handelt demzufolge
nur vernünftig.

## 1.2 Das psychoanalytische Persönlichkeitsmodell

Freuds Annahme eines menschlichen Sexualtriebes als wesentlicher Triebkraft
aller Menschen resultierte aus der Analyse von „kranken" Menschen. Ursache
ihrer Krankheit war nicht der Trieb, sondern vielmehr die Tatsache, dass sie
diesen Trieb nicht erfüllen oder ausleben konnten oder durften.

Freud fasste seine Entdeckung innerhalb der Therapie von Anna O. später
unter dem Begriff „Ödipuskonflikt" oder auch „Ödipuskomplex" zusammen. Diese Einsicht wurde zum Fundament seiner psychoanalytischen Theorie: Das Mädchen, das sich eine erotische Beziehung zum Vater wünscht, muss
bald erkennen, dass diese unmöglich ist. Denn der Vater ist Partner der Mutter
und das Kind hat nicht die Macht, die Mutter zu verdrängen. Entsprechendes
gilt für Jungen. Indes kommt ein weiteres Element hinzu. Nach Freud wissen
Kinder schon im Kindergartenalter, dass erotische Beziehungen zu den Eltern
tabu sind. Sie werden folglich schon früh mit dem Konflikt zwischen eigenen
Triebbedürfnissen und Normen bzw. Werten der Gesellschaft konfrontiert.
Freud fragte sich dann weiter, warum nur wenige Kinder infolge eines solchen
Ödipuskonfliktes so weitreichende Neurosen wie Anna O. ausbildeten. Er fand
eine Lösung in der Überlegung, dass Jungen diesen Konflikt dann dadurch bewältigen könnten, dass sie sich mit dem „stärkeren" Vater identifizierten und
jetzt anstrebten, ähnlich wie dieser zu werden. So würden Gefühle von Hass
und Neid gegenüber dem Vater überwunden und die Wünsche nach einer ero-

tischen Beziehung zur Mutter könnten so abgebaut werden. Das gelte ähnlich umgekehrt für Mädchen.

Heute wird auch innerhalb der Psychoanalyse angezweifelt, ob tatsächlich jeder Mensch einen solchen Ödipuskonflikt durchlebt. Aber selbst Kritiker bestreiten nicht mehr, dass unbewusste Triebregungen oder auch Normen menschliches Verhalten in vielen Fällen mit steuern.

Laut Freud eignen sich Menschen die fundamentalen gesellschaftlichen Normen und Regeln durch Internalisierung – primär vermittelt über die Familie – an. Diese prägen bald auch ihr (unbewusstes) Denken und Handeln. Daraus aber entsteht der fortwährende (unbewusste) Konflikt im Individuum, **zwischen eigenen Triebbedürfnissen einerseits und internalisierten Normen und Werten andererseits** vermitteln zu müssen. Das Mädchen, das erotische Fantasien und Wünsche mit Blick auf den Vater entwickelt oder sogar negative Gefühle gegenüber der Mutter ausbildet, erlebt zugleich, dass es ein „schlechtes Gewissen" hat und sich schuldig fühlt. Freud betrachtete diese Aufgabe der Vermittlung als nicht leicht, er schrieb später von einem „**Unbehagen**" der Menschen **in Kultur und Zivilisation**. Damit aber offenbart er eine einseitig psychoanalytisch orientierte Sichtweise. Freud setzte voraus, dass jeder Mensch leidvoll Triebregungen unterdrücken muss. Er fragte dadurch aber umgekehrt zu wenig, welche besonderen Entfaltungs- oder Entwicklungsmöglichkeiten für Menschen gerade aus einer gewissen Loslösung oder auch Unterdrückung von Triebbedürfnissen resultieren könnten.

Aus der Perspektive des Arztes sieht Freud bedeutende Gefahren für die Persönlichkeitsentwicklung. Passt sich ein Mensch einseitig sozialen (moralischen) Regeln an und unterdrückt so rigide und streng seine Triebbedürfnisse, so läuft er große Gefahr, darüber krank und insbesondere „neurotisch" zu werden. Neurotische Menschen handeln zwanghaft und werden zu Sklaven ihrer Zwänge.

**Freuds Tochter Anna** erläuterte dies an Beispielen: Ein Junge, der in frühester Kindheit gerne nascht und dem dies streng untersagt wird, wird das Essen von Süßigkeiten als „schlecht" internalisieren. Sein Leben lang kann er nichts Süßes mehr essen, ohne sofort Schuld- und Schamgefühle auszubilden. Eine junge Frau, die als kleines Mädchen gerne nackt herumlief und der dies mit rigiden Drohungen untersagt wurde, kann sich später weigern, mit einer Kollegin das Zimmer zu teilen, weil sie es nicht ertragen kann, von dieser unbekleidet gesehen zu werden, was ihr aber nicht bewusst ist.

Lernt ein Mensch umgekehrt nicht, seine Triebe zu kontrollieren, droht er in seinen Orientierungen von diesen dominiert zu werden. Das wiederum hindert ihn daran, mit Menschen weithin konfliktarm zusammenleben zu können.

Freud nennt als **Ziel von Entwicklung und Erziehung**, dass **weder das ES noch das Über-ICH über den Menschen dominieren**, sondern dass **jeder Mensch ICH werden kann**.

Abb. 2: Das Konzept von ES, ICH und Über-ICH

Im Über-ICH finden sich keineswegs nur elterliche Orientierungen wieder, denn die Erwartungen der Eltern sind ja zumeist gesellschaftlich beeinflusst oder geprägt. Mit Belohnungen und Bestrafungen werden dann Kinder weiter dazu gedrängt, diese Erwartungen zu erfüllen. Indem die Kinder sich mit ihren Eltern identifizieren, werden diese Erwartungen zum Bestandteil nicht nur des Gewissens, sondern auch des „ICH-Ideals", d. h. die Kinder wollen dann auch diese Erwartungen selbst erfüllen.

Insbesondere diese Einsicht Freuds stellt für pädagogisches Denken eine große Herausforderung dar. Denn man könnte nun annehmen, dass moralisches bzw. unmoralisches Handeln letztlich über ein kaum oder nicht bewusstes Über-ICH gesteuert würde. Pädagogische Einwirkungen wären dann letztlich wenig folgenreich. Andererseits entsteht das Über-ICH nicht nur unter dem Einfluss der elterlichen Orientierungen, sondern auch unter anderen – zum Teil pädagogischen – Einflüssen.

Hingegen dürfen menschliche Moral und menschliches Über-ICH nicht gleichgesetzt werden. Gelingt es einem Menschen, tatsächlich ICH werden zu können, so kann er auch lernen, das eigene internalisierte Über-ICH kritisch zu bewerten und möglicherweise zu verändern. Allerdings ist das deshalb nie leicht, da vielfach auch das eigene Über-ICH einem Menschen im direkten Sinne nur wenig bewusst ist. Die Tatsache, dass Kinder sich später von den Moralvorstellungen ihrer Eltern „emanzipieren" können, kann indes belegen, dass Menschen auch auf ihr Über-ICH Einfluss nehmen können. Diese Entwicklung

20 ◢ Entwicklung, Sozialisation und Erziehung

kann allerdings erst in der späten Pubertät ihren Anfang nehmen, sie setzt eine (innere) Loslösung von den (bis dahin vielfach idealisierten) Eltern voraus.

Pädagogisches Handeln muss jedenfalls um die „Macht" des Unbewussten und auch die „Macht" von Triebregungen wissen. Das betrifft beispielsweise Verbote und noch mehr mögliche Formen des Strafens. Unterdrückung von Triebbedürfnissen kann – ohne dass sich die Beteiligten dessen bewusst sind – langfristige problematische Folgen nach sich ziehen. Umgekehrt aber müssen Kinder lernen, ihre Triebe und Bedürfnisse zu kontrollieren. Rigides Durchsetzen von Geboten kann die Entstehung von Neurosen begünstigen.

## 1.3 Das Phasenmodell menschlicher Entwicklung

Wenn der Lebenstrieb des Menschen tatsächlich seine fundamentale Antriebskraft darstellt, muss sich dieser von Geburt an beobachten lassen. Nach Freud gewinnen in den verschiedenen Entwicklungsphasen unterschiedliche Organe für das Erleben von „Lust" jeweils besondere Bedeutung. Wichtig ist, dass nach Freud Erfahrungen in den einzelnen Phasen der Kindheit das gesamte weitere Leben beeinflussen oder sogar prägen können.

- **Orale Phase** (0–1 Jahr)
  **Die früheste Quelle der Lust** ist beim Säugling der **Mund**, er stellt für das Kind eine erogene Zone dar. Es saugt mit Lust und Hingabe an der Brust der Mutter; wenn es zu greifen beginnt, führt es alle Gegenstände zunächst zum Mund. Wenn ein Kind massiv oral vernachlässigt wird, bleibt – tiefenpsychologisch gesehen – der Wunsch nach oraler Lustbefriedigung bestehen: Es ist möglich, dass es als Erwachsener fortwährend nach Ersatzbefriedigungen für orale Triebbedürfnisse sucht. Ein Kind hingegen, das nur orale Befriedigungen erfahren hat, kann möglicherweise auch im späteren Leben von einer Erwartung nach Zuwendung dominiert sein oder immer „nehmen" wollen.
  Der oral-aggressive Typus, der vielleicht als Kleinkind eher „gebissen" als gesaugt hat (eventuell infolge von Vernachlässigung), bleibt häufig angriffsfreudig, neidisch und auch ausbeuterisch. Er muss nehmen, weil er unbewusst immer Angst hat, zu wenig zu bekommen.

- **Anale Phase** (2–3 Jahre)
  Spielt in der ersten Phase des Kindes das „Einverleiben" eine zentrale Rolle, finden jetzt seine **Ausscheidungsfunktionen** das Interesse des Kindes. Darum gewinnt der **Anus (After)** nun besondere Bedeutung (anale Phase).

Das Kind beschäftigt sich gerne mit den Objekten seiner Ausscheidung. Damit aber stößt es auf Widerstand der kulturellen Welt, es verletzt geltende Regeln der Sauberkeit. Es folgen Verbote und möglicherweise sogar Strafen seitens der Eltern, während das Kind seinerseits wiederum aktiv auf diese Verbote reagieren kann. Es kann sich weigern, auf das „Töpfchen" zu gehen, oder auch den Darminhalt zurückhalten und erst später ausscheiden.

Wird das Kind in dieser Phase z. B. rigide zur Sauberkeit gezwungen, könnte es später immer bestrebt sein, seinen Besitz festzuhalten. Solche Menschen können dann nicht abgeben oder entwickeln eine geizige Haltung. Auch übertriebener Ehrgeiz könnte – tiefenpsychologisch betrachtet – Folge der Erfahrung sein, dass das Kind das, was ihm „wertvoll" war, immer sofort abgeben musste.

- **Ödipale (phallische) Phase** (3 – 5 Jahre)
Die Bezeichnung Ödipuskonflikt wählte Freud in Anlehnung an die griechische Ödipussage, die davon erzählt, dass Ödipus ohne es zu wissen seinen eigenen Vater tötet und dann seine Mutter heiratet. Freud glaubte, dass sich – ähnlich der Figur des Ödipus in der Sage – jeder Junge in seine Mutter und jedes Mädchen in seinen Vater verliebe, und dass beide Gefühle von Hass und Neid gegen den jeweils gleichgeschlechtlichen Elternteil entwickelten.

Neben der Bezeichnung „ödipal" wählte Freud auch den Begriff „phallisch" zur Kennzeichnung dieser Phase. Damit trug er der Tatsache Rechnung, dass sich Kinder in dieser Zeit des männlichen Penis bewusst werden und Mädchen das Fehlen eines Penis an ihrem Körper zunächst als Defizit wahrnehmen (Penisneid).

Der Ödipuskonflikt erzeugt nach Freud nicht nur Gefühle von Hass und Neid gegen den gleichgeschlechtlichen Elternteil, sondern zugleich Angst. Die Kinder müssen erkennen, dass der Vater oder die Mutter stärker und mächtiger als sie selbst sind. Durch eine Identifikation mit dem gleichgeschlechtlichen Elternteil könnten Kinder dann diese Phase überwinden, damit entstehe bei Kindern Leistungsbereitschaft. Indes bleibt die Gefahr, dass Kinder unbewusst immer auf der Suche nach ihrem Vater oder ihrer Mutter bleiben. Das zeigt sich z. B. darin, dass Partner gewählt werden, die massive Ähnlichkeiten mit dem jeweiligen Elternteil aufweisen. Möglicherweise können sich problematische Erfahrungen in dieser Lebensphase auch als Ängste im Umgang mit andersgeschlechtlichen Menschen niederschlagen.

# 22 / Entwicklung, Sozialisation und Erziehung

- **Die Latenzphase** (6–12 Jahre)
  Für das Entwicklungsstadium im Anschluss an die ödipale Phase konnte **Freud kein zentrales Organ der Lustgewinnung des Kindes ausmachen**. Er gewann die Überzeugung, dass die Orientierung an sexueller Lust nun an Bedeutung verliert, und nannte diese Zeit deshalb „Latenzphase". Die kindliche Sexualität werde jetzt von anderen Orientierungen des Kindes überlagert. Tatsächlich findet in dieser Lebensphase in **besonderer Weise kulturelles Lernen** statt.

- **Die genitale Phase** (13–18 Jahre)
  Etwa ab dem 12./13. Lebensjahr gewinnt Sexualität wieder neue Macht. Hormonelle und körperliche Veränderungen lassen die Bereitschaft zu sexuellen Aktivitäten erneut entstehen. Die Jugendlichen suchen gleichaltrige erotische Partner und wenden sich (psychisch) zunehmend von einer Orientierung an ihren Eltern ab. **Sexualität** wird auf diese Weise **von einer eher egozentrischen Orientierung losgelöst**. Sie wird Bestandteil von Partnerschaft und ist nicht nur Erzeugung und Befriedigung von Lust, sondern zugleich auch Kommunikation.

## 1.4 Zentrale Einsichten der Psychoanalyse

Sigmund Freud hat seine zentralen Einsichten meist mit bestimmten Begriffen zusammengefasst. Diese Begriffe helfen bis heute, die Erkenntnisse und die Bedeutung der psychoanalytischen Theorie zu erfassen.

- **Verdrängung:** Verdrängung drückt den Versuch der menschlichen Psyche aus, Belastendes und Verbotenes aus dem Bewusstsein zu verbannen. Erfahrungen oder auch Fantasien, die Menschen schwer ertragen können, werden „verdrängt".
  Die **Problematik des Verdrängens** besteht darin, dass es **niemals vollständig gelingen kann**. In Träumen z. B. können diese „Inhalte" wiederkehren, sie können manchmal Menschen ein Leben lang belasten. Ein einfaches und fast banales Beispiel kann veranschaulichen, wie tief greifend die Folgen einer Verdrängung für Menschen sein können:

1 Eine Direktionssekretärin entwickelt aus unerklärlichen Gründen Panik, wenn sie dem Generaldirektor persönlich begegnen muss. Sie sucht therapeutische Hilfe; in den 5 Sitzungen fällt auf, dass sie sich wiederholt an eine Cocktailparty erinnert, die der Generaldirektor einmal gegeben habe, ohne zu wissen, warum ihr dieser Abend immer wieder in den Sinn kommt. Erst nach und 10 nach kann sie sich ein Ereignis wieder bewusst machen, das sie tief verletzte. Der Generaldirektor, der sie schätzte und im Unternehmen sogar mit Vornamen ansprach, hatte, als er einen Toast aussprechen

wollte und noch einige Herren ohne Gläser waren, sie mit der Anrede „Fräulein, Fräulein" aufgefordert, noch Gläser zu holen. Sie erlebte dies als tiefe Demütigung, der sie sich hilflos ausgesetzt sah. Sie konnte und durfte in ihrer Position ihrer Wut und Enttäuschung aber nicht Ausdruck geben, sodass sie diese Erfahrung verdrängen musste. Sie blieb jetzt weiter von der Angst „bedrückt", diesem Mann doch zu sagen, was sie gefühlt hatte. Im weiteren Verlauf der Therapie stellte sich zusätzlich heraus, dass auch der Vater dieser Frau ein kühler und unnahbarer Mensch gewesen war, dem man zurückhaltend und mit Gehorsam begegnen musste. So hatte diese Frau gelernt, sich „starken" Männern immer zu unterwerfen und ihre eigenen Gefühle zu kontrollieren, zu unterdrücken und zu verdrängen.

Manche Menschen werden zu rigiden Moralisten, um auf diese Weise verdrängte eigene Wünsche und Fantasien nicht zulassen zu müssen.

- **Projektion:** Menschen können **eigene Schwächen auf andere Menschen übertragen.** Um sein Versagen auszuhalten, kann ein Mensch einem anderen größeres Versagen zuschreiben und dieses dann für die eigene Fehlleistung verantwortlich machen. Neben Abwehr- sind auch Wunschprojektionen denkbar. Menschen reden sich Zuneigung oder Anerkennung von Mitmenschen ein, weil sie sich diese wünschen. Oder sie überbewerten ihre Leistungen, weil sie zwanghaft nach Anerkennung oder Erfolgserlebnissen suchen.

- **Rationalisierung:** Menschen, die Ängste oder Scham verdrängen oder die neurotisch Zwängen folgen, entwickeln häufig zunächst **rational erscheinende Erklärungen, mit denen sie bestimmte Verhaltensweisen rechtfertigen.** Menschen, die sich nicht von alten Gegenständen trennen können, behaupten, diese noch für bestimmte Zwecke zu benötigen. Menschen, die übertriebene Sauberkeitserwartungen ausgebildet haben, betonen meist, gesundheitliche Vorsicht walten zu lassen.

- **Sublimierung:** Freud spricht von Sublimierung, wenn Menschen ihren Triebbedürfnissen nicht unmittelbar folgen können und stattdessen auf kultureller Ebene nach Ersatzhandlungen suchen. Man könnte im Anschluss an diese Annahme folgern, dass alle großen kulturellen Leistungen der Menschen am Ende nur Ausdruck von Sublimierung waren.

- **Regression:** Nach Freud findet Entwicklung immer im **Wechselspiel von Voranschreiten und Rückschritt,** von Progression und Regression statt. So können Kinder wieder in die Säuglingsphase zurückfallen, wenn sie ein Geschwisterchen bekommen.

- **Freudsche Fehlleistung oder Freudsche Versprecher:** Freud erlebte in seinen Therapiesitzungen, dass sich **hinter „Versprechern" von Patienten innere Wahrheiten ihrer Psyche verbargen**. Wenn etwa der Therapeut mit einem falschen Namen angesprochen wurde, ließ das darauf schließen, dass der genannte Name für den Patienten oder die Patientin wichtig war. Entsprechende Äußerungen konnten auch verdrängte Wünsche oder Fantasien offenbaren.

## 1.5 Die Bedeutung der Psychoanalyse für die Pädagogik

Unbestreitbar hat Freud große Verdienste erworben, indem er auf die Existenz des Unbewussten besonders deutlich hinwies. Es wurde allerdings immer wieder kritisiert, dass er Einsichten, die er im Umgang mit „kranken" Menschen gewonnen habe, **leichthin verallgemeinert und auf alle Menschen projiziert habe**. Ob alle Menschen dieselben seelischen Konflikte – wie Freud annahm – durchlaufen, ist in der Tat fraglich.

Freuds Einsichten haben die Pädagogik zweifellos bereichert. Sie haben geholfen, fragwürdige Erziehungspraxen begründet zurückzuweisen und nach neuen Wegen zu suchen.

Im Jahre 1900 hatte Ellen Key das **„Jahrhundert des Kindes"** proklamiert und damit eine Entwicklung eingeleitet, in welcher die Bedürfnisse und Interessen der Kinder in der Pädagogik besondere Berücksichtigung fanden. Freuds Erkenntnisse führten zu einer Erweiterung der Perspektive, indem jetzt auch die kindlichen Triebbedürfnisse innerhalb der Pädagogik ernst genommen wurden. Allerdings geschah dies zunächst nur zögerlich und nicht überall.

Schon vor der nationalsozialistischen Machtergreifung wurden Studien zum Verhältnis von Autorität und Familie durchgeführt. Diese Studien wurden während und nach der Zeit des Nationalsozialismus in Deutschland weitergeführt und vertieft. Es ließ sich zeigen, dass autoritäre Erziehung „autoritäre Charaktere" erzeugte, die dann bereit waren, kritik- und nahezu willenlos Befehlen von Autoritäten Folge zu leisten. Auffallend war, dass diese „autoritären" Charaktere zu „Härte" gegenüber sich selbst und noch mehr gegenüber anderen in unvorstellbarem Ausmaße bereit waren. Aus einer psychoanalytischen Sichtweise wurde das als Folge einer Erziehung gesehen, die rigide Triebe unterdrückt.

In diesem Sinne hat die Psychoanalyse maßgeblich mit dazu beigetragen, dass eine **rigide autoritäre Erziehung zunehmend überwunden** wurde. Sie hat aber auch zu nicht unproblematischen Experimenten einer antiautoritären

Erziehung geführt, innerhalb derer Kindern niemals eine Triebunterdrückung zugemutet werden sollte. Interessanterweise entwickelten viele Kinder bald den Wunsch nach Kontrolle und Vorgaben (welche ja auch Orientierung und Sicherheit bieten kann).

Pädagoginnen und Pädagogen sollten wissen und berücksichtigen, dass Verdrängungen, Projektionen, Regressionen oder Rationalisierungen im menschlichen Alltag immer wieder vorkommen. Des Weiteren muss beachtet werden, dass menschliche „Erfahrungen" aller Lebensphasen prägende Auswirkungen für das gesamte weitere Leben gewinnen können. Freuds Einsichten sollten auch Berücksichtigung finden, wenn nach Voraussetzungen für psychische Gesundheit innerhalb von Erziehungsprozessen gefragt wird.

Freuds Persönlichkeitsmodell ist ein psychologisches und nicht ein pädagogisches. Das Ziel pädagogischen Handelns ist Mündigkeit oder auch Moralität. Mündigkeit meint auch, weder abhängig von Triebbedürfnissen noch von Verdrängungen und Projektionen zu sein. Zugleich aber müssen Menschen anerkennen, dass Triebbedürfnisse auf sie einwirken und sie immer in der Gefahr stehen, schwer zu Ertragendes zu verdrängen oder auch zu projizieren. Moralität wiederum erreicht ein Mensch nur, wenn es ihm gelingen kann, sein Über-ICH in dem Sinne kritisch betrachten zu können, dass er prüfen kann, ob das, was sein Gewissen ihm vorschreibt, tatsächlich „richtig" und „gut" ist. Diesen Gesichtspunkt konnte Freud als Psychiater und Arzt nicht bedenken; Freud fragt nach Gesundheit, nicht nach Moralität.

Aus pädagogischer Sicht lässt sich der Mensch nicht hinreichend dadurch erfassen, dass man sagen würde, Menschsein würde gelingen, wenn das ICH erfolgreich zwischen ES und Über-ICH vermitteln könne.

In welchem Sinne „Freiheit", „Mündigkeit" und „Moralität" letzten Endes gelebt werden können, müssen Menschen immer wieder selbst herausfinden. Pädagogik muss sie dazu befähigen, dies herauszufinden.

Pädagogisches Handeln darf nicht mit therapeutischem Handeln verwechselt werden, aber Pädagogen müssen wissen, dass ihr Handeln immer auch Auswirkungen im therapeutischen Sinne hat.

Lehrer sollten z. B. wissen, dass sie von Kindern als Vater-Ersatz wahrgenommen werden und insofern hohe Vorbildfunktion gewinnen können. Sie sollten auch wissen, wann und in welchem Ausmaß Bedürfnisunterdrückung sinnvoll eingefordert werden kann und wann dies eine Überforderung darstellt. Auch müssten sie beachten, dass Kinder und Jugendliche familiäre Erfahrungen mit in die Schule tragen und es zu „Projektionen" kommen kann. In solchen Fällen wäre vielfach schon eine gelassene Reaktion der schulischen Pädagogen hilfreich.

Pädagogen können beraten, sie können Rücksicht auf Gefühle und Krisen nehmen, sie können aber nicht therapieren. Nicht zufällig durchlaufen Therapeuten für diese Aufgabe eine sehr lange Zeit der Ausbildung.

Pädagogen müssen und dürfen ihre zu Erziehenden auch nicht als „krank" betrachten. Sie begleiten die Kinder und Jugendlichen mit der Hoffnung, dass sie das, was sie jetzt noch nicht können, noch lernen werden.

Nicht zuletzt dürfen Pädagogen auch wertend und urteilend – anders als Therapeuten – gegen Kinder und Jugendliche auftreten, es wird häufig sogar von ihnen erwartet. Denn Pädagogen wollen Wege nicht allein in die Gesundheit, sondern in die Selbstständigkeit innerhalb eines Lebens in einer komplexen und pluralen Lebenswelt und Gesellschaft eröffnen.

Aufgabe 5    Erläutern Sie die Instanzen des ES, ICH und Über-ICH, indem Sie ein fiktives Streitgespräch unter ihnen konstruieren.

Aufgabe 6    Erörtern Sie, inwiefern psychoanalytisches Wissen zu einer Erziehung zu Mündigkeit oder auch zu Moralität beiträgt.

## 2 Eriksons Modell psychosexueller und psychosozialer Entwicklung

Der Psychoanalytiker Erik H. Erikson (1902–1994) war Professor an vielen renommierten Universitäten, u. a. an der Harvard University. Nach seiner Emigration aus Deutschland im Jahr 1933 lebte und forschte er in den USA, wo er im Rahmen seiner – vornehmlich klinischen – Arbeit ein Stufenmodell der psychosozialen Entwicklung ausarbeitete. Erikson erweiterte den Horizont des psychoanalytischen Denkens dadurch, dass er in seinen Theorien auch soziale Erfahrungen von Menschen berücksichtigte. So beachtete er z. B. auch, was Menschen in ihren Familien erlebten. Eriksons Einsichten haben bis heute maßgeblichen Einfluss auf das Denken und Handeln sowohl von Psychologen als auch von Pädagogen.

### 2.1 Das epigenetische Prinzip

Das Modell Eriksons gewinnt dadurch seine besondere pädagogische Bedeutung, dass es nicht nur nach der innerpsychischen Entwicklung von Kindern und Jugendlichen fragt, sondern zugleich die soziale Seite der Entwicklung berücksichtigt. Er macht deutlich, dass mit dem Tag der Geburt ein Kind den „chemischen Austausch des Schoßes hinter sich" lässt und „in das soziale Austauschsystem der Gesellschaft" eintritt.

Erikson spricht von einem epigenetischen[1] Prinzip. Dabei hat er die psychische Entwicklung des Menschen im Blick. Er sagt, dass „alles, was wächst, einen Grundplan hat, und dass die Teile aus diesem Grundplan heraus erwachsen, wobei jeder Teil seinen Zeitpunkt der speziellen Aszendenz (= Höhepunkt, gesteigerte Bedeutung) besitzt, bis alle Teile entstanden sind, um ein funktionierendes Ganzes zu bilden". Ein Mensch gehorche „in der Reihenfolge seiner persönlichen Erfahrungen inneren Entwicklungsgesetzen".

---

[1] Epigenese (griechisch) ist die Entwicklung durch Neubildung.

Entwicklung ist aber nach Erikson keineswegs nur eine Entfaltung von in einem Keim schon angelegten und vorbestimmten Teilen, sondern stellt einen **Prozess von Neubildungen** dar, die **auf der Basis der vorangegangenen Entwicklungen entstehen**. Die Psyche ist demzufolge nicht schon von Geburt an festgelegt, sondern der Mensch entwickelt seine Persönlichkeit auf der Basis seiner Anlagen weiter. Allerdings **entwickelt sich der Mensch nie allein durch sich selbst, sondern immer innerhalb von Beziehungen**. Auch findet die menschliche Entwicklung nie geradlinig und ohne Konflikte statt. Kinder und Jugendliche durchlaufen vielmehr einen Reifungsprozess, innerhalb dessen Teile des menschlichen Grundplans besonderen Stellenwert gewinnen, woraus auch Gefährdungen erwachsen (Krisen). Wenn ein Kind etwa im Grundschulalter „Werksinn" und damit Leistungsbereitschaft ausbildet, kann dieser Prozess unter bestimmten Voraussetzungen misslingen und statt „Werksinn" eine Abneigung gegen Leistungsbereitschaft entstehen. Darum hat Erikson alle Phasen der menschlichen Entwicklung immer auch als krisenhaft betrachtet, wobei er diese Entwicklungskrisen keineswegs als negativ und problematisch ansieht, sondern vielmehr für entwicklungsfördernd hält. **Zur Beschreibung der einzelnen krisenhaften Entwicklungsphasen knüpft er an das Phasenmodell Sigmund Freuds an**, er findet aber neue Überschriften, um die jeweiligen Entwicklungskonflikte zu beschreiben.

Indem er darlegt, dass die psychische Entwicklung eines Menschen maßgeblich von seinen sozialen Erfahrungen mitbestimmt wird, macht er deutlich, dass das Ge- oder Misslingen von Entwicklungsprozessen auch wesentlich vom **Verhalten der Bezugspersonen** der Kinder und Jugendlichen abhängt.

Damit gewinnen seine Überlegungen pädagogische Relevanz. Wenn nämlich kindliche Entwicklungsprozesse wesentlich auch vom Verhalten ihrer Bezugspersonen abhängen, dann müssen Bezugspersonen ihr eigenes Verhalten in besonderer Weise reflektieren und verantworten. Aus einer pädagogischen Perspektive ist somit zu fragen, wie die Entwicklung eines Menschen so gelingen kann, dass sie ihn zunehmend zu einem mündigen Menschen werden lässt, der sein Leben selbst bestimmt und unter Mitmenschen in zunehmenden wachsenden Lebensumfeldern selbst gestalten und verantworten kann.

## 2.2 Einteilung des menschlichen Lebens in acht Phasen

Erikson teilt das menschliche Leben in insgesamt **acht Phasen oder Stufen** ein, die er nach einem bestimmten Schema beschreibt: Er benennt zunächst den **Konflikt**, der die jeweilige Phase kennzeichnet. Dann erläutert er das mögliche extreme Fehlverhalten der erwachsenen Bezugspersonen und führt die eventuellen Folgen für die weitere Entwicklung der betroffenen Kinder und Jugendlichen vor Augen.

### Die 1. Phase: Urvertrauen vs. Misstrauen (ca. 0–1,5 Jahre)

Mit der Beschreibung der ersten Phase seines Entwicklungsmodells (Alter: ca. 0–1,5 Jahre) knüpft Erikson eng an **Freuds Gedanken zur „oralen Phase"** an. Das neugeborene Kind ist völlig von seiner Mutter abhängig. Das Organ der kindlichen Wahrnehmung ist der Mund. Sein Leben besteht aus „Nehmen" und „Bekommen". Der Säugling erlebt diesen Zustand als tiefe Geborgenheit. Erst nach und nach lernt das Kind, zwischen sich und seiner Mutter zu unterscheiden. Diesen Prozess kann es positiv wahrnehmen, wenn es „liebende Fürsorge" erfährt. Das **Gefühl der tiefen inneren Geborgenheit** nennt Erikson „Urvertrauen". Dieses basiert zwar auf Erfahrungen mit der eigenen Mutter, ist aber nicht als Vertrauen in sie zu verstehen. Das „Urvertrauen" ist eher ein diffuses Gefühl.

In dieser Phase sind Enttäuschungen für ein Kind unvermeidbar: Es schreit, ohne dass sofort mit liebender Zuwendung reagiert wird; damit wird sein „Urvertrauen" erschüttert. Dies ist grundsätzlich entwicklungsfördernd, da im Kind eine „innere Unruhe" entsteht, was wiederum die positive Folge haben kann, dass es eigene Aktivitäten entwickelt.

In der ersten Phase müssen Kinder eine **Balance zwischen Urvertrauen und Urmisstrauen** herstellen. Die Gefahr besteht, dass nur eines von beiden ausgebildet wird. Ohne Urvertrauen wird ein Kind aber später kaum zuversichtlich anderen Menschen begegnen bzw. Aufgaben in Angriff nehmen können.

Aber auch ohne die Erfahrung von **Urmisstrauen** ist das Kind in seiner Entwicklung gefährdet. Denn die Bewältigung von Urmisstrauen bereitet darauf vor, Zurückweisungen oder auch Niederlagen hinnehmen zu können. Somit handeln nach Erikson nicht nur jene Eltern falsch, die ihre Kinder grob vernachlässigen, sondern auch solche, die diese nur verwöhnen und liebkosen. In beiden Fällen werde eine gesunde kindliche Entwicklung gefährdet.

Denn ein Kind, das nicht genügend umsorgt wird, bildet kaum Urvertrauen aus und bleibt von Urmisstrauen geprägt. Es ist ständig innerlich unruhig, was sich z. B. darin äußern kann, dass es nicht konzentriert an einer Aufgabe arbeiten kann. Tiefenpsychologisch betrachtet bleibt es auf der Suche nach Urvertrauen und wird später möglicherweise seine **innere Unruhe** mit einem Übermaß an Aktivitäten kompensieren oder aber aufgrund seiner Unausgeglichenheit alle Aktivitäten nach kurzer Zeit wieder abbrechen. Umgekehrt ist ein Kind, das in den ersten Lebensjahren kaum die Erfahrung von Urmisstrauen gemacht hat, später unter Umständen nicht bereit, sich anzustrengen.

Extremes Verhalten der Bezugspersonen hat extreme Folgen: Hyperaktivität kann sowohl die Folge extremer Vernachlässigung als auch übertriebener Zuwendung im Kleinkindalter sein. Ebenso kann die Unfähigkeit, kleinste Frustrationen aushalten zu können, Folge der beiden Formen von Fehlverhalten der Bezugspersonen in der ersten Lebensphase sein.

Säuglinge und Kleinkinder brauchen **„stabile", liebevolle Bezugspersonen**, die sich kontinuierlich um sie bemühen. Das sind meist die Eltern, besonders die Mutter, oder auch andere Personen, die den Kindern verlässlich und dauerhaft nahe sein sollten. Diese müssen aber nicht in jedem Moment für ein Kleinkind da sein: Kürzere Phasen, in denen es z. B. durch Schreien auf sich aufmerksam machen will und nicht sofort eine Reaktion erreicht, fördern sogar die Entwicklung.

Teilweise ergibt sich die Balance von Urvertrauen und Urmisstrauen auch durch unvermeidbare Erfahrungen: Werden stillende Mütter von ihrem Kind, das gerade seine ersten Zähne bekommt, gebissen, reagieren sie spontan mit Zurückweisung, was im Sinne Eriksons entwicklungsfördernd sein kann.

Die neuere Säuglings- und Kleinkindforschung konnte nachweisen, dass Kinder bereits in den ersten Lebensmonaten individuell eigene Aktivitäten und Reaktionsweisen entwickeln. Aber auch diese entstehen zumeist im Kontext von Beziehungen. Zugleich konnte die sogenannte **„Bindungsforschung"** seit den Achtzigerjahren zeigen, dass die Qualität elterlicher Feinfühligkeit gegenüber den Bedürfnissen, Ausdrucks- und Kommunikationsformen des Säuglings eine Basis für die Entwicklung seiner Bindungsqualität für den gesamten weiteren Lebenslauf darstellt. Mit diesen Erkenntnissen werden Eriksons Einsichten erweitert, aber keineswegs grundsätzlich korrigiert.

Aus pädagogischer Sicht ist wichtig, bereits die eigenen, individuellen Ausdrucksformen des Säuglings anzuerkennen, offen auf sie zu reagieren und auch auf diese Weise das kindliche Urvertrauen zu stärken. Umgekehrt können kurze Phasen des Erlebens von „Misstrauen" ein Kleinkind zu Eigenaktivitäten bewegen. Solche Prozesse führen zunehmend zur Wahrnehmung des Selbst und bereiten ein Selbstbewusstsein vor. Zugleich werden Kinder darauf vorbereitet, ertragen zu können, dass nicht sofort alle Erwartungen und Bedürfnisse befriedigt werden.

**Die 2. Phase: Autonomie vs. Scham und Zweifel (ca. 1,5 – 3 Jahre)**

Hier greift Erikson Überlegungen Freuds zur „analen Phase" auf. Dieser hatte hervorgehoben, dass das Kind, indem es lernt, sein Muskelsystem zu gebrauchen, auch die Fähigkeit ausbildet, den Schließmuskel zu beherrschen. Gerade dieses Festhalten oder Loslassen des Schließmuskels ist für das Kind mit der Erfahrung von Lust (oder Unlust) verbunden. Darüber hinaus erfreut es sich daran, sich mit den eigenen Ausscheidungen zu beschäftigen, und stößt damit an kulturelle Grenzen. Bald wird dem Kind verboten, seine Ausscheidungen zu berühren. So macht es die Erfahrung, dass es **einerseits etwas gerne tun möchte, zugleich aber weiß, dass es damit etwas Verbotenes tun würde**.

Freud sah in dieser Erfahrung einen ersten Schritt zur Ausbildung des Über-ICH. Im Über-ICH finde eine Verinnerlichung kultureller Normen und Regeln statt, so entstehe tiefenpsychisch eine Instanz, die das Handeln und Denken eines Menschen kontrolliere oder auch zensiere.

Erikson hat Freuds Erläuterungen dahingehend erweitert, dass er in diesem Prozess nicht einseitig den Druck der Kultur problematisiert, sondern darin einen **wichtigen Schritt der Persönlichkeitsentwicklung** erkennt.

Tatsächlich wird das Kind, das laufen kann und sprechen lernt, zunehmend mit Anforderungen der gesellschaftlichen Ordnung konfrontiert. So wird es mit konsequenten Verboten konfrontiert. Es kann seinen Willen nicht immer durchsetzen; seine „Autonomie" wird eingeschränkt. Das führt häufig zu Wut und Aggressivität.

Mitunter wird das Kind nicht nur an einem bestimmten Tun gehindert, sondern dieses wird ihm gegenüber als „schlecht" bezeichnet. Hat das Kind den Drang, etwas zu tun, das erwachsene Bezugspersonen als schlecht gekennzeichnet haben, spürt es den **inneren Konflikt**, dass es etwas tun möchte, das es nicht tun soll: **Scham entsteht.** Dies findet immer dann statt, wenn Menschen glauben, **dass sie aufgrund ihres Tuns oder ihrer Eigenschaften von Mitmenschen als minderwertig wahrgenommen werden**.

Nach Erikson ist die daraus entstehende Krise sinnvoll, weil das Kind erkennt, dass es seinen Willen nicht immer durchsetzen kann. Es lernt, dass bestimmte Regeln und Verbote gelten. Indem das Kind internalisiert, dass manches Tun schlecht ist, verinnerlicht es eine **Trieb- und Bedürfniskontrolle**. Es geht also keineswegs nur um Unterwerfung. Kinder streben nach wie vor an, ihren Willen durchzusetzen und ihre Triebe und Bedürfnisse zu befriedigen. Schrittweise lernen sie, sich in Gemeinschaften einzufügen und dennoch eigenen Wünschen – jetzt aber im Rahmen von Vorgaben – nachzugehen. Nur so ist das **Zusammenleben von Menschen in Gemeinschaften** möglich.

Die Ausbildung von Scham und Zweifel im Bewusstsein der Menschen ist also nötig, damit diese nicht willkürlich handeln, ohne auf soziale Ordnungen oder andere Menschen und deren Gefühle zu achten. Beides darf aber das Bewusstsein nicht so dominieren, dass man sich nicht traut, eigene Wünsche und Interessen zu realisieren.

Erzieherisch ist es erstrebenswert, Kinder **nicht einseitig rigide zu kritisieren oder zu bestrafen** und ihnen das Gefühl zu vermitteln, sie seien „schlecht", weil sie bestimmte Dinge tun. Umgekehrt ist aber **erzieherische Konsequenz** notwendig, sonst wissen Kinder nicht, was sie als falsch oder schlecht ansehen sollen. Zugleich ist es wichtig, dass Eltern ihre Kinder dazu ermuntern, eigene Wünsche zu befriedigen.

Die von Erikson gewählte Überschrift „Autonomie vs. Scham und Zweifel" könnte missverstanden werden. Der Begriff Autonomie ist nicht ansatzweise im Sinne von „Mündigkeit" gemeint, sondern soll ausdrücken, dass das Kind jetzt seinem eigenen Willen folgen will. Wie weitreichend Kinder bei den heutigen liberalen Erziehungsvorstellungen noch „Scham" in den ersten Lebensjahren ausbilden, wäre kritisch zu hinterfragen. Sicherlich aber erleben sie das Gefühl, dass sie, wenn sie „Verbotenes" tun, negative Reaktionen, z. B. Kritik oder Zurückweisung, erfahren müssen. Pädagogisch betrachtet lernen sie so, Reaktionen ihrer Mitwelt schrittweise einzuschätzen, und sie begreifen, dass ihr Handeln Folgen nach sich zieht, die für sie nicht immer nur angenehm sind.

Extreme Erziehung ist zweifellos problematisch: Das gilt sowohl für ein streng-rigides als auch für ein zu nachgiebiges elterliches Verhalten. Kinder, die sich immer nur Ge- und Verboten unterwerfen müssen, laufen große Gefahr, zwanghaft gehorsamsorientiert zu bleiben. Umgekehrt ist es ebenfalls möglich, dass Menschen, die mit ständigen Verboten konfrontiert waren, irgendwann alle Ge- und Verbote ablehnen. Möglicherweise tun die Kinder sich im späteren Leben schwer damit, Autoritäten anzuerkennen, oder sind wenig bereit dazu, Ordnung zu halten.

Kinder müssen in dieser Phase eine innere Instanz ausbilden, die sie daran hindert, bestimmte Normen und Regeln des kulturellen Lebens zu missachten. Ansonsten können sie massive Schwierigkeiten bekommen, wenn sie in Gemeinschaften zum ersten Mal mit klaren Vorgaben konfrontiert werden. Möglicherweise suchen sie solche klaren Normen. „Antiautoritär" erzogene Kinder hören mitunter gerade auf Erwachsene, die klar oder sogar streng als Autoritätspersonen auftreten. Das Beispiel der antiautoritär erzogenen Kinder, die später gerne Autoritäten folgen, kann belegen, dass Ge- und Verbote in bestimmten Lebensphasen hilfreich sein können, weil sie Kindern helfen, ihren Lebensalltag in Gemeinschaften zu strukturieren. Kinder wären in frühen Lebensjahren überfordert, dies selbst zu leisten. Später hingegen können und müssen sie Ordnungen und Regeln durchaus kritisch in den Blick nehmen.

### Die 3. Phase: Initiative vs. Schuldgefühl (3–6 Jahre)

Auch bei seinen Überlegungen zur dritten Phase orientiert sich Erikson noch eng an Freud. Er hält ebenfalls das Erleben und Bewältigen des sogenannten Ödipuskonflikts für bedeutsam. Kinder entdecken in diesem Alter nicht nur ihr Geschlecht als Junge oder Mädchen, sondern sie verlieben sich etwa ab dem vierten Lebensjahr in den jeweils andersgeschlechtlichen Elternteil, was zu einem Konkurrenzdenken gegenüber dem gleichgeschlechtlichen Elternteil führen kann. Zugleich aber lieben sie diesen noch immer: So entstehen mit dem Gefühl der Rivalität und des Neides auch Schuldgefühle. Kinder müssen weiterhin feststellen, dass ihnen der gleichgeschlechtliche Elternteil überlegen ist: Sie bewältigen ihren inneren Konflikt, indem sie den gleichgeschlechtlichen Elternteil bewundern und ihm nachzueifern versuchen. Erikson greift diese Gedanken Freuds auf, weist aber darauf hin, dass Kinder auch unter Geschwistern oder im Kindergarten Konkurrenz und Rivalität erleben.

In dieser Phase ist es wichtig, dem Kind einerseits **Grenzen aufzuzeigen**, es aber andererseits **nicht abzuweisen**. Der andersgeschlechtliche Elternteil sollte die Initiativen des Kindes nicht zurückweisen und auch nicht darüber spotten, gleichzeitig aber keinen Zweifel daran lassen, welchen Stellenwert der jeweilige Lebenspartner hat. Vielleicht ist das Verhalten des gleichgeschlechtlichen Elternteils noch bedeutender. Dieser sollte feindselige Äußerungen oder Gesten des Kindes nicht beachten, sondern als aktiver Partner auftreten, den das Kind bewundern kann. Das elterliche Vorbildverhalten hat gerade in dieser Phase entscheidende Bedeutung.

Kinder lernen nicht zuletzt in Orientierung an ihren Eltern, im Leben Initiative zu ergreifen sowie innere Schuldgefühle auszuhalten und konstruktiv zu bewältigen. Insofern ist es aus psychoanalytischer Sicht problematisch, dass derzeit etliche Jungen ohne Vater aufwachsen. Nicht zuletzt werden in dieser Entwicklungsphase die Grundlagen für spätere beständige Beziehungen gelegt.

Von besonderer Bedeutung innerhalb dieser Phase ist die **Gewissensbildung** des Kindes. Es lernt, Wünsche nicht zu realisieren oder bestimmte Initiativen zu unterlassen, weil es damit Schuldgefühle verbindet. Diese erwachsen aus dem Gedanken, einem geliebten Menschen Schaden zufügen zu können. So bildet sich ein Gewissen aus, das nicht allein auf der Unterwerfung durch eine stärkere Macht basiert, sondern auch auf Liebe und Bewunderung.

Eltern, die rigide Macht gegen das gleichgeschlechtliche Kind demonstrieren und sich dem andersgeschlechtlichen Kind gegenüber abweisend verhalten, werden von den Kindern kaum als Menschen wahrgenommen, denen sie als andersgeschlechtliche Partner gefallen wollen oder die sie als gleichgeschlechtliche Vorbilder bewundern. Die Kinder lernen kaum, Initiative zu ergreifen. Sie bilden kaum ein eigenes Gewissen aus, sodass sie sich später unter Umständen allzu schnell vermeintlichen Autoritäten unterwerfen.

Möglich ist auch hier eine entgegengesetzte Entwicklung. Sie könnten nahezu hektisch immer wieder die Initiative ergreifen oder sich neu um Beziehungen bemühen. Fraglich bleibt, inwieweit sie in der Lage sein werden, dauerhafte Beziehungen zu gestalten.

Eltern, die sich in dieser Lebensphase ihren Kindern gegenüber zwar tolerant, aber eher desinteressiert zeigen, ermutigen sie zunächst zu Initiativen. Die Kinder lernen jedoch nicht, spätere Zurückweisungen zu ertragen. Ebenso wenig lernen sie Schuldgefühle kennen und können deshalb als Erwachsene nicht rücksichtsvoll handeln – ohne sich dies bewusst zu machen. Oder aber sie entwickeln nach Erfahrungen von Ablehnung und Zurückweisung sogar in übertriebener Form Schuldgefühle.

Aus pädagogischer Sicht ist einmal die Ermutigung zu eigenen kindlichen Initiativen wichtig. Selbstbestimmtes Handeln setzt voraus, dass man sich ein solches überhaupt zutraut. Wichtig aber ist auch zu lernen, das eigene Handeln daraufhin beurteilen zu können, ob es gerechtfertigt ist. Diese Fähigkeit kann in dieser Lebensphase vorbereitet werden, indem ein kindliches Gewissen ausgebildet wird. Dieses ist in der Tat ein noch weithin fremdbestimmtes, heteronomes Gewissen. Pädagogisch wäre deshalb bedeutsam, dass Eltern ihre Forderungen und Entscheidungen immer auch begründen, damit Kinder grundsätzlich begreifen, dass Handlungsweisen legitimiert werden können und müssen. Das kindliche Vertrauen in oder die Idealisierung seiner Eltern könnten leicht missbraucht werden. Denkbar wäre, dass auf fragwürdige Weisen Schuldgefühle im Kind erzeugt würden. Umgekehrt wäre es pädagogisch kaum zu rechtfertigen, jede Initiative des Kindes zu billigen: umso bedeutender aber bleibt, Verbote und Sanktionen dem Kind gegenüber zu erläutern und zu begründen. Möglicherweise kann oder will es diese Begründung nicht nachvollziehen, aber auch in diesem Fall kann sich einprägen, dass Forderungen und Erwartungen, die Menschen aufgebürdet werden, grundsätzlich gerechtfertigt werden sollten.

## Die 4. Phase: Werksinn vs. Minderwertigkeitsgefühl (6–12 Jahre)

Freud hat die vierte Phase der kindlichen Entwicklung Latenzzeit genannt. Er sah keine Möglichkeit, kindliches Handeln Triebimpulsen zuzuschreiben, und bezeichnete diese Zeit als sexuelle Ruhephase. Folglich hatte diese Lebensphase für Freuds weitere Überlegungen eher weniger Bedeutung.

Dagegen spricht Erikson dieser Phase große Relevanz zu. Ihm zufolge erweitern Kinder jetzt ihre Bereitschaft, initiativ zu werden. Sie wollen aber nicht nur handeln, um den Eltern zu gefallen, sondern in einem größeren Umfeld Wichtiges und Nützliches leisten. Er nannte dieses kindliche Bestreben Werksinn. Kinder wollen nicht nur spielen und selbst Freude haben, sondern auch etwas leisten. Insofern ist es zweifellos sinnvoll, dass sie ab dem sechsten Lebensjahr die Schule besuchen, wo ihnen Leistungen abverlangt werden. Indem Kinder Nützliches tun, wird ihnen bewusst, dass sie bestimmte Leistungen noch nicht erbringen können und sowohl den Eltern als auch älteren Kindern unterlegen sind. Dies können sie als Versagen erleben, was ein Gefühl der Minderwertigkeit auslösen kann.

Dieses Minderwertigkeitsgefühl ist nach Erikson prinzipiell entwicklungsfördernd. Denn das Gefühl, etwas nicht zu können, kann auch dazu motivieren, sich anzustrengen und einen besonderen Ehrgeiz auszubilden. Insofern sind Erfahrungen, die Kindern die Grenzen ihrer Leistungsfähigkeit bewusst machen, nicht zwingend nachteilig. Erlebt ein Kind hingegen ständig, dass seine Bemühungen abgewertet werden, kann das Gefühl der eigenen Minderwertigkeit die gesamte Lebenseinstellung dominieren. Aus Furcht vor Kritik und Ablehnung wollen Kinder möglicherweise viele Aufgaben nicht einmal mehr angehen. Werden sie dagegen nur gelobt, lernen sie nicht, die eigenen Leistungen realistisch einzuschätzen.

In dieser Lebensphase werden Gleichaltrige wichtig. Denn ein Kind kann seine Leistungen besser mit denen Gleichaltriger vergleichen. Erwachsenen muss es sich immer unterlegen fühlen. Insofern gewinnen nicht nur Leistungsvergleiche in der Schule, sondern auch Regelspiele an Bedeutung, an deren Ende Gewinner und Verlierer stehen.

Aus pädagogischer Sicht ist es bedeutsam, wenn Kinder eine zunehmend realistische Selbsteinschätzung leisten können. Das beinhaltet auch, einzusehen und auszuhalten, dass möglicherweise andere Kinder in bestimmten Fähigkeiten ihnen überlegen sind. Umgekehrt bleibt wichtig, dass Kinder zugleich ihre besonderen eigenen Fähigkeiten entdecken. Nicht zu unterschätzen ist die Erfahrung für Kinder, dass sie sich, um bestimmte Ziele zu erreichen, anstrengen und dafür phasenweise andere Wünsche unterdrücken müssen.

Versuchen Erziehende, Kinder vor Anforderungen zu bewahren, indem sie diese nur spielen oder nur spielerisch lernen lassen wollen, ist es möglich, dass sich die Kinder nur noch ungern Herausforderungen stellen. Umgekehrt ist aber auch denkbar, dass sie ein besonders starkes Bedürfnis entfalten, Nützliches zu tun. Gegenwärtig streben viele Eltern insbesondere in der Grundschulzeit eine besondere Leistungsförderung ihrer Kinder an, nicht selten erzeugen sie so Leistungsdruck. Damit laufen sie Gefahr, dass Kinder ständig mit der Angst vor Minderwertigkeit leben müssen und diese Angst auch ihr gesamtes weiteres Leben dominiert. Dies wäre aus psychologischer Sicht fatal. Aber auch pädagogisch betrachtet ist ein solches Drängen auf „Werksinn" problematisch. Kinder müssen langfristig selbst herausfinden, wie sehr und auf welchen Handlungsfeldern „Werksinn" ihr Leben bestimmen soll. Die Ausbildung von Leistungsbereitschaft und Leistungsfähigkeit wird sicherlich in dieser Lebensphase mit grundgelegt. Wenn aber Eltern Kindern das Gefühl vermitteln, sie könnten nur bei herausragenden Leistungen die Anerkennung der Eltern oder anderer für sie bedeutender Menschen finden, missbrauchen sie ihre elterliche Macht für eigene ehrgeizige Zielsetzungen für ihre Kinder.

Eriksons Phasenmodell bezieht sich nicht nur auf das Kindesalter, sondern auf den gesamten Lebenslauf eines Menschen. Insbesondere seine Überlegungen zum Jugendalter gewinnen auch aus einer pädagogischen Perspektive Relevanz. Diese Gedanken sind insofern von besonderer Bedeutung, als er nicht nur Krisen des Jugendalters beschreibt, sondern auch Hinweise gibt, **wie solche Krisen konstruktiv bewältigt werden** könnten. Daraus können wiederum bedeutende Anregungen für erzieherisches Denken und Handeln entstehen. Sicherlich werden mit dem Jugendalter die direkten pädagogischen Einflussmöglichkeiten insbesondere der Eltern geringer. Das bedeutet jedoch keineswegs, dass man in dieser Altersphase bereits auf pädagogisches Handeln verzichten könnte. Im Jugendalter gewinnen nicht nur Eltern, sondern verstärkt auch Lehrerinnen, Lehrer und andere erwachsene Bezugspersonen und nicht zuletzt die Jugendlichen selbst pädagogische Relevanz für die weitere Entwicklung und das weitere Lernen.

Erikson hat sein Phasenmodell auf das **Erwachsenenalter** ausgeweitet und dieses Alter in **drei Lebensphasen** unterteilt. Diese sind aus pädagogischer Sicht auf den ersten Blick weniger bedeutsam, weil sie Lebensabschnitte behandeln, auf die Erzieherinnen und Erzieher kaum einwirken. Erziehung hört aber letztlich nie auf. Erwachsene müssen jedoch selbst Verantwortung übernehmen und sich selbst erziehen. Insofern ist es relevant, über Phasen und Krisen des Erwachsenenalters Bescheid zu wissen.

Darüber hinaus gewinnen in unserer Gegenwart auch Bildungsinstitutionen für Erwachsene Bedeutung, sozialpädagogische Hilfen wiederum werden für Menschen aller Altersstufen angeboten.

**Die 5. Phase: Identität vs. Identitätsdiffusion** *Adoleszenz*

Mit der physischen Geschlechtsreife und den damit verbundenen körperlichen und hormonellen Veränderungen beginnt die **Phase des Übergangs von der Kindheit ins Erwachsenenalter**. Der Jugendliche bildet in dieser Zeit eine eigene Persönlichkeit aus. Indem er sich der Außenwelt öffnet, muss er sich verschiedenen Anforderungen und Einflüssen stellen. Der Jugendliche löst sich zunehmend von seiner Familie, die Gruppe der Gleichaltrigen gewinnt an Bedeutung. Er fragt sich nun, wer er ist bzw. wer er sein will. Ideologische Perspektiven, z. B. die der eigenen Eltern, werden hinterfragt. Idole und Leitbilder dienen der Orientierung, werden aber ebenso wie die eigene Um- und Mitwelt kritisch betrachtet. Praktisch versucht der Heranwachsende so, die eigene Persönlichkeit zu finden und zu festigen.

Jugendliche entdecken Schwächen und Fehler der Menschen in ihrem unmittelbaren Lebensumfeld. Sie erkennen, dass sie bestimmte Erwartungen nicht erfüllen wollen oder können. Ihre **Identität** müssen sie während der Pubertät **mühevoll erarbeiten**. Dabei besteht die Gefahr, dass sie es nicht schaffen, angesichts der Vielzahl von „Identitätsangeboten" eine eigene Identität auszubilden. Dann käme es zu einer „Identitätsdiffusion". Die Gefahr einer weitreichenden Identitätsdiffusion darf nicht unterschätzt werden. In der gegenwärtigen Lebenswelt, die sich durch ein großes „Angebot" differierender Orientierungen und Handlungswege auszeichnet, ist diese Gefahr sicherlich eher noch gewachsen. Umso dringlicher stellt sich dann die Frage, wie Jugendliche Unterstützung erhalten können, am Ende zu einer tatsächlich eigenen Identität zu finden.

Erikson war überzeugt, dass viele Jugendliche in dieser krisenhaften Phase eines „**Moratoriums**" bedürfen. Man muss bereit sein, sie für eine gewisse Zeit aus den gewohnten Handlungs- und Lebensfeldern zu entlassen, um ihnen auf der Basis anderer Erfahrungen Wege der Selbstfindung zu ermöglichen. Tatsächlich gewinnen bestimmte Orte für pubertierende Jugendliche große Bedeutung, z. B. Musikgruppen oder Sportvereine. Vor allem Mädchen entfalten innige Beziehungen zu Tieren (z. B. Pferden) und finden in ihrer Pflege einen Lebenssinn. Eltern, so fordert Erikson, müssen Verständnis dafür haben, wenn Jugendliche phasenweise Schwerpunkte radikal anders setzen, als sie es von ihnen erwarten.

Diese Lebensphase ist für beide Seiten keine leichte Zeit. Viele Eltern entziehen sich möglichen Konflikten, indem sie den Jugendlichen – vermeintlich liberal – nahezu **alles zugestehen, was diese wollen**. Damit tragen sie kaum zu einer konstruktiven Bewältigung der Entwicklungskrise bei; sie lassen ihre Kinder im Grunde **bei ihrer Orientierungssuche allein**. Jugendliche bedürfen der kritischen und zugleich solidarischen Auseinandersetzung mit Erwachsenen, die sie beraten, kritisieren, ihnen vielleicht auch einzelne Verbote erteilen, zumal der Widerstand dagegen die Entwicklung zur Selbstständigkeit fördern kann.

Wollen Erwachsene ihre Kinder über rigide Vorgaben und Verbote ständig kontrollieren, tragen sie möglicherweise dazu bei, dass diese eine eigene Identität ausbilden, die auf kritiklose Unterwerfung unter Autoritäten ausgerichtet bleibt. Denkbar wäre aber genauso, dass die Kinder irgendwann jede Autorität radikal ablehnen. So entsteht jedoch keine positive Identität.

Pädagogisch gesehen finden Jugendliche in dieser Lebensphase **nicht nur ihre eigene Identität, sondern werden auch „mündig"**. Das aber bedeutet, nicht nur zu wissen, wer man ist und was man tun und erreichen will, sondern auch zu erkennen, was man **als Mensch unter Menschen tun soll oder tun muss**. Jugendliche müssen auch lernen, sich im Sinne Kants ihres Verstandes zu bedienen. Darum ist wichtig, dass die Schule ihnen beispielsweise nicht nur Wissen oder Kompetenzen vermittelt, sondern sie immer neu ermuntert, selbst zu denken, zu urteilen und zu werten. Jugendliche müssen erleben, dass sie jetzt in gewichtigen Fragen des Lebens als Gesprächs- und Handlungspartner ernst genommen werden. Darum sind auch Projekte oder Aufgaben, in welchen sie Verantwortung tragen, für ihre Entwicklung bedeutsam.

Vorbilder bleiben auch aus pädagogischer Sicht wichtig. Allerdings werden sie jetzt weniger als Vorbilder für bestimmtes konkretes Verhalten wahrgenommen, sondern eher als Vorbilder in dem Sinne, dass sie ihren Überzeugungen auch in ihrem Lebensalltag glaubwürdig folgen. Vielleicht gewinnen jetzt sogar Menschen, die Niederlagen bewältigen, für Jugendliche besondere Relevanz, denn gerade eine solche Erfahrung bleibt Jugendlichen selten erspart.

Nicht zuletzt muss man Jugendlichen jetzt auch zumuten, **für Folgen ihres Tuns einzustehen**. Dies sollte niemals ohne Rücksicht und Nachsicht geschehen, kann aber in dem Sinne sinnvoll sein, dass so für Jugendliche zusätzliche Entscheidungskriterien entstehen können. Überdies kann so auch ein **moralisches Denken und Werten** Berücksichtigung finden – bis hin zu einer möglichen Entscheidung, negative Folgen für sich selbst in Kauf zu nehmen, um einem eigenen moralischen Urteil nicht zuwiderlaufen zu müssen.

## Die 6. Phase: Intimität und Solidarität vs. Isolierung

Der junge Mann und die junge Frau müssen am Ende der Phase der Adoleszenz lernen, **intime Beziehungen** einzugehen. Dies beinhaltet Freundschaft, Liebe, aber auch Auseinandersetzung und Kampf. In diesem Prozess sollen sie Partnerschaften führen, in denen sie besondere Verantwortung für den anderen übernehmen, aber umgekehrt auch besondere Zuwendung erfahren. Damit ist dann auch eine **Abgrenzung der intimen Beziehungen zu anderen, z. B. Gruppenbeziehungen**, verbunden. Nicht zuletzt kann die Partnerschaft helfen, sich gegen vermeintliche Bedrohungen zur Wehr zu setzen oder in schwierigen Konkurrenzkämpfen zu bewähren.

Menschen, denen der Aufbau intimer Beziehungen nicht gelingt, bleiben im Zustand einer Isolierung, auch wenn sie viele freundschaftliche Beziehungen pflegen. Nach Erikson ist es wichtig, dass Menschen nach der Phase der Adoleszenz, in der Beziehungen zu Gleichaltrigengruppen im Vordergrund stehen, wieder persönliche und intimere Beziehungen eingehen. Sicherlich **folgt Erikson so auch bestimmten kulturellen Idealen**. Man könnte darüber streiten, in welchem Ausmaß intimere Beziehungen für Menschen unverzichtbar sind. Hingegen ist sicherlich zu fragen, worin der qualitative Reifungsschritt vom Jugend- in das Erwachsenenalter bestehen sollte. Der Gedanke, dass der erwachsene Mensch mehr Verantwortung übernehmen müsste als ein noch jugendlicher Mensch, ist sicherlich bedeutend. Dass intimere Beziehungen wiederum eine besondere gegenseitige Verantwortung bedingen, ist kaum bestreitbar.

## Die 7. Phase: Generativität vs. Stagnation

Mit der nächsten Stufe beschreibt Erikson die Fähigkeit und den Wunsch, sich für den Fortbestand der eigenen Gemeinschaft einzusetzen. Damit meint er das Zeugen und Gebären von Kindern, aber auch die **Bereitschaft, für die nachwachsende Generation Verantwortung zu übernehmen**. Kinderlose Menschen sind nach Erikson nicht zwingend Vertreter einer Stagnation. Menschen, die nicht bereit sind, für nachfolgende Generationen Verantwortung zu übernehmen, würde er aber als solche kritisieren. In diesem Kontext ließe sich bedenken, inwieweit Unterstützung durch sozialpädagogische Maßnahmen sinnvoll oder unverzichtbar bleibt, wenn Menschen nicht oder nur wenig Verantwortung für Mitmenschen, möglicherweise sogar für eigene Kinder oder andere Angehörige übernehmen können oder wollen. Man kann sogar fragen, ob nicht deviantes oder kriminelles Verhalten auch in dem Sinne gedeutet werden könnte, dass Menschen ein sinnvolles „generatives" Verhalten oder eine sinnvolle „generative" Lebenseinstellung nicht gelingt.

**Die 8. Phase: Integrität vs. Verzweiflung**

Die Entwicklung des Menschen in seinen späteren Lebensphasen wird wesentlich von seinen Erfahrungen in den vorherigen Phasen bestimmt. Insbesondere Eriksons Beschreibung der letzten Phase lässt erkennen, dass dann **eine grundsätzliche Neuorientierung kaum mehr möglich** ist. Darüber lässt sich streiten: Können nicht auch Menschen im Alter ihr Leben ändern und statt im Sinne der Integration des bisher gelebten Lebens einen fundamental anderen und neuen Weg gehen? Die Tatsache, dass viele Menschen heute ein hohes Alter erreichen und nicht selten geistig und körperlich auch im Alter aktiv sein können, eröffnet die Chance, dass Menschen **auch im Alter noch Gestaltungsmöglichkeiten entdecken** können. Möglicherweise wäre in diesem Kontext (pädagogische) Unterstützung sinnvoll. Ob Menschen zuletzt ihr Leben für sich „integrieren" können oder am Ende ihres Lebens „Verzweiflung" erleben müssen, lässt sich pädagogisch wohl nicht mehr beeinflussen. In Bildungsprozessen hingegen könnte man Menschen auf die Erfahrung vorbereiten, dass sie gegen Ende ihres Lebens **ihr eigenes Leben vor sich selbst bewerten müssen**.

| Alter | Krise | Konstruktive Lösung | Problematische Lösung |
|---|---|---|---|
| 0–1½ | Urvertrauen vs. Urmisstrauen | Grundlegendes Urvertrauen (absolute innere Sicherheit) | Innere Unsicherheit, Unruhe, Rastlosigkeit |
| 1½–3 | Autonomie vs. Scham und Zweifel | Fähigkeit der Selbstkontrolle, zugleich Willenskraft | Willensschwäche oder starres Streben, Willen durchzusetzen; mangelnde Durchsetzungsfähigkeit oder rigide Selbstkontrolle |
| 3–6 | Initiative vs. Schuldgefühl | Bereitschaft zur Initiative, erste Gewissensbildung | Rigide oder fehlende Gewissensbildung; Initiativlosigkeit oder übertriebener Drang zur Initiative |
| 6–12 | Werksinn vs. Minderwertigkeitsgefühl | Leistungsbereitschaft und -motivation, Fähigkeit zur realistischen Selbsteinschätzung | Minderwertigkeitsängste oder Neigung zur Selbstüberschätzung, Leistungsabwehr oder übertriebenes Leistungsstreben |
| Adoleszenz | Identität vs. Identitätsdiffusion | Ausbilden eigener persönlicher Ich-Identität | Angepasste Identität oder fortwährende Identitätssuche und -unsicherheit |
| Frühes Erwachsenenalter | Intimität und Solidarität vs. Isolierung | Fähigkeit zu Nähe und Bindung | Erleben von Einsamkeit, Angst vor Bindung oder auch Angst vor Trennung |

| Mittleres Erwachse- nenalter | Generativität vs. Stagnation | Verantwortung für eigene Kinder oder für Mitmen- schen und ihre Zukunft | Keine Zukunftsperspektive, Orientieren nur an eigenen Bedürfnissen |
|---|---|---|---|
| Spätes Erwachse- nenalter | Ich-Integrität vs. Verzweiflung | Gefühl eigener „Ganzheit", Akzeptieren des eigenen Lebens | Erleben des eigenen Lebens als sinnlos, Enttäuschung, innere Verzweiflung |

Abb. 3: Das Phasenmodell der psychosozialen Krisen nach Erikson

## 2.3 Kritische pädagogische Würdigung des Phasenmodells Eriksons

Eriksons Modell bleibt **nicht frei von bestimmten kulturellen Einstellungen seines Autors**. Aber können Modelle überhaupt frei von Wertungen sein?

Eriksons Modell legt offen, wie folgenreich bestimmte erzieherische Einstellungen und Verhaltensweisen für Kinder sind. Welche **psychischen Strukturen** Menschen ausbilden, ist auch das **Resultat ihrer Erfahrungen im Erziehungsprozess.** Damit unterstreicht Erikson die Bedeutung erzieherischer Verantwortung. Er zeigt auf, dass **extreme einseitige Orientierungen in der Erziehung** – unabhängig davon, in welche Richtung Erziehende sich extrem verhalten – für die betroffenen Kinder fast immer **problematische Folgen** nach sich ziehen. Die betroffenen Kinder und Jugendlichen zeigen meist selbst – und zwar ihr Leben lang – extreme Denk- und Verhaltensweisen. Sie folgen so entweder der Haltung ihrer Erzieher (meist ihrer Eltern) oder sie stellen sich radikal dagegen. Ein Kind, das während der dritten psychosozialen Krise (Initiative vs. Schuldgefühl) strenge Eltern erleben muss, kann sich entweder so entwickeln, dass es sich immer leicht und kritiklos Autoritäten unterwirft, oder aber es entwickelt eine ablehnende Haltung, wenn nicht sogar Hassgefühle gegen Autoritäten. Extreme Einstellungen können auch entstehen, wenn die Eltern auf jedes autoritäre Auftreten verzichten: Ein Kind könnte dann – tiefenpsychologisch betrachtet – immer auf der Suche nach Autoritäten bleiben oder es nie lernen, sich Autoritäten zu unterwerfen.

Eltern bzw. Erziehende müssen nach Erikson in allen Phasen der psychosozialen Krisen ihr Verhalten **immer wieder neu zwischen möglichen extremen Polen ausbalancieren.** Innerhalb einer pädagogischen Sicht geht es aber niemals nur um die „Gesundheit" des Kindes, auch nicht primär darum, dass ein junger Mensch am Ende eine solche Identität entwickeln kann, dass er glücklich und zufrieden sein Leben gestalten kann. Pädagogisch sind immer auch Mündigkeit und Moralität Ziele. Diese können umfassend erst am Ende des Erziehungsprozesses erreicht werden, aber sie müssen immer schon im

Blickfeld derer sein, die Erziehungs- und Bildungsprozesse verantworten. Insofern geht es in allen Entwicklungskrisen, die Erikson beschrieben hat, immer um Folgendes: Kinder und Jugendliche sollen solche Erfahrungen machen, dass sie als Individuen zunehmend einerseits sie selbst als einmalige und unverwechselbare Menschen werden, sie sollen zugleich aber auch immer mehr begreifen, dass sie als Menschen unter Menschen leben und somit Regeln einhalten, Mitmenschen respektieren, Rücksicht nehmen oder Aufgaben übernehmen müssen.

In diesem Sinne **bietet das Modell Eriksons Orientierungen, aber keine erzieherischen Rezepte**. Pädagogische Maßstäbe lassen sich aus seinem Modell nicht ableiten; es wäre aber sinnvoll, im Nachdenken über pädagogische Maßstäbe Eriksons Einsichten zu berücksichtigen.

In der westlichen Zivilisation sind **Individualisierung** und auch **Singularisierung** in der Gesellschaft unterdessen weiter fortgeschritten. So ist aus heutiger Sicht zu fragen, ob das Modell Eriksons noch ausreicht, die veränderten Bedingungen des Aufwachsens vieler Kinder und Jugendlicher konstruktiv zu erfassen. Nicht wenige Kinder wachsen heute ohne Vater auf oder erleben in Patchwork-Familien wechselnde Bezugspersonen. Die Berufstätigkeit beider Elternteile hat die innerfamiliäre Kommunikation vielfach reduziert. Zudem muss gefragt werden, wie sich der weitreichende multimediale Einfluss auf Kinder und Jugendliche auswirkt und ob und inwieweit dadurch die elterliche Einflussnahme in ihrer Wirkung schwächer wird. Kaum zufällig werden immer häufiger und immer weitergehende erzieherische Erwartungen an Schulen gestellt. Es kann nicht ausgeschlossen werden, dass viele Kinder in problematischer Weise eine nur geringe Basis für Urvertrauen oder für Bindungen erfahren. Das wiederum hätte Folgen mit Blick auf ihre Möglichkeiten, Mündigkeit auszubilden.

Grundsätzlich gilt: Extreme Einstellungen und Haltungen, die in der Psyche tief verwurzelt sind, stehen unvermeidbar einer Mündigkeitsentwicklung im Wege. Unbewusste Minderwertigkeitsängste oder zwanghaftes Streben nach „Autonomie" verhindern, dass Menschen wirklich „frei" Entscheidungen oder sogar Lebensentscheidungen treffen können.

Insbesondere Eriksons Gedanken zum **Erwachsenenalter** offenbaren, dass er **bestimmten kulturellen Orientierungen folgt**, die dem Individuum hohen Stellenwert zuschreiben. Daraus resultieren dann besondere Aufgaben des Individuums – sowohl mit Blick auf sich selbst als auch mit Blick auf Mitmenschen. Erikson bedenkt die wichtige Tatsache, dass Menschen Verantwortung für ihr Leben übernehmen müssen. Pädagogisch kann an diese Gedanken sinnvoll angeknüpft werden. In einem kritischen pädagogischen Verständnis beinhaltet Mündigkeit immer auch Moralität. Aus pädagogischer Sicht kann **Menschen nicht vorgegeben werden**, wie sie ihr Leben leben oder auch ihre Beziehungen gestalten sollen. Im Prozess von Erziehung und Bildung müssen sie aber **lernen, dass sie als Menschen unter Menschen leben** und insofern **niemals nur für sich selbst Verantwortung tragen können.**

Erikson erinnert daran, dass Menschen auf unterschiedliche Weise Verantwortung übernehmen können. Intimere Beziehungen ermöglichen oder verlangen eine besondere Form der Verantwortung füreinander. Dies müssen Menschen lernen können.

Erikson verschweigt nicht die Schwierigkeiten, die Jugendliche im letzten Schritt zum Erwachsensein durchleben können (oder müssen). Dies will er praktisch dadurch anerkennen, dass er Jugendlichen ein „Moratorium" zugestehen will. Dieser Gedanke ist auch pädagogisch sinnvoll. Jugendlichen muss Zeit und Raum für ihre Identitätsfindung gewährt werden. Das aber schließt nicht aus, dass Erwachsene weiter Einfluss auf Jugendliche nehmen. Auch muss Jugendlichen klar sein, dass ein solches **Moratorium immer nur zeitlich begrenzt gewährt werden kann**. Aus pädagogischer Sicht könnte eine Zeit des besonderen Engagements, in der Jugendliche Verantwortung für Mitmenschen oder Lebensaufgaben übernehmen, sinnvoll sein. Wichtig aber wäre, dass sie sich freiwillig für ein solches Engagement (z. B. freiwilliges soziales Jahr) entscheiden. Sie finden so über ein Engagement mit oder für Mitmenschen Möglichkeiten, sich selbst besser kennenzulernen und besser eigene Lebensziele finden zu können. Identität bilden Menschen immer auch in und durch soziale Beziehungen aus. Hingegen kann nicht ausgeschlossen werden, dass sich während eines „Moratoriums" eine Identitätsdiffusion noch ausweiten könnte. Darum müssen auch in solchen Phasen immer **Bezüge zur Realität** und den Anforderungen der Realität bestehen bleiben. Allerdings können Einsichten in bittere „Wahrheiten" der sozialen Wirklichkeit auch die Identitätsbildung eines Menschen belasten. Aus pädagogischer Sicht dürfen darum die Wahrheiten über die (gesellschaftliche) Wirklichkeit nicht verschwiegen werden. Wichtig ist in solchen Prozessen, Jugendliche darin zu bestärken, sich zu engagieren und trotz möglicherweise enttäuschenden Einsichten oder Erfahrungen ihren Einsatz nicht aufzugeben. Insofern geht es pädagogisch nie nur um Unterstützung einer Identitätsbildung, sondern auch um die **Weitergabe von „Lebensaufgaben"**, wie auch immer diese dann bestimmt werden. Jugendliche sollen und müssen lernen, an der Bestimmung dieser Lebensaufgaben selbst zu partizipieren.

Pädagogisch wäre es wichtig, Jugendlichen zu vermitteln, dass Menschen im Leben **Entscheidungen treffen müssen** und dass Entscheidungen für einen

44 / Entwicklung, Sozialisation und Erziehung

bestimmten Weg Entscheidungen für andere mögliche Wege ausschließen könnten. In diesem Kontext behalten Erwachsene für Jugendliche Vorbildfunktion.

Die Aufforderung an Jugendliche, zu einem bestimmten Zeitpunkt **selbst Verantwortung für sich und andere zu übernehmen**, ist noch einmal eine gewichtige „pädagogische Maßnahme".

**Aufgabe 7** Nehmen Sie zur Diskussion Stellung, ob sich Kindertagesstätten für die Entwicklung von Kindern negativ auswirken.

**Aufgabe 8** Beurteilen Sie mit Bezug auf Erikson die Forderung, das schulische Lernen in der Grundschule müsse vor allem in Orientierung an kindlichen Spielbedürfnissen organisiert werden.

**Aufgabe 9** Prüfen Sie, ob das Entwicklungsmodell Eriksons angesichts der veränderten familiären bzw. gesellschaftlichen Bedingungen noch für zeitgemäß gehalten werden kann.

**Aufgabe 10** Skizzieren Sie Maximen für pädagogisches Verhalten von Lehrerinnen und Lehrern im Umgang mit Jugendlichen. Erörtern Sie, ob Lehrkräfte eher als Partner auftreten und auf eine pädagogische Autorität weitgehend verzichten sollen oder besser bewusst als Erwachsene, die auch Forderungen stellen und Leistungen einfordern.

**Aufgabe 11** Analysieren Sie unter Berücksichtigung des Entwicklungsmodells Eriksons die Verhaltensauffälligkeiten Stephanies und fragen Sie nach möglichen Zielen und Wegen einer pädagogischen Förderung Stephanies.

Stephanie – pädagogische Förderung bei Verhaltensauffälligkeiten?

1 Stephanie, die jetzt Achtjährige, wurde als „Frühchen" mit einem Gewicht von 1 450 g geboren und verbrachte sechs Wochen in der Kinderklinik, ehe sie nach Hause entlas-
5 sen werden konnte. Sie hatte auch danach immer wieder Ernährungsstörungen und infektiöse Erkrankungen mit häufigen Krankenhausaufenthalten in den ersten zwei Lebensjahren. Nach dem Bericht der Schwester
10 der Kindesmutter habe diese ihr Kind „wie ein Stück Holz" behandelt. Bei der gerings-
ten Kleinigkeit habe sie Stephanie in der Klinik abgeliefert. Da die Tante ganz in der Nähe wohnte und selbst keine Kinder hatte,
15 habe sie sich bald mit um Stephanie gekümmert. Stephanie sei mit ihr die ersten Schritte gelaufen, habe bei ihr die ersten Wörter gelernt. Auch ihre Mutter, also Stephanies Oma, habe sich der Kleinen angenommen.
20 Da die Kindesmutter sehr unzuverlässig war, wurde zwischen der Oma und der Tante das Abholen aus der Krippe und später aus

dem Kindergarten verabredet. Mitunter, wenn nichts zu essen für die Kinder im Hause war (inzwischen war ja auch schon Manuel, der mittlere, geboren), wurden sie zur Oma geholt. Wenn Stephanie zu Hause weinte, wurde sie angeschrien oder auch geschlagen. Da die Großmutter damals berufstätig war und immer noch hoffte, dass ihre Tochter sich mehr um ihre Kinder kümmern würde, nahm sie die Kleinen nur zeitweilig zu sich. Als das Mädchen fünf Jahre alt war, wurde der Mutter mit ihrem Einverständnis das Sorgerecht aberkannt und ihrer Schwester übertragen. Stephanies erhebliche Rückstände auf sprachlichem, motorischem und sozialem Gebiet verringerten sich, die Einschulung erfolgte aber erst ein Jahr nach dem regulären Termin.

Stephanie ist ein hübsches, sehr blasses und schmales Mädchen. Während unserer ersten Begegnung malt sie ein schönes, farbiges Bild und kommentiert ihre Handlungen in ununterbrochener, lebhafter Rede. Ihre Stimmung ist heiter, sie hat viele Einfälle. Bei den Kindern ihrer Klasse ist sie beliebt, da sie verträglich und immer guter Laune ist. Die Lehrerin sieht das etwas anders, da sie durch ihre Unruhe und Schwatzhaftigkeit oft den Unterricht störe. Ihre Auffassungsgabe sei gut, allerdings seien die Noten schlechter als ihre eigentliche Leistungsfähigkeit, da sie oft unaufmerksam sei und in schriftlichen Arbeiten viele Flüchtigkeitsfehler mache. Stephanie knabbert massiv Nägel, sie reißt sie mitunter sogar herunter, dass es blutet. Sie schlafe sehr spät ein, sei einfach nicht zur Ruhe zu bekommen. Morgens sei sie aber auch als Erste wach. Das sei besonders an den Wochenenden ziemlich belastend für die ganze Familie. Außerdem besteht bei ihr noch eine Phobie, die man bei dem lebhaften Mädchen gar nicht vermutet. Sie hat große Furcht vor neuen, unbekannten Situationen, vor fremden Menschen, vor Dunkelheit und vor großen Tieren. So geht sie bis heute noch nicht allein zur Schule, sondern muss täglich von der Oma gebracht werden.

(Vgl. Mielke 1996, S. 34 f.)

# 3 Piagets Modell der kognitiven Entwicklung

Jean Piaget (1896–1980) wurde in der Schweiz geboren und studierte dort Biologie. Im Rahmen seiner Arbeit an psychoanalytischen bzw. psychologischen Instituten war er an der Entwicklung und Ausführung einer Testreihe zu Verständnisprozessen bei Kindern beteiligt. Als seine Tochter geboren wurde, begann er das Verhalten und das Denken der Kinder zu beobachten und zu protokollieren. Damit legte er den Grundstein zu einer mehr als 50-jährigen Forschungs- und Lehrtätigkeit zur geistigen Entwicklung von Kindern und Jugendlichen.

## 3.1 Grundlagen der Lehre Piagets

Nach Piaget findet Lernen im Wechselspiel von Assimilation und Akkommodation statt. Er bezeichnet diesen Prozess als **Adaptation**.

- **Assimilation** meint das Einverleiben von Objekten in bestehende Verhaltensschemata bzw. verfügbare Handlungsweisen. Piaget hat dies an einem Beispiel erläutert: Der Hase, der Kohl frisst, wird dadurch nicht etwa selbst zum Kohl, sondern macht aus dem Kohl sozusagen Hase. Der Kohl wird vom Hasen **einverleibt**.

- Wenn Kinder, die bis zehn zählen können, die Zahlen 11 bis 20 und 30 bis 100 kennenlernen, findet Assimilation statt. Wenn sie schon mit den Zahlen 1 bis 10 addieren und subtrahieren können, schaffen sie das bald auch mit Zahlen von 20 bis 100. Die Kinder müssen für das Rechnen mit den neuen Zahlen ihre Denkschemata nicht ändern. Wenn sie aber multiplizieren und dividieren lernen sollen, reicht es nicht mehr aus, neue Objekte in bekannte Schemata zu integrieren. Denn sie müssen ein Schema ändern oder erweitern. Einen solchen Vorgang nennt Piaget **Akkommodation:** Die Begegnung mit bestimmten Objekten führt zu einer Ausbildung neuer Verhaltensschemata.

## Entwicklung des Denkens als Eigenleistung des Kindes

Lernprozesse finden dann statt, wenn das innere Gleichgewicht des Kindes gestört wird. Darauf reagiert es nicht einfach im Sinne eines Reiz-Reaktions-Schemas, sondern versucht selbst aktiv, sein inneres Gleichgewicht wiederherzustellen (**Äquilibration**). Es bildet schrittweise **Schemata** (z. B. Greifen und Laufen) und **Strukturen** (Koordination der motorischen Fähigkeiten) aus. Demzufolge ist die Entwicklung des Denkens eine eigene Leistung des Kindes.

Piaget sprach wie Erikson von einem **epigenetischen Prinzip** im menschlichen Lernprozess, allerdings hat er nicht die psychische, sondern die kognitive menschliche Entwicklung im Blick. Der Mensch selbst kann auf Basis des bis dahin Gelernten eine qualitativ neue Entwicklungsstufe erreichen. Piaget begriff den Menschen als „**epistemisches Subjekt**" (= Erkenntnis suchend und erkennend). Diese Grundannahme ist aus pädagogischer Perspektive zentral. Er erklärt, dass der Mensch seine Entwicklungsfortschritte selbst macht – wenn auch auf der Basis seiner Anlagen und Erfahrungen. Demzufolge bewirkt pädagogisches Handeln nicht unbedingt Lernen, sondern schafft lediglich die Voraussetzungen dafür.

## Spielen und Nachahmen

Für die kindliche Entwicklung haben Spielen und Nachahmen fundamentale Bedeutung. Im Spiel übt ein Kind neu Gelerntes frei ein, gerade im spielerischen Variieren kann es sein Lernen festigen (eher Assimilation). Durch das Nachahmen übernimmt es Verhaltensweisen, mithilfe derer es eigene Denkstrukturen bzw. -schemata erweitern und verändern kann (eher Akkommodation). Die Formen des Spielens und Nachahmens variieren mit zunehmendem Alter, was sich gut an Rollenspielen beobachten lässt: Jüngere Kinder, die „Vater – Mutter – Kind" spielen, ahmen sehr konkret nach, was sie im eigenen Elternhaus erleben. Sie können ihre Vorstellung von Vater und Mutter nicht von ihren Erfahrungen mit den eigenen Eltern lösen.

Jugendliche können sich dagegen von den eigenen Erfahrungen frei machen und im Rollenspiel eine Figur als soziale Rolle in einem bestimmten kulturellen Kontext darstellen. Offensichtlich findet von der Kindheit bis zur Jugend eine weitreichende Entwicklung im Denken statt.

## Wie kam Piaget zu seinen Einsichten?

Piaget gab Kindern Aufgaben, die sie lösen sollten, oder stellte ihnen Fragen, die sie beantworten sollten. Auf die Antworten der Kinder reagierte er mit weiteren Fragen. Er folgte somit keiner vorab festgelegten Versuchsanordnung. Die Auswertung oder Deutung der Beobachtungen und Gesprächsprotokolle

48 | Entwicklung, Sozialisation und Erziehung

erfolgte nicht standardisiert, sondern setzte die **Deutungskompetenz des Wissenschaftlers** voraus. Solche „halb-strukturierten Interviews" mit Kindern werden unter dem Begriff **„klinische Methode"** zusammengefasst.

### Piaget als Entwicklungspsychologe

Piaget untersuchte das **kindliche Denken** und verfasste auf der Basis seiner Beobachtungen eine Theorie zur Entwicklung des kindlichen Denkens. Später fragte er auch, wie kindliches Denken gefördert werden könnte. Piaget ist allerdings nicht Pädagoge, sondern er fragt aus der Perspektive eines Psychologen. Er konstatiert, zu welchen Leistungen des Denkens Kinder in welchem Alter fähig sind, aber er fragt z. B. nicht, ob und inwieweit Kinder in bestimmten Altersstufen für selbstständig gehalten werden können. Er problematisiert auch nicht, welche Lebensentscheidungen Kinder ab welchem Alter selbst fällen sollten.

## 3.2 Die Phasen der kognitiven Entwicklung nach Piaget

Piaget hat die kognitive menschliche Entwicklung in vier Stadien unterteilt:
- das sensomotorische Stadium (bis 2. Lebensjahr),
- das präoperationale Stadium (2.–7. Lebensjahr),
- das konkret-operationale Stadium (7.–12. Lebensjahr),
- das formal-operationale Stadium (11.–13. Lebensjahr).

In jedem dieser Stadien kommt es sowohl zu Assimilation als auch zu Akkommodation. Durch die Weiterentwicklung dieser Schemata erreicht das Kind die nächste Entwicklungsstufe.

### Sensomotorisches Stadium (bis 2. Lebensjahr)

Piaget fasste das menschliche Denken als **„Operation"** auf. Denken ist demnach (geistiges) Handeln im Kopf. Dies wird vor allem im ersten Lebensstadium deutlich, das für die kognitive Entwicklung entscheidend ist. Denn das Kind macht jetzt umfassende Entwicklungsschritte. Piaget nannte es **„sensomotorisch"**, weil in dieser Zeit die Sinne bzw. Sinneserfahrungen und das sichtbare Verhalten (Motorik) das Denken des Kindes dominieren. Piaget hat dieses Stadium in sechs Phasen unterteilt:

- **1. Phase** (1. Lebensmonat)
  Sensomotorische Schemata festigen sich und treten in Beziehung zueinander. Handlungsgewohnheiten bilden sich aus. Das Kind saugt nicht nur an

der Brust der Mutter, sondern auch an der Flasche oder anderen Gegenständen. Nur die Dinge, die der Säugling sehen oder fühlen kann, existieren für ihn. Geraten diese aus dem Blickfeld, sucht er nicht nach ihnen – auch nicht mit den Augen.

In den ersten Tagen bis Wochen befindet sich der Säugling in einer Phase des **„physikalischen Egozentrismus"**. Er kann noch nicht bewusst zwischen sich und Gegenständen oder auch Personen unterscheiden. Alles wird als Teil des eigenen Selbst oder gar nicht wahrgenommen. Das erklärt auch, warum Säuglinge nach längerer Zeit der Trennung ihnen vertraute Personen, z. B. die Großeltern, oft nicht wiedererkennen.

- **2. Phase** (ca. 1.–4. Monat)
  Das Kleinkind beginnt, sich und seine Umwelt zu unterscheiden, auch bildet es ein Zweck-Mittel-Verhalten aus; das Kind handelt jetzt schon gezielt, z. B. wenn es greift. Aus reflexartigen Bewegungen werden absichtsvolle Handlungen, Schemata werden jetzt koordiniert. Das Kind bewegt Augen und Kopf gleichzeitig gezielt in eine Richtung. Der physikalische Egozentrismus wird schrittweise überwunden.

- **3. Phase** (4.–8. Monat)
  Das Kind entwickelt Interesse und Freude an den Auswirkungen des eigenen Tuns. Aktiv wiederholt es Handlungen, um immer wieder das gleiche Ergebnis zu erzielen. Man kann diese Zeit auch als „Experimentierphase" auffassen. Der Säugling beginnt, mit den Augen zu suchen, wenn Gegenstände plötzlich nicht mehr da sind. Er weiß, dass Dinge, die er zeitweise nicht sieht, wiederkommen können.

- **4. Phase** (8.–12. Monat)
  Das Kind verhält sich jetzt gezielt. Es schreit absichtlich, um etwa die Mutter vom Weggehen abzuhalten, und kann Gesten der Mutter verstehen; es beginnt auch, diese zu imitieren. Handlungsweisen werden häufig – aus Spaß und spielerisch – wiederholt.

- **5. Phase** (12.–18. Monat)
  Das Kind experimentiert zweckorientiert und entdeckt dabei Alternativen. Verlorene Gegenstände werden nun gezielt gesucht. Das Kind interessiert sich für die Außenwelt, es ahmt Dinge und Verhaltensweisen nach. Es kann inzwischen die Abwesenheit wichtiger Personen über längere Zeiträume hinweg aushalten, weil es weiß, dass sie nicht dauerhaft abwesend sind.

Kinder entdecken sehr schnell ihre Freude am Suchen und Finden von Gegenständen und besonders auch von Personen. Das kann jeder feststellen, der mit Kindern, die gerade laufen gelernt haben, „Verstecken" spielt.

- **6. Phase** (18.–24. Monat)
Das Kind lernt, seine konkreten Erfahrungen und Sinneseindrücke zu abstrahieren, „symbolisch zu repräsentieren", zu sprechen. Das Kleinkind kann jetzt (ansatzweise) zunächst denken, bevor es handelt. Es ist in der Lage, vorausschauend die Folgen des eigenen Tuns zu bedenken und insofern bewusst zu handeln.

Aus heutiger Sicht ließe sich gegen Piaget einwenden, dass er gerade die kognitiven Fähigkeiten von Säuglingen und Kleinkindern unterschätzt habe. Auch diese können schon aktiv z. B. auf das Verhalten der Mutter reagieren, auch wenn sie dies noch nicht bewusst tun. Insofern sind auch Kleinkinder nicht nur egozentrisch. Damit lässt sich nicht sagen, dass Piagets Forschungsergebnisse falsch gewesen wären. Tatsächlich besteht in einer gewissen Sicht zunächst ein physikalischer Egozentrismus des Kindes.

### Präoperationales Stadium (2.–7. Lebensjahr)
In diesem Stadium hat das Kind den Entwicklungsstand erreicht, um **Operationen**, d. h. logische gedankliche Prozesse, vornehmen zu können, die ihm möglicherweise tatsächliche Aktionen ersparen. Es bildet jetzt seine diesbezüglichen Fähigkeiten weiter aus.

Mittels des Symbolsystems Sprache kann das Kind nun über Gegenstände und Personen ohne deren Anwesenheit kommunizieren. Schrittweise begreift es erste mathematische Grundbegriffe (Größenverhältnisse, Zahlen, Mengen). Der **physikalische Egozentrismus** ist in diesem Stadium überwunden, nach wie vor können sich die Kinder aber nicht von ihrer unmittelbaren Wahrnehmung frei machen. Gegenstände malen sie beispielsweise so, wie sie sie sehen: Menschen oder Blumen können groß sein wie Häuser oder größer.

Abb. 4: Kinderbilder

Kinder unterscheiden noch nicht sorgsam zwischen Realität und Fantasie. Generalisierend lässt sich dieses Phänomen mit dem Begriff des „**magischen Denkens**" zusammenfassen. Kinder im frühen Kindergartenalter würden niemals von sich aus die Existenz des Christkindes oder des Osterhasen bezweifeln. Sie haben noch Angst vor bösen Geistern oder vor Gespenstern.

Kinder eignen sich die Welt an, indem sie sie verlebendigen (**Animismus**). In der Vorstellungswelt der Kinder können Flugzeuge selbst fliegen, Bäume wehen selbst, die Sonne lacht, selbst die Turmuhr schlägt selbst. Kinder spielen das „Handeln" dieser Gegenstände vielfach (begeistert) nach – damit aber lernen sie zugleich immer mehr die „Wirklichkeit" dieser Gegenstände kennen: Flugzeuge fliegen ja wirklich und Bäume wehen ebenfalls tatsächlich im Wind.

Eng verbunden mit dem kindlichen Animismus und ihrem magischen Denken ist der **Finalismus**. Kinder gehen davon aus, dass alles Geschehen zielgerichtet ist: Die Sonne scheint, damit es auf der Erde hell wird und damit die Menschen nicht frieren. Gerade Märchen verbinden Finalismus mit magischem Denken: Frau Holle schüttelt die Betten aus, damit es auf der Erde schneit.

Gegen Ende der präoperationalen Phase malen Kinder die Proportionen noch immer nicht sachgerecht, aber sie können sich dies immerhin bewusst machen und z. B. erklären, warum sie die Blumen besonders groß gemalt haben.

Alles Neue, was das Kind kennenlernt, wird immer zuerst mit den Augen seiner ihm schon bekannten Vorstellungswelt gesehen: Der Mond oder auch die Sonne haben Gesichter; mit Puppen und Stofftieren kann man sprechen.

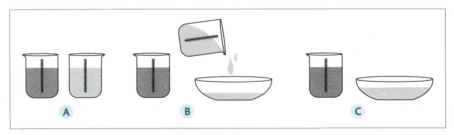

Abb. 5: Piagets Versuch zur Invarianz der Menge

Bekannt wurde in diesem Zusammenhang der „Umschüttversuch", bei dem Kindern zwei unterschiedliche Gefäße (hoch und schmal; breit und niedrig) gezeigt werden und eine Flüssigkeit von einem in das andere Gefäß und wieder zurück geschüttet wird. Fragt man das Kind, in welchem der Gefäße mehr Inhalt ist, nennt es immer eines der Gefäße: Es begreift also noch nicht, dass sich die Menge durch den Prozess des Umschüttens nicht verändert. Die Einsicht in die „Invarianz der Menge" ist Kindern in diesem Alter demzufolge nicht möglich.

Am Ende der präoperationalen Phase überwiegen das **Symbol-**, das **Fiktions- oder Illusions-** oder auch das **Funktionsspiel**. Beim Memory merken sich Kinder die abgebildeten Symbole, die sie dann wiedererkennen. Mit Freude können sie auf einem Stuhl sitzend fiktive Autorennen fahren oder mit Puppen sprechen. Kinder spielen Funktionsspiele aus Bewegungsfreude; zunehmend entwickelt sich das Funktionsspiel zum „**werkschaffenden Spiel**", jetzt wird auch die Freude am erschaffenen Produkt wichtig.

Wenn Kinder in der präoperationalen Phase noch magisch oder animistisch denken, so lässt sich fragen, wie dies pädagogisch zu bewerten ist. Sollten Pädagoginnen und Pädagogen anstreben, Kinder dazu zu bewegen, früher die Stufe eines solchen Denkens zu überwinden? Nach Piaget verlassen die Kinder diese Stufe letztlich aus sich selbst heraus. Sicherlich sind aber magisch und animistisch denkende Kinder nur wenig zu rationalen Entscheidungen fähig.

Umgekehrt aber stellt sich die **Frage nach dem Eigenwert jeder kindlichen Lebensphase**. Kinder sollen zwar am Ende des Erziehungsprozesses mündig geworden sein, diesem Ziel darf ihr Leben aber nicht von Beginn an einseitig untergeordnet werden. Kinder sollen und müssen Freiheiten erfahren können, bevor sie vollends mündig sein können. Sollen sie innerhalb des Erziehungsprozesses lernen, ihre Mitmenschen zu achten und Rücksicht auf deren Bedürfnisse und Interessen zu nehmen, so müssen sie umgekehrt innerhalb des Erziehungsprozesses erleben können, dass auch auf sie Rücksicht genommen wird.

Kinder erleben magisches Denken ja nicht als belastend, sondern möglicherweise sogar als Bereicherung. Sie können so Fantasien und auch Kreativität entwickeln. Nicht zuletzt kann magisches Denken ihnen helfen, ihre innere Gefühlswelt zu „ordnen".

Bruno **Bettelheim** hat in diesem Kontext die mögliche **hohe Bedeutung von Märchen** für Kinder hervorgehoben. Märchen können Kinder deshalb besonders ansprechen, weil diese noch magisch denken. Aber gerade dadurch werden sie hilfreich für Kinder auf einem Weg hin zur Mündigkeit und Moralität. Die Märchenfiguren treten mutig auf und bestärken so Kinder. Sie tun von sich aus das „Gute" und sie werden am Ende belohnt. So wiederum motivieren sie Kinder, „gut" sein zu wollen. Insofern sprechen Märchen nach Bettelheim Kinder sowohl kognitiv als auch moralisch und (tiefen-)psychisch an.

**Konkret-operationales Stadium (7.–12. Lebensjahr)**

Nach und nach nimmt das Kind wahr, dass verschiedene Perspektiven möglich sind. Indem die Kinder **Reversibilität** bzw. **reversibles Denken** (Umkehrbarkeit von Gedanken) lernen, können sie die Invarianz einer Menge begreifen. Damit gelingt es ihnen, etwa beim oben erwähnten Experiment des Umschüttens einer Flüssigkeit in verschiedene Gläser, sich den Prozess vor Augen zu führen und so zu erkennen, dass stets derselbe Inhalt von Glas zu Glas transportiert wird. Sie machen sich also frei von einer Unmittelbarkeit der Anschauung. Knetmasse lässt sich zu einer großen Fläche oder einem dichten Klumpen verarbeiten, die Menge bleibt aber identisch.

Schulkinder können darüber hinaus begreifen, dass das Subtrahieren die Umkehrung des Addierens ist. Aber das abstrakte Rechnen fällt ihnen zunächst noch schwer. Deshalb werden die Zahlen in der Grundschule fast immer in der Weise eingeführt, dass konkrete Gegenstände gezählt werden. Das wiederum beruht auf einer pädagogischen Entscheidung. Auf diese Weise überwinden die Kinder ihren **gedanklichen Egozentrismus**. Kinder sind zunächst insofern egozentrisch, als sie sich von ihrer eigenen Wahrnehmung oder Perspektive nicht trennen können.

Nun können sie sich aber gezielt in die Gefühlswelt anderer hineinversetzen. Sie wissen jetzt nicht nur situativ, dass ein Kind, das sie schlagen, Schmerzen empfindet. Sie wissen auch, dass sie die Konzentrationsfähigkeit von Mitmenschen beeinträchtigen, wenn sie laut sind. Vor allem kann ein Kind jetzt schon vorab bedenken, wie sich sein Handeln auf Mitmenschen auswirken könnte. Zu Mitleid sind auch jüngere Kinder fähig, aber sie können noch nicht gezielt und immer realitätsangemessen reagieren.

Daher gewinnt das **Regelspiel** für Kinder im Grundschulalter an Relevanz. Sie bestimmen oft von sich aus Regeln für solche Spiele und fordern auch ihre Einhaltung. In ähnlicher Weise verlangen sie, dass bestimmte Normen – z. B. bei der Notengebung – in der Schule konsequent Anwendung finden. Zu einer Prinzipienorientierung, welche beinhaltet, dass in begründeten Ausnahmesituationen ein Prinzip nicht zwingend Umsetzung finden muss, sind sie noch nicht in der Lage. Obendrein wird das bewusste **Konstruktionsspiel** für Kinder wichtig: Sie planen Gegenstände und bauen sie dann in einem zweiten Schritt gemäß der Planung. Im **Rollenspiel** können Kinder sich zunehmend von individuellen Rollenvorbildern frei machen und stattdessen konkrete allgemeinere Rollenerwartungen berücksichtigen.

Wenn Kinder sich jetzt von sich aus nach Regeln verhalten wollen, so ist bedeutend, wenn sie in Interaktionen mit Erwachsenen ein Bemühen um „gerechte" Regeln kennenlernen können. Kinder können jetzt auch schrittweise

54 ⁄ Entwicklung, Sozialisation und Erziehung

lernen, längerfristige Folgen ihres Tuns nicht nur zu bedenken, sondern auch zu bewerten. Dazu aber bedürfen sie der Unterstützung – seitens der Pädagoginnen und Pädagogen.

**Stadium der formalen Operationen (11.–13. Lebensjahr)**
Kinder entwickeln bereits im konkret-operationalen Stadium logische Denkprozesse. Im nächsten Stadium lernen sie jetzt auch über das Denken nachzudenken **(Metadenken)**. Zunächst erkennen Kinder unterschiedliche Wege des Denkens: Sie können aus Begebenheiten und/oder Erfahrungen Folgerungen ziehen und somit Theorien entwickeln **(induktives Denken)** oder aber umgekehrt mit Blick auf Sachverhalte zunächst eine Theorie entwickeln und diese auf die Umwelt beziehen bzw. an ihr überprüfen **(hypothetisch-deduktives Denken)**.

Kinder lernen in diesen Lebensjahren, sich von konkret Vorstellbarem zu lösen und abstrakte Gesetze auch unabhängig von konkreten Sachverhalten zu verstehen. Das ist wichtig, weil man solche Gesetze dann auf verschiedene Sachverhalte übertragen kann. Wer einmal die Bedeutung grammatischer Regeln einer zweiten Sprache begriffen hat, wird es einfach haben, diese Erkenntnis auch auf weitere zu erlernende Sprachen anzuwenden. Mehr und mehr lernt das Kind, dass das Erfassen abstrakter Regeln und Gesetze ihm das Verstehen der komplexen Weltabläufe wesentlich erleichtert.

Alle Kinder lernen in diesem Stadium zu abstrahieren, aber die Ausbildung dieser Fähigkeit erfolgt individuell unterschiedlich. Zu Beginn dieser Phase kann man kaum hinreichend erklären, was „Würde des Menschen" heißt, während die Kinder sicherlich begreifen, was ein Akkusativ ist. Die Fähigkeit des abstrakten Denkens ist nicht zuletzt für die Moralentwicklung des Kindes bedeutsam, z. B. setzt eine Prinzipienorientierung eine weitreichende Abstraktionsfähigkeit voraus.

Ab diesem Alter können Kinder auch **Strategiespiele** spielen, bei denen sie begründet zwischen Handlungsalternativen auswählen müssen; sie können sogar Gedankenspiele oder logische Denkaufgaben ohne konkreten Realitätsbezug bewältigen. Über das **Rollenspiel** wissen sie jetzt, dass Rollen unterschiedlich interpretiert und realisiert werden können.

Ein Beispiel für deduktives Denken:
**Prämisse 1:**    Wenn jemand aus der westfälischen Kleinstadt X kommt, kann er gut Fahrrad fahren.
**Prämisse 2:**    Peter stammt aus der westfälischen Kleinstadt X.
**Schlussfolgerung:** Peter kann gut Fahrrad fahren.

Ob ein Kind, das korrekt folgert, tatsächlich deduktiv denkt, ist schwer zu beurteilen. Es könnte sich auch an eigenen Erfahrungen orientieren. Ob es richtig deduktiv denkt, lässt sich mit einer weiteren Prämisse prüfen:

**Prämisse 3:** Hermann kann auch gut Fahrrad fahren. Daraus lässt sich nicht folgern, dass Hermann ebenfalls aus der westfälischen Kleinstadt X stammen muss, denn nicht nur aus dieser kommen gute Radfahrer.

Richtiges Deduzieren setzt also die Fähigkeit voraus, die **Verallgemeinerung der eigenen Deduktion überprüfen** zu können.

Wenn die Kinder mit dem formalen Denken schrittweise die Fähigkeit entwickeln, Prinzipien einzusehen, dann können Eltern oder Lehrer auf dieser Basis beginnen, Kinder auf neuer Niveaustufe zum Urteilen und Werten aufzufordern. Sie sollten dabei aber berücksichtigen, dass Prinzipien immer wieder mit konkreten Beispielen veranschaulicht und erläutert werden müssen. Du darfst nicht betrügen, weil man dann mit dir nicht gut zusammenleben kann. Wenn du bei Gesellschaftsspielen betrügst, macht den anderen das Spielen mit dir keinen Spaß mehr.

## 3.3 Einwände gegen Piagets Theorie

Piagets Überlegungen haben **weltweit große Anerkennung** gefunden. In nahezu allen Lehrbüchern über Lernen und Entwicklung werden sie berücksichtigt und sind darüber hinaus das Fundament weiterer bedeutender Theorien. Die Theorien zur moralischen Entwicklung (z. B. von Kohlberg oder Oser) wären ohne Piaget nie entstanden.

Aus wissenschaftlicher Perspektive lassen sich **zwei Schwerpunkte der Kritik** an Piaget ausmachen. Zum einen wurde in den letzten Jahrzehnten seine Methode der **halbstrukturierten Interviews** problematisiert: Er habe vielfach den Kontext seiner Fragen nicht ausreichend selbstkritisch reflektiert. Dies habe dazu geführt, dass Kinder wiederholt unterhalb ihrer tatsächlichen Leistungsfähigkeit geblieben seien. Es konnte nachgewiesen werden, dass Kinder schon ab einem Alter von 3½ Jahren unterschiedliche Perspektiven berücksichtigen können. Sie können dies aber nur zeigen, wenn entsprechende Aufgaben kindgerecht gestellt werden. Es konnte sogar bewiesen werden, dass Kindergartenkinder schon Einsicht in die Invarianz einer Menge zeigen können, wenn Aufgaben kindorientiert präsentiert werden.

Abb. 6: Drei-Berge-Versuch

Insbesondere am Beispiel des sogenannten „Drei-Berge-Versuchs" ließ sich dies belegen. Piaget setzte die Kinder vor einen Tisch mit einem Pappmaschee-Modell mit drei Bergen, die sich in der Höhe unterschieden. Zugleich platzierte er eine Puppe an unterschiedliche Stellen des Tisches. Die Kinder sollten dann mit Blick auf verschiedene Fotografien jene Ansichten herausfinden, welche die jeweilige Perspektive der Puppe wiedergibt. Das gelang den Kindern nicht. Sie konnten offenbar nicht zwischen der eigenen Perspektive und jener der jeweils unterschiedlich platzierten Puppe unterscheiden.

Bei einer anderen spielerischen Aufgabe mussten die Kinder sich vor zwei Polizisten verstecken und konnten sich dabei auf vier verschiedenen Feldern verbergen. Sie sollten angeben, welche Felder die Polizisten, die an zwei Stellen auf einer Skizze platziert waren, nicht einsehen können. Dies gelang 90 % der Kinder im Alter von 3½ bis 5 Jahren.

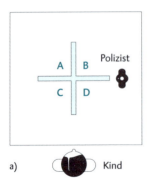
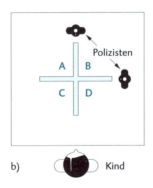

Abb. 7: Polizistenbeispiel: Versuchsanordnung zur Prüfung der Fähigkeit, die Beobachtungsperspektiven anderer einzunehmen

Piaget wird allerdings trotzdem indirekt bestätigt, da die Forschungen seiner Kritiker belegen, dass Kinder nur unter ihnen konkret angepassten Bedingungen bestimmte Denkleistungen erbringen können.

Der **zweite Einwand** gegen Piaget mündet in den Vorwurf, er vernachlässige die sozialen und gesellschaftlichen Einflüsse auf die Entwicklung des Denkens der Kinder. So reflektiere er nicht, wie sehr Denken immer auch gesellschaftliche Prozesse widerspiegelt, und könne daher wenig problematisieren, warum Kinder möglicherweise nur ein gesellschaftlich affirmatives Denken unkritisch ausbildeten. Auch Piaget würde sicherlich sagen, dass Kinder mit einem gesellschaftskritischen Denken überfordert wären. Aus seiner Entwicklungstheorie lassen sich die Voraussetzungen für (gesellschafts-)kritisches Denken nur wenig ableiten.

Richtig ist beispielsweise, dass Menschen im Nationalsozialismus oder während der SED-Diktatur zu hoch abstrakten Denkoperationen fähig waren. Das hinderte sie aber nicht daran, inhumane Taten zu begehen und in keinster Weise die Perspektive derer, die sie verfolgten, einzunehmen oder über das eigene Handeln nachzudenken.

Piagets Stufenmodell begreift die **Denkentwicklung des Kindes als Leistung der Person** selbst. Daraus folgt nicht, dass sein Modell notwendigerweise unkritisch affirmatives Denken beschreibt. Indem Piaget aufzeigt, zu welcher Denkentwicklung Menschen fähig sind, führt er implizit vor Augen, dass gesellschaftliche Prozesse diese möglichen Entwicklungen nicht verhindern dürfen. Kaum zufällig hat er auf Basis seines Modells auch über die moralischen Entwicklungsmöglichkeiten der Menschen nachgedacht und die Veränderung der Haltung von Kindern gegenüber Regeln untersucht:

| Phase | Alter | Verständnisgrad | Befolgen von Regeln |
|---|---|---|---|
| 1. Stadium | jünger als 3 Jahre | kein Regelverständnis | Spielen ohne Regeln |
| 2. Stadium | 3 bis 5 Jahre | Anerkennen von Regeln als (von Autoritäten) gegeben | häufiges Brechen und Verändern von Regeln |
| 3. Stadium | 5 bis etwa 12 Jahre | Begreifen, dass Regeln sozialer Art sind | strenges Einhalten von Regeln |
| 4. Stadium | 12 Jahre und älter | Wissen um Modifizierbarkeit von Regeln | Verändern von Regeln nach gegenseitiger Übereinkunft |

Abb. 8: Die Haltung von Kindern gegenüber Regeln nach Piaget

Piaget hat somit deutlich gemacht, dass Menschen keineswegs unreflektiert Regeln befolgen müssen, sondern Übereinkünfte für Regeln finden können. Nicht zuletzt zeigt er, dass gerade die letzte Stufe der Denkentwicklung den Menschen dazu befähigt, Regeln zu hinterfragen sowie die Grundlagen des eigenen Denkens (selbst-)kritisch zu reflektieren.

## 3.4 Kritische pädagogische Würdigung des Ansatzes von Piaget

Piaget hat die Stufen der Entwicklung des Denkens der Kinder sehr genau beschrieben und deutlich gemacht, dass sich die Denkleistungen nach und nach selbst aufbauen. Für die Pädagogik folgt daraus, dass **Kinder Anregungen und Materialien vorfinden müssen**, die ihre **Denkentwicklung fördern**, dass sie aber nie direkt zu bestimmten Denkmustern gezwungen werden sollten. Beispielsweise verlieren Kinder den Glauben an den Osterhasen aufgrund ihrer geistigen Entwicklung zwangsläufig von selbst. Wer sie zu früh aufklären will, betrügt sie letztlich um eine sinnvolle Entwicklungsphase.

Piaget erinnert auch daran, dass man Kinder nicht überfordern, ihnen altersgemäß Zeit für ihre geistige Entwicklung einräumen soll. Ein zu frühes Drängen auf bestimmte geistige Entwicklungsleistungen kann sich möglicherweise sogar schädlich auswirken. Hingegen darf man darauf vertrauen, dass Kinder von selbst entscheidende Entwicklungsschritte machen, wenn man sie nicht behindert und ihnen eine anregende Umgebung bietet. In diesem Sinne lassen sich aus Piagets Einsichten auch pädagogische Forderungen ableiten. Kinder bedürfen der Anregungen aus ihrer Umwelt, um sich kognitiv schrittweise weiterentwickeln zu können. Solche Anregungen finden sie in Materialien, aber auch durch Begegnungen mit Menschen. Wichtig ist, dass Erwachsene mit Kindern das Gespräch suchen, sie zu verstehen versuchen, ihnen aber auch Anregungen für eigenes Denken und Handeln geben. Pädagogisch bedeutend ist weiter, die Lebensphasen der Kinder zu achten. In allen Lebensphasen machen Kinder für sie bedeutsame Erfahrungen, in allen Phasen finden wichtige Lernprozesse statt. Kinder müssen Unterstützung darin finden, sie selbst zu sein, sie müssen „Freiheiten" erfahren, nur so wollen sie auch später „frei" ihren Weg gehen. Kinder müssen selbst denken dürfen, sie sollen sich nicht sogar in ihrem Denken von früh an unterordnen müssen. Das schließt Anregungen oder vielleicht auch einmal Kritik an ihren Aussagen nicht grundsätzlich aus.

Sicherlich kann aus heutiger Sicht gegen Piagets Theorie eingewandt werden, dass jüngere Kinder sehr viel weniger in ihrem eigenen Standpunkt gefangen sind, als Piaget angenommen hat. Kinder denken nicht einseitig egozentrisch – gerade über Mitmenschen. Sie können aber andererseits nur in bestimmten, ihren Erfahrungen und Denkweisen angepassten Kontexten die eigene unmittelbare und egozentrische Wahrnehmung überschreiten.

Wie jedes Entwicklungsmodell darf auch Piagets nie in dem Sinne gelesen werden, dass Kinder sich genau nach der von ihm beschriebenen Stufenfolge entwickeln müssen. Das **Modell bietet Orientierungsmöglichkeiten**; dass manche Kinder möglichen Zuschreibungen partiell oder zeitweise nicht entsprechen, sollte Pädagoginnen und Pädagogen nicht verunsichern. Piaget ermutigt diese dazu, dem eigenen Lernen der Kinder zu vertrauen. Sicherlich lassen sich Heranwachsende mit gezielten und altersangemessenen Aufgaben herausfordern und dadurch fördern. Grundsätzlich aber können und wollen sie ihre entscheidenden Entwicklungsschritte im Denken selbst gehen. Insofern müssen Kindergärten und Schulen vielleicht weniger gezielt Denkprozesse fördern, sondern vielmehr so gestaltet sein, dass Denken stets auf einem Niveau stattfindet, das den Möglichkeiten der Kinder gerecht wird.

Piaget erinnert indes auch daran, dass Denkentwicklungen nur dort stattfinden können, wo entsprechende Denkprozesse kennengelernt werden können. Die Medien lassen sich im Hinblick auf die Denkentwicklung von Menschen nach Piaget zweifellos kritisch betrachten. Aus Piagets Einsichten lässt sich ableiten, dass beispielsweise „Zivilisierung" und „Moralisierung" im Sinne Kants ohne formales Denken nicht realisiert werden können. Genauso ist eine Identitäts- bzw. Charakterbildung ohne die Fähigkeit zu konkreten und später formalen Denkoperationen kaum denkbar.

**Aufgabe 12**  Nennen Sie Beispiele für Assimilation, Akkommodation, Schema und Struktur.

**Aufgabe 13**  Stellen Sie, in Orientierung an Piaget, jeweils ein für jedes Entwicklungsstadium des Kindes typisches Spiel dar.

**Aufgabe 14**  Erörtern Sie, ob Piagets Einsichten für die Erziehungsziele „Freiheit und Moralität" für bedeutend gehalten werden können oder gar müssen.

**Aufgabe 15**  Analysieren Sie diesen familiären Dialog aus entwicklungspsychologischer Perspektive und fragen Sie, ob und inwieweit Paula dazu bewegt werden könnte, die „Fehler" in ihrem Denken zu überwinden.

Wer ist Papis Frau?

1 *Die Eltern sitzen mit ihren Töchtern (Lotte, 8 Jahre, und Paula, 4 Jahre alt) um den Tisch im Arbeitszimmer des Vaters. Im vorausgegangenen, hier nicht referierten Abschnitt der* 5 *Szene geht es um das Problem gerechten Verteilens von Keksen und Fruchtsaft. Da für vier Personen nur drei Tüten Saft vorhanden sind, stellt sich die Frage, wer der Mutter, die keine Tüte hat, etwas abzugeben hätte: die* 10 *Kinder, weil sie deren Mutter ist, oder Vater, weil sie dessen Frau ist.*
PAULA: „Jetzt lass meiner Mami auch einen Schluck!"
LOTTE: „Ach Papi gib der Mami doch auch 15 etwas."
VATER: „Gebt ihr doch der Mami, sie ist doch schließlich eure Mutter."
LOTTE: „Aber deine Frau!"

VATER: „Nee! Paula behauptet immer, die
20    Mami sei die Frau von Paula."
*Mutter lacht erheitert auf.*
PAULA *(mit dem Brustton der Überzeu-*
    *gung):* „Ja!"
VATER: „Paula, wer ist dann meine Frau?"
25 *Paula legt nachdenklich den Kopf von einer*
*Seite auf die andere; noch keine Antwort.*
VATER: „Ist die Mami meine Frau?"
*Paula schüttelt verneinend den Kopf.*
LOTTE *(die entstandene Lücke nutzend):*
30    „Dann bin ich dem Papi seine Frau!"
PAULA *(mit energischem Kopfschütteln):*
    „Mm!" (Nein!) „Die Anne!"
*Anne ist die nicht anwesende älteste, 11-jäh-*
*rige Tochter.*
35 VATER *(rückfragend):* „Die Anne ist meine
    Frau?"
*Kopfnicken bei Paula.*
VATER: Warum ist die Anne meine Frau?"
PAULA: „Weil sie so groß ist."
40 *Doch dieses Argument sticht bei Lotte nicht.*
LOTTE: „Die Mami ist aber noch größer als
    die Anne, gell?"
VATER: „Wie ist das jetzt, Paula?"
*Es entsteht eine längere Pause mit Essen und*
45 *Trinken; Mami hilft Paula beim Safttrinken.*
*Dann, ganz unvermittelt und vehement,*
PAULA *(zu Vater):* „Wenn du meine Frau
    liebst, aber dann hau' ich dir eine run-
    ter!"
50 *Dabei droht sie mit dem Zeigefinger der*
*einen Hand und stützt die andere energisch*
*in die Hüfte.*
VATER: „Wenn ich deine Frau lieb', dann
    haust du mir eine runter?!"
55 PAULA *(bestätigend):* „Mhm!"
LOTTE *(vorwurfsvoll zu Paula):* „Du bist
    doch kein Mann!"
MUTTER *(entsprechend zu Paula):* „Ich bin
    doch aber nicht deine Frau, ich bin doch
60    deine Mutter!"
*Pause. Man isst Kekse.*

(Vgl. Hirzel 1978, S. 118 f.)

VATER: „Lotte, was meinst du, warum die
    Paula immer sagt, die Mami sei ihre
    Frau?"
65 LOTTE *(vertraulich, zu Vater gewandt):*
    „Weil sie sie so lieb hat, und deswegen
    denkt sie ... so meine ich."
VATER: „Du hast doch die Mami auch lieb
    und meinst trotzdem nicht, dass die
70    Mami deine Frau ist."
LOTTE: „Nnein, nnein ... ich bin ja kein
    Mann!"
VATER: „Paula, bist du ein Mann?"
*Paula schüttelt verneinend den Kopf; man*
75 *denkt, sie habe es nun begriffen.*
VATER: „Paula, wirst du mal ein Mann?"
*Paula nickt.*
LOTTE *(korrigiert entrüstet):* „Nein!" *(Zu*
    *Paula):* „Du bist als Mädchen aus dem
80    Bauch der Mami rausgekommen. Also,
    also bleibst du auch ein Mädchen. Guck
    mal, die Anne ist schon so groß, aber sie
    ist immer noch ein Mädchen."
*Paula murmelt unverständliche Worte vor*
85 *sich hin.*
MUTTER *(zu Paula):* „Was ist?"
*Paula murmelt weiter, lacht verschmitzt,*
*‚albert' herum.*
MUTTER: „Also wirst du doch kein Mann."
90 PAULA: „Doch!" ...
MUTTER: „Ach du! ... Jedenfalls bin ich dem
    Papi seine Frau und deine Mutter."
PAULA: „Mami, wenn ich verzaubert werd'
    als Vater, dann brauch ich dich!"
95 MUTTER: „Was?"
VATER: „Wenn du verzaubert wirst als
    Vater ..."
PAULA: „... dann brauch ich die Mami!"
*Während des nun folgenden Gesprächs zwi-*
100 *schen Vater und Lotte steigt Paula auf ihren*
*Stuhl und hebt langsam die Arme über den*
*Kopf wie um sich ‚groß' zu machen, sich zu*
*‚verzaubern', sich zum Mann, zum Vater zu*
*machen.*

# 4 Moralische Entwicklung am Beispiel des Just-Community-Konzeptes nach Kohlberg

Jeder Mensch entwickelt und verändert sich im Laufe seines Lebens. Unterschiedliche Entwicklungsmodelle beschreiben Entwicklungsschritte bzw. -stufen. Pädagogisch gewinnen diese Modelle immer dann Bedeutung, wenn sie Entwicklungsprozesse erfassen, die durch pädagogisches Handeln gefördert werden können. Das gilt nicht nur für die psychische oder kognitive, sondern auch für die moralische Entwicklung von Kindern und Jugendlichen. Diese menschliche Entwicklung lässt sich ebenfalls in Stufen beschreiben.

## 4.1 Kohlbergs Stufenmodell zur moralischen Entwicklung

Das Stufenmodell zur moralischen Entwicklung von Lawrence Kohlberg hat weltweit Beachtung gefunden und nachhaltig Einfluss auf pädagogisches Denken und Handeln gewonnen.

Lawrence Kohlberg wurde 1927 als Sohn eines jüdischen Vaters und einer protestantischen Mutter geboren. Die Auswirkungen des Zweiten Weltkriegs haben Kohlberg tief bewegt. Er engagierte sich als unbezahlter Ingenieur auf einem Frachter, der Juden von Osteuropa nach Palästina schmuggelte. 1948 nahm er das Studium der Psychologie auf, in dessen Verlauf er vielen bekannten Vertretern einer humanistisch orientierten Psychologie (z. B. Robert Havighorst, Bruno Bettelheim, Carl Rogers) begegnete.

1968 wurde Kohlberg Professor für Erziehungswissenschaft und Sozialpsychologie in Harvard. Dort gründete er das Zentrum für moralische Entwicklung und Erziehung, das er bis zu seinem Tod leitete. 1969 veröffentlichte er in seinem Buch „Stage and Sequences" seine eigene Entwicklungstheorie, mit der er weltberühmt wurde. Zeitgeschichtliche Ereignisse wie der Vietnamkrieg oder Bürgerrechtsbewegungen und vielfacher studentischer Protest trugen mit dazu bei, dass das Thema „Gerechtigkeit" besondere Aufmerksamkeit fand.

Kohlberg knüpft an Überlegungen Piagets an und stellt wie dieser fest, dass sich mit dem kognitiven auch das moralische Denken von Kindern und Jugendlichen entwickeln kann. Er weist dies nach, indem er Kinder unter-

**schiedlichen Alters mit sogenannten Dilemmageschichten konfrontiert** und ihre Reaktionen protokolliert und klassifiziert. Seine erste Untersuchung fand 1958 in Chicago statt, wo er insgesamt 72 Jungen befragte.

Kohlberg verdeutlicht, dass moralisches Denken immer auch das Resultat der kognitiven Entwicklung eines Menschen ist. Wie Piaget ist er der Auffassung, dass nicht nur kognitive, sondern auch **moralische Entwicklungsschritte** kulturübergreifend ähnlich erfolgen können.

| Das bekannteste Dilemmabeispiel ist die sogenannte Geschichte von Heinz, dessen Frau schwer krank ist und ohne ein bestimmtes Medikament sterben muss. Der Apotheker will es aber nur zu einem solch hohen Preis verkaufen, den Heinz nicht bezahlen kann. Heinz bietet dem Apotheker an, später oder in Raten zu zahlen, aber dieser lehnt ab. Darf oder soll Heinz in dieser Situation nun einbrechen und das Medikament stehlen? Folgende Antworten sind möglich: ||
|---|---|
| Heinz sollte das Medikament stehlen, da seine Frau vielleicht eine bedeutende Person ist [...]. | Heinz sollte es nicht stehlen, da er dafür ins Gefängnis kommen kann. |
| Heinz sollte das Medikament stehlen, weil seine Frau ihm eines Tages auch einen Gefallen tun könnte. | Heinz sollte es nicht stehlen, wenn er seine Frau nicht liebt, denn dann wäre es die ganzen Schwierigkeiten nicht wert. |
| Heinz sollte das Medikament stehlen, selbst wenn er seine Frau nicht liebt oder es für einen Fremden ist, denn wir sollen bereit sein, anderen zu helfen. | Heinz sollte es nicht stehlen, um einen guten Eindruck in der Gemeinschaft zu hinterlassen. |
| Heinz sollte das Medikament stehlen, weil Menschen zum Nutzen der Gesellschaft Verantwortung für andere übernehmen müssen. | Man sollte das Gesetz achten, denn der Respekt vor dem Gesetz würde zerstört, wenn die Bürger meinten, sie könnten jederzeit Gesetze brechen, wenn sie nicht mit ihnen übereinstimmen. |
| Heinz sollte das Medikament stehlen, da das Recht auf Leben das Recht auf Eigentum verdrängt oder sogar übersteigt. | Man sollte das Gesetz achten, weil das Gesetz die grundlegenden Rechte Einzelner gegenüber anderen sichert, die diese übertreten. |

Abb. 9: Dilemmabeispiel „Geschichte von Heinz"

Kohlberg konnte nachweisen, dass die **Antworten auf seine Frage alters- und entwicklungsabhängig** waren. Damit zeigte er, dass sich moralisches Denken schritt- oder stufenweise entwickelt. Die hier vorgestellten Antworten belegen zusätzlich, dass moralisches Denken auf unterschiedlichen Stufen nicht gewährleistet, dass Menschen immer eindeutig erklären können, was moralisch „richtig" sei. Insofern stellt das Stufenmodell nicht etwa eine Entwicklung hin zur Einsicht in das moralisch Richtige dar, sondern vielmehr **unterschiedliche Stufen im Hinblick auf die Fähigkeit des moralischen Urteilens**. Kohlberg beschreibt 6 bzw. 7 Stufen der moralischen Entwicklung.

Moralische Entwicklung am Beispiel des Just-Community-Konzeptes nach Kohlberg ✦ 63

## Präkonventionelles Stadium

- **Stufe 0:** Orientierung an Lust und Unlust (die sogenannte vormoralische Stufe)
  Richtig und gut ist, was Spaß, Freude und Lust bereitet; falsch und schlecht ist, was Unlust oder sogar Abscheu bereitet.
- **Stufe 1:** Orientierung an Bestrafung und Gehorsam
  Richtig und gut ist, was keine negativen Folgen nach sich zieht; falsch und schlecht ist, was negative Sanktionen verursacht.
- **Stufe 2:** instrumentelle (instrumentell-hedonistische) Orientierung (Wie du mir, so ich dir!)
  Richtig und gut ist, was den eigenen Wünschen und denen anderer gleichermaßen gerecht wird, womit Ärger und Konflikte vermieden werden; falsch und schlecht ist, etwas zu beanspruchen, was auch der andere haben will (ohne ihm eine Gegenleistung zu offerieren).

## Konventionelles Stadium

- **Stufe 3:** Orientierung an personengebundener Zustimmung
  Richtig und gut ist, womit ich mich beliebt machen und das Gefallen meiner Eltern oder Freunde finden kann; falsch und schlecht ist, was Missfallen oder Ablehnung in meinem Umfeld hervorruft.
- **Stufe 4:** Orientierung an „Recht und Ordnung"
  Richtig und gut ist, sich gemäß den Regeln oder der Ordnung der Gemeinschaft bzw. Gesellschaft zu verhalten; falsch und schlecht ist, diese Regeln zu missachten, zu verletzen oder zu übertreten.

## Postkonventionelles Stadium

- **Stufe 5:** Sozialvertragsorientierung; Orientierung an gegenseitigen (und gegebenenfalls flexiblen) Übereinkünften
  Richtig und gut ist, worüber die jeweils Betroffenen sich verständigen können bzw. was alle direkt Beteiligten letztlich akzeptieren könnten; falsch und schlecht ist es, wenn in meinem Handeln die Konsequenzen für andere Betroffene nicht bedacht werden.
- **Stufe 6:** Orientierung an ethischen Prinzipien mit dem begründeten Anspruch universaler Gültigkeit
  Richtig und gut ist ein Handeln, welches der Würde aller jeweils – direkt wie indirekt – Betroffenen gerecht wird bzw. welches grundsätzliche Prinzipien der Menschlichkeit nicht verletzt; falsch und schlecht sind Vereinbarungen, die zwar unmittelbar und kurzfristig für alle Beteiligten Vorteile haben können, langfristig und mittelbar aber fundamentale menschliche

Prinzipien aushöhlen würden oder Menschen, die möglicherweise mittelbar betroffen sein könnten, Schaden zufügen könnten.

Kohlberg selbst hat **keine eindeutigen Alterszuweisungen der Stufen** vorgenommen. Er knüpft offensichtlich an Überlegungen Piagets an. Zunächst handeln Kinder noch egozentrisch; erst ab der Stufe 2 des Kohlberg-Modells beginnen sie, ihre Mitmenschen bei Handlungsorientierungen zu berücksichtigen. Auf den Stufen 2 und 3 bleiben sie an ein konkret-operationales Denken gebunden, erst ab Stufe 4 folgen sie auch formalen oder abstrakten Einsichten. Nach Kohlberg kann die Stufen 5 und 6 nur erreichen, wer über die Fähigkeit des Abstrahierens hinaus auf einer Metaebene die Prämissen und (langfristigen) Folgen von Prinzipien hinterfragen, problematisieren und relativieren kann. In diesem Sinne zeigt das Kohlberg-Modell, dass auch auf der Stufe des formalen Denkens nach Piaget noch Entwicklungsschritte möglich, vielleicht sogar notwendig sind.

Kohlberg hält es für unwahrscheinlich, dass viele Menschen die Stufen 5 und 6 nach seinem Modell faktisch erreichen könnten. „Mit 16 Jahren sind die meisten Menschen heute auf Stufe 4 angelangt, etwa 25 Prozent erreichen im Laufe ihres Lebens die Stufe 5." Kohlberg glaubt, dass der überwältigende Teil der Menschen über eine Orientierung an „Recht und Ordnung" nicht hinauszukommen vermag.

Kohlbergs Beschreibungen der Stufen 5 und 6 sind auch aus einer moralphilosophischen Perspektive bedeutend. Durch sein Stufenmodell lassen sich **egozentrische und soziozentrische wie auch deontologische und utilitaristische Orientierungen** vermitteln. Utilitaristen[3] richten sich nach dem allgemeinen Wohlergehen, während Deontologen[4] eine Anerkennung absoluter Werte oder Prinzipien fordern. Kohlberg postuliert Prinzipienorientierung, ohne festzulegen, wann und unter welchen Bedingungen Prinzipien absolut gelten müssen. (Kant etwa formulierte, dass das Belügen eines Menschen immer dessen Menschenwürde verletze. Hingegen ließe sich fragen, ob man lügen dürfte, wenn man so vielleicht das Leben von Menschen retten könnte.) Kohlberg fordert, unmittelbar wie mittelbar betroffene Mitmenschen im Denken, Handeln und Urteilen zu berücksichtigen. Er gibt dabei allerdings nicht vor, welche Rechte das Individuum gegen eine Gemeinschaft geltend machen solle oder dürfe. Damit kann das **Kohlberg-Modell für Menschen unter-**

---

**3** Lateinisch utilitas = Nutzen
**4** Griechisch deon = das Erforderliche, die Pflicht

schiedlicher Traditionen und Kulturen Bedeutung gewinnen. „Wir haben weiterhin festgestellt, daß die Stufenfolge weder von einer bestimmten noch überhaupt irgendeiner religiösen Überzeugung abhängt: zwischen Katholiken, Protestanten, Juden, Buddhisten, Moslems und Atheisten gibt es keine signifikanten Unterschiede hinsichtlich der Entwicklung der Moral." (Vgl. Kohlberg/Turiel 1978, S. 45)

In verschiedenen Kulturen wird bis heute der Stellenwert der Individuen einerseits und der Gemeinschaften andererseits unterschiedlich eingeschätzt. Aus dem Modell Kohlbergs ließe sich nicht ableiten, welche Auffassung aus moralischer Perspektive vorzuziehen wäre.

Das Stufenmodell zur moralischen Entwicklung nach Kohlberg ist ein **zugleich deskriptives wie normatives Modell**. Es beschreibt, aber es gibt auch moralische Orientierungen vor. Es legt dar, wie sich moralisches Denken beim Menschen stufenweise entwickelt, empfiehlt aber auch indirekt, wohin sich dieses Denken entwickeln sollte oder müsste. Kohlberg postuliert, dass moralisches Handeln von Menschen auf höchsten Stufen im Sinne seines Modells begründet werden müsste. So gibt er nicht Inhalte, sondern Verfahren der moralischen Urteilsbildung normativ vor. Dass Kohlberg auf dieser Basis selbst überlegte, wie eine moralische Entwicklung von Kindern und Jugendlichen gefördert werden könnte, liegt auf der Hand.

### Ideen Kohlbergs zur Förderung der moralischen Entwicklung

Ein zentraler Gedanke Kohlbergs für eine Förderung der Moralentwicklung ist die Konfrontation der Kinder und Jugendlichen mit **Dilemmageschichten**. Durch solche Geschichten kann man die jeweilige Stufe der moralischen Entwicklung eines Kindes erfassen. Sie können aber auch Kinder und Jugendliche zur Weiterentwicklung ihres moralischen Denkens und Urteilens anregen. Wichtig ist, dass **„echte" Dilemmata vorgegeben werden**, denn nur so werden die Kinder und Jugendlichen tatsächlich zu eigenen Urteilen bewegt. Sie können und sollen nicht das moralisch „Richtige" herausfinden, das der begleitende Erwachsene möglicherweise schon wüsste, sondern sollen selbst moralisch werten.

Entsprechende Konfliktsituationen lassen sich leicht konstruieren:

1 Frau Dr. Paul ist nach dem Medizinstudium im praktischen Jahr in einer Klinik tätig. Sie weiß, dass die Entnahme von Organen oder Hauttransplantaten von Toten ohne das 5 Einverständnis der Angehörigen illegal ist. Überdies hat sie religiöse Bedenken gegen die Entnahme von Organen bei Toten.

Bald muss sie erfahren, dass es in der Klinik immer wieder zu Engpässen kommt 10 – insbesondere, wenn Transplantate für Menschen mit schweren Hautverletzungen benötigt werden. Eines Tages wird sie dann in einer solchen Situation vom Chefarzt aufgefordert, in die Pathologie zu gehen und

15 dort Toten Haut zu entnehmen. Für das Befragen von Angehörigen bleibe keine Zeit
mehr. Was soll Frau Dr. Paul jetzt tun?

*Text basierend auf: Lind 1996*

Solche Beispiele fordern Jugendliche zu eigenem moralischen und pädagogischen Nachdenken und Bewerten auf. Bei der Diskussion entsprechender Beispiele z. B. in der Schule sollte der Lehrer darauf achten, dass die Schülerinnen
und Schüler ihre Urteile begründen. Kohlberg fordert in diesem Zusammenhang **diagnostische Fähigkeiten** des Lehrers oder der Lehrerin. Sie sollten erkennen, auf welcher Stufe die Schüler jeweils argumentieren. Ziel müsse sein,
dass die Schüler lernten, **eine Stufe über der Stufe, auf der sie bisher argumentiert hätten, zu denken**. Schüler, die sich bislang auf der Stufe 3 bewegen, müssten demzufolge Überlegungen auf der Stufe 4 entwickeln: Ich sollte
tun, was der Chefarzt von mir verlangt, denn er ist eine bedeutende medizini-
sche Autorität und überdies wichtig für mich (Stufe 3). Das Gesetz verlangt
zwar, die Angehörigen vor einer Organentnahme zu befragen, es ist aber übli-
che und fast von allen Ärzten akzeptierte Praxis in Krankenhäusern, in Notsi-
tuationen Organentnahmen ohne vorherige Befragung der Angehörigen durch-
zuführen (Stufe 4).

Kohlbergs Hinweis auf die Förderung des moralischen Denkens von Kindern und Jugendlichen ist für den Unterricht in vielen Fächern wichtig. In Fächern wie Deutsch, Sozialwissenschaft, Erdkunde, Geschichte, Religion, Pädagogik, Biologie und Physik werden immer auch Themen und Inhalte behandelt, die kontroverse Beurteilungen und Bewertungen ermöglichen. Lehrer
müssten kontroverse Auffassungen als moralische Dilemmata begreifen und
präsentieren können und sich mit Stufen der moralischen Entwicklung auseinandergesetzt haben.

Möglicherweise lassen sich Schülerinnen und Schüler durch Beispiele aus
ihrer eigenen alltäglichen Lebenspraxis noch mehr für eine Diskussion moralischer Dilemmata gewinnen:

1 Tommy hat Julia bei einer Klassenarbeit mit
einem Spickzettel, den er ihr zugesteckt hatte, vor einer folgenschweren schlechten No-
te bewahrt. Kurz darauf muss Julia feststel-
5 len, dass Tommy mit Drogen dealt. Sie
spricht Tommy an, doch dieser erklärt ihr
lapidar, er benötige das Geld, das er so ver-
diene, überdies würden sonst andere Dealer
die Drogen verkaufen, denn Abhängige
10 würden ohnehin diese Drogen konsumieren. Was soll Julia jetzt tun?

*Text basierend auf: Schreiner 1982, S. 128 ff.*

In der jüngsten Vergangenheit hat man Versuche unternommen, über entsprechende Dilemmageschichten auch die Moralentwicklung von Strafgefangenen

zu fördern. Man musste feststellen, dass Kriminelle, insbesondere Gewalttäter, auf einem niedrigen Niveau der moralischen Entwicklungsstufen nach Kohlberg denken. Über gezielte moralische Bildung sollen sie sich in ihrem Denken auf höheren Stufen bewegen können. Dies, so die pädagogische Hoffnung, könnte sich dann auch auf ihr Verhalten auswirken.

### Just-Community-Schulen

Bald musste Kohlberg einsehen, dass allein eine Förderung des moralischen Denkens noch nicht moralisches Handeln bewirken kann. Er erweiterte seine Überlegungen um den sogenannten „Just-Community"-Ansatz und war in den Achtzigerjahren selbst an der Gründung der „Just-Community-Schools" beteiligt. „Just Community" heißt wörtlich übersetzt „gerechte Gemeinschaft". Der Anspruch einer gerechten Gemeinschaft gilt sowohl formal als auch inhaltlich. Formal findet sich dieser Anspruch in Regularien wie Vollversammlungen, gleiches Stimmrecht, Mehrheitsentscheidungen, die Einrichtung von Komitees oder Ausschüssen. Sogar bei Disziplinproblemen sollten Schüler und Lehrer Lösungswege diskutieren. Kohlberg strebte eine demokratische Schule an. Inhaltlich geht es aber zugleich um eine „moralische Kompetenz" aller Beteiligten.

In der Realität waren die Resultate entsprechender Versuche zum Teil entmutigend. Je größer eine Schule war, umso mehr Schwierigkeiten gab es bei der Umsetzung von Kohlbergs Ideen. Andererseits ließen sich nachhaltige Veränderungen im Denken und Handeln der Schülerinnen und Schüler nachweisen, die solche Schulen besuchten.

In der Stadt Brookline (55 000 Einwohner) wurde innerhalb einer Highschool eine „School within a school" eingerichtet. Etwa 100 Schülerinnen und Schüler, die sich bewerben mussten, und fünf Lehrerinnen und Lehrer waren am Projekt beteiligt.

Durch Fragebögen wurde festgestellt, dass die Schülerinnen und Schüler
- einen deutlichen Gewinn an moralischer Urteilsfähigkeit zeigten,
- auf soziales Verhalten ihrer Mitschüler vertrauten,
- sich selbst für hilfsbereit erklärten,
- sich zu ihrer persönlichen Verantwortung bekannten,
- auf die gemeinsamen Normen ihrer Gemeinschaft hinwiesen,
- die Gemeinschaft hoch schätzten.

Dabei muss man allerdings bedenken, dass Schüler wie Lehrer vorab ausgewählt wurden und insofern von Beginn an bereit waren, sich moralisch zu engagieren. Schüler mussten sich für eine Teilnahme bewerben, es wurde also selektiert. Trotzdem beweisen die „Just-Community"-Versuche, wie bedeutend praktisches Erleben für das Ausbilden moralischer Haltungen ist. Insgesamt zeigten alle Beteiligten eine positive Einstellung zu einem prosozialen Verhalten, auch ließ sich im Vergleich zu Gleichaltrigen ein Zuwachs an moralischer Urteilsfähigkeit sowie eine höhere Bereitschaft zu persönlicher Verantwortung nachweisen. Sicherlich muss berücksichtigt werden, dass die Gemeinschaft der Betroffenen mit insgesamt 100 Teilnehmenden überschaubar blieb. So können alle sich noch persönlich kennen.

Nachdem Kohlberg kurz vor seinem Tod auch in NRW über das Thema „Just Community" referiert hatte, wurden dort für kurze Zeit drei Projektschulen gefördert. Tatsächlich zeigten die Schülerinnen und Schüler dieser Schulen hohe Bereitschaft zur moralischen Auseinandersetzung; sie konnten so auch ihre Beziehungen und ihr Gemeinschaftsleben aus ihrer Sicht besser gestalten. Interessant ist, dass die **Erwartungen seitens der Politik zumindest zunächst keineswegs im Sinne der pädagogischen Initiatoren des Projekts** waren. Bildungspolitiker verbanden mit diesem Projekt die Erwartung, dass Tugenden wie Disziplin, Anstrengung und Pünktlichkeit effektiver vermittelt werden könnten. Eine kritiklose Aneignung solcher Tugenden ist aber gerade nicht im Sinne Kohlbergs. Jedenfalls konnte das Projekt nach einer ersten Phase dann nicht weitergeführt werden, wie Georg Lind, der aktiv beteiligt war, berichtet hat. Diese Tatsache weist darauf hin, dass pädagogische Ambitionen in Schulen immer von der Politik, die Schulen einrichtet und somit massiv Einfluss auf die Schulen nehmen kann, „gefiltert" werden.

## 4.2 Kohlbergs Ansatz in der wissenschaftlichen Diskussion

Kein Ansatz zum Thema Moral hat weltweit solche Beachtung gefunden wie Kohlbergs Modell. Es ist in gewissem Sinne universalisierbar, da es nicht inhaltlich vorgibt, was moralisch richtig oder falsch, gut oder schlecht sei. Zugleich legt Kohlberg dar, dass Menschen „Moralität" stufenweise erlernen müssen. Daraus wiederum resultieren Aufgaben für pädagogisches Handeln.

Erziehende müssen die Stufen der Entwicklung von Kindern und Jugendlichen auch aus moralischer Perspektive betrachten. Sie dürfen z. B. keine Forderungen stellen oder Erklärungen geben, die Kinder noch nicht begreifen können. Ein Kind im Kindergartenalter kann nicht begreifen, was „Würde des Menschen" ist. Auch sollten Erziehende bei ihren pädagogischen Maßnahmen der jeweiligen Einsichtsfähigkeit eines Kindes oder eines Jugendlichen Rechnung tragen.

Kohlbergs Modell wird vorgeworfen, es sei **weitgehend monologisch wie kognitivistisch** orientiert. Vor allem moralisches Handeln sei aber immer auch von **motivationalen, emotionalen und sozialen Haltungen** beeinflusst. Kohlberg akzeptierte diesen Kritikpunkt und erweiterte deshalb seinen Ansatz.

Beobachtungen in der pädagogischen Praxis haben ergeben, dass Schülerinnen und Schüler vielfach bestimmte Fragestellungen kaum als moralische Konflikte wahrnehmen. Ob sie in Klausuren Spickzettel benutzen oder nicht, entscheiden Schüler selten aus einer moralischen Perspektive heraus. Gerade innerhalb von Peergroups orientieren sie sich an den Normen ihrer jeweiligen Gruppe, die wiederum für ihre Identitätsbildung hohe Bedeutung hat.

Umgekehrt könnten vermeintlich moralische Überlegungen von Schülerinnen und Schülern im Unterricht letztlich nur zeigen, dass sie Konventionen einhalten wollen. Sie plädieren z. B. gegen die Todesstrafe, weil sie glauben, dass der Lehrer dies von ihnen erwartet. Vor diesem Hintergrund ist kritisch zu fragen, inwieweit Schüler schulisch Gelerntes tatsächlich auf ihr alltägliches Leben beziehen oder beziehen wollen. Diese Überlegung gilt ähnlich für Lehrerinnen und Lehrer.

Von hohem Gewicht ist der Einwand Rainer Döberts gegen Kohlberg, er habe die **moralischen Fähigkeiten und Möglichkeiten von Kindern massiv unterschätzt**:

„Wenn der 5-jährige David beliebiges Schlagen in einer Schule deshalb verwirft, weil es ‚andere Leute unglücklich macht‘, so nimmt er den Standpunkt der Moral ein. Das gilt auch für die 10-jährigen Kinder, die einem ungeschickten, kleinen Kind, das seine Semmel ins Wasser fallen lässt, etwas ‚nachschießen‘ […], wenngleich es seinen ‚gerechten Anteil‘ bereits erhalten hatte, was Piaget schon beobachtet hatte." (Vgl. Döbert 1987, S. 508) Döbert wirft Kohlberg vor, dass er „bei der Bestimmung präkonventionellen Denkens Forschungsartefakten aufgesessen" sei, und betont, dass man sechsjährige Kinder nicht als „vor- und außermoralische Monster" betrachten dürfe. (Vgl. Döbert 1987, S. 508) Grundsätzlich können auch Kinder schon moralisch handeln. Allerdings gilt dies nur im Hinblick auf konkrete und überschaubare Situationen. Um komplexere moralische Aufgaben oder Konflikte bewältigen zu können, muss man nach Döbert eine **„höhere interpersonelle Mathematik"** erlernt haben. Dafür wiederum müsste man formal-operativ im Sinne Piagets denken.

Ein Beispiel für diese „höhere interpersonelle Mathematik" gibt Gertrud Nunner-Winkler unter dem Stichwort „Systemperspektive". Jüngere Kinder plädieren für Straffreiheit für Heinz im beschriebenen Fall, wenn er das Medikament stehle. Jugendliche reflektieren die Problematik, dass Gesetze an Verbindlichkeit verlieren würden, wenn ihre Übertretung nicht geahndet würde.

Döbert gibt außerdem zu bedenken, dass sich Kinder in den ersten Lebensjahren nicht unbedingt aus Angst vor Strafen den Forderungen ihrer Eltern unterwerfen. Sie würden vielmehr ihren Eltern folgen, weil sie sie als „legitime Autoritäten" erleben würden. Kinder würden die elterlichen Regeln und Normen akzeptieren, weil sie ihre Eltern anerkennen würden. Sie würden darauf vertrauen, dass ihre Eltern das „Richtige" und „Gute" anstreben.

Döbert widerspricht Kohlberg nicht grundsätzlich, er bewertet aber das Denken und die Haltungen der Kinder mit Blick auf die ersten vier Stufen anders.

| Stufe 1 | Orientierung an Bestrafung und Gehorsam | Anerkennung von (legitimen) Autoritäten |
| Stufe 2 | instrumentell-hedonistische Orientierung | Orientierung an unmittelbaren (moralischen) Konsequenzen |
| Stufe 3 | Orientierung an personengebundener Zustimmung | flexible Anwendung von Regeln auf der Ebene sozialer Beziehungen |
| Stufe 4 | Orientierung an „Recht und Ordnung" | flexible Anwendung von Regeln auf der Ebene gesellschaftlicher Beziehungen |

Abb. 10: Stufen des Kohlberg-Modells nach Döbert

Aus heutiger Sicht kann man sagen, dass jüngere Kinder schon sehr viel weitreichender moralisch denken und handeln können, als Kohlberg es angenommen hatte. Bereits dreijährige Kinder kennen und akzeptieren – auch ohne Angst vor Strafe – das Verbot des Diebstahls. Kinder erkennen ebenfalls, dass das Anreden von Eltern mit Vornamen unter bestimmten kulturellen Bedingungen erlaubt sein kann, während sie begreifen, dass man ein Kind auch dann nicht schlagen darf, wenn eine Autorität in einem anderen kulturellen Kontext dies erlaubt. Kinder wissen außerdem, dass man ein Versprechen normalerweise halten soll, es aber unter bestimmten Umständen brechen darf.

Aus dieser Einsicht resultiert die Erkenntnis, dass **Menschen mit niederem Bildungsniveau keineswegs auch wenig moralisch denken und handeln**. Das Beispiel von sogenannten „Judenrettern" zur Zeit des Nationalsozialismus kann diese Einsicht unterstreichen. Umgekehrt gilt auch, dass Menschen, die zu moralischen Einsichten auf hohem Niveau fähig sind, darum keineswegs auch moralisch handeln. Wolfgang Lempert spricht in diesem Kontext von **moralischer Segmentierung**. Vielleicht brutalstes Beispiel für diese Tatsache ist der Kommandant von Auschwitz, Rudolf Höß, der seinen Kindern ein liebevoller Vater gewesen sein soll. Umgekehrt sagt man von bekannten Literaten, die mit ihren Schriften für eine humane Welt eingetreten sind, dass sie im Alltag rücksichtslos und egoistisch aufgetreten seien. Auch finden sich Beispiele von Menschen, die sich im Alltag wenig an moralische Regeln hielten, aber sich in besonderen Krisen entschlossen und mutig für Mitmenschen einsetzten. Oskar Schindler konnte nicht zuletzt deshalb Tausende von Juden vor der Ermordung bewahren, weil er gelernt hatte, Gesetze und Normen klug zu missachten.

Die Einsicht in eine moralische Segmentierung lässt wiederum begründeten **Zweifel an der Auffassung** aufkommen, dass sich die **Moralität eines Menschen linear und stufenförmig entwickeln** kann. In diesem Sinne müsste man auch nach Krisen innerhalb der moralischen Entwicklung fragen. Moralität kann grundsätzlich auch wieder „entlernt" werden. (Vgl. Nunner-Winkler 2009, S. 530) Sie bildet sich nicht nur in kognitiven, sondern auch in sozialen und gesellschaftlichen Entwicklungsprozessen aus.

In die gleiche Richtung zielt Josef Schreiners Anmerkung, dass z. B. **Empathie nicht allein kognitiv, sondern vielmehr affektiv begriffen und gelernt** werden müsse. Im diesem Kontext müsse dann auch gefragt werden, ob unbewältigte psychische Konflikte und Erfahrungen moralisches Denken und Handeln verhindern könnten.

Carol Gilligan wendet gegen Kohlberg ein, sein Ansatz sei von einer „männlichen Moral" geprägt. Männer orientierten sich an Vernunft und an abstrakten Prinzipien. Frauen oder Mädchen handelten vielfach aus dem **Motiv der „Sorge"** heraus. Für sie gewännen Mitmenschlichkeit, Empathie und Sensibilität höhere Bedeutung als für Männer oder Jungen. Kohlberg setze diese weibliche Haltung als nicht-autonom herab. Der Wunsch, „andere nicht zu verletzen", habe für Frauen besondere Bedeutung. Etwa bei der Problematik der Abtreibung würden Männer an die „Rechte" der Frauen oder auch der ungeborenen Kinder denken, während Frauen von der Frage geleitet würden, wer sich möglicherweise um die ungeborenen Kinder später „sorgen" könne oder wolle. Insofern ließe sich fragen, ob **männliche und weibliche Moral unterschieden** werden müssten: eine eher formale und nüchterne Moral der Gerechtigkeit und eine Moral der Anteilnahme, Verantwortung und Fürsorge? Es bleibt offen, worin z. B. Fürsorge jeweils besteht. Auch lässt sich dabei bezweifeln, dass moralisches Verhalten immer nachweisbar geschlechtsspezifisch unterschiedlich ist. So konnte empirisch nachgewiesen werden, dass auch Jungen, wenn sie in ihrer Kindheit liebevolle Zuwendung erfahren, Empathie und eine Bereitschaft zur Fürsorge ausbilden. Dennoch ist Gilligans Kritik nicht unbegründet, wenn sie davor warnt, dass im Bemühen um formale Gerechtigkeit die tatsächlichen Empfindungen von Betroffenen möglicherweise aus dem Blick verloren werden. Kohlberg hat diese Kritik aufgegriffen, als er in „Just-Community"-Schulen ein fürsorgendes und empathisches Miteinander anstrebte. Dabei beanspruchte er allerdings weiterhin, Kindern und Jugendlichen beizubringen, moralische Entscheidungen zu begründen.

Kohlbergs Beschreibungen lassen sich des Weiteren mit einer **Diskursethik** vereinbaren, nach der alle Menschen sich darüber verständigen sollten, was jeweils als richtig oder gut zu gelten hat. Allerdings lässt sich fragen, ob Kohlberg tatsächlich „alle Menschen" im Blick hat, wenn er eine universale Perspektive postuliert. Die Stufe 6 des Kohlberg-Modells beansprucht zwar universale Gültigkeit, bezieht aber nicht unbedingt die gesamte menschliche Vergangenheit und die Folgen für zukünftige Generationen mit ein. Mit Blick auf die Menschen, die schon gestorben sind, müsste sich dann die moralische weiter zu einer religiösen Frage erweitern (H. Peukert). In diesem Zusammenhang wurde in der Diskussion um die Stufen Kohlbergs erwogen, ob nicht eine 7. Stufe bedacht werden müsste. Aus pädagogischer Sicht wäre allerdings eher zu fragen, wie es gelingen könnte, dass mehr Menschen die Stufen 5 und 6 erreichen.

Kohlbergs Modell bietet wichtige Orientierungsmöglichkeiten. Es kann aber die Voraussetzungen oder Möglichkeiten einer moralischen Entwicklung des Menschen nicht hinreichend erklären. Die Komplexität dieser Prozesse und die Vielfalt der Einflüsse darauf führen unweigerlich zu der Folgerung, dass es eine „konsistente Entwicklungstheorie moralischen Urteilens und Handelns" nicht geben kann. Dietrich Benner und Helmut Peukert erinnern in diesem Zusammenhang daran, dass eine solche Theorie „eine integrative Theorie der Entwicklung der kognitiven und interaktiven einschließlich der psychodynamischen Dimensionen voraussetzen" würde, die ebenfalls nicht bestehe. (Vgl. Benner/Peukert 1995, S. 398)

## 4.3 Moralische und demokratische Erziehung und Bildung als komplexe pädagogische und gesellschaftliche Aufgabe

Aus Kohlbergs Überlegungen zur moralischen Entwicklung ergeben sich pädagogische Konsequenzen. Er hat zwar selbst Vorschläge für moralische Erziehung entwickelt, aber kein eigenes moralpädagogisches Konzept vollständig ausgearbeitet.

Pädagogisch muss bedacht werden, dass **moralische bzw. demokratische Bildung und Erziehung nicht einfach gleichgesetzt werden** können. Demokratisches Handeln sichert keineswegs zwingend moralisches Handeln. Nicht einmal rechtsstaatliches Handeln muss immer moralisch sein. Insofern müssten Jugendliche auch Dilemmasituationen kennenlernen, in welchen moralische und demokratische Ziele sich möglicherweise nur schwer oder gar nicht vereinbaren lassen.

Muss man es als Demokrat immer anerkennen, wenn eine demokratische Mehrheit eine sittlich falsche Entscheidung trifft? Darf man mit fragwürdigen propagandistischen Mitteln eine Wahl für sich zu gewinnen versuchen, um dann moralisch wertvolle Ziele politisch realisieren zu können?

Erziehung zum „Widerstand" oder „Nicht-Mitmachen" mit Blick auf totalitäre politische Systeme ist immer auch Moralerziehung und demokratische Erziehung; dasselbe gilt für Erziehung zu Identität und Mündigkeit. Neuere pädagogische Ansätze reflektieren „Mündigkeit" zunehmend im Kontext der Beziehung eines Menschen zu „Anderen", damit gewinnt eine demokratische Orientierung auch für eine pädagogische Anthropologie neue Bedeutung.

**Pädagogisch kann man zu einer moralischen und demokratischen Entwicklung nur auffordern, diese aber nicht erzwingen.** Die Diskussion um moralische und demokratische Erziehung bzw. Bildung macht allerdings deutlich, wie stark diese von den eigenen praktischen Handlungsorientierungen der jeweils Erziehenden abhängen. Die moralische und demokratische Erziehung der nachwachsenden Generationen fordert insofern immer die kritische moralische Selbstbetrachtung der jeweiligen Generation der Erziehenden. Für die Schule beispielsweise bedeutet das tatsächlich, dass gefragt werden muss, inwieweit nicht nur im Denken der Lehrenden, sondern auch in den schulischen Strukturen Demokratie erfahren und gelebt werden kann.

Moralisches und demokratisches Lernen findet im Wechselspiel von Denken, Fühlen und Handeln in unterschiedlichen Lern-, Lebens- und Handlungsräumen statt. Moral wird **„im Gesamtpaket angeeignet".** (Vgl. Nunner-Winkler 2009, S. 530) Moralisches Lernen ist wie demokratisches Lernen ein lebenslanger Prozess, der keinesfalls immer in linearer Progression stattfindet. Die moralische und demokratische Entwicklung von Menschen ist auch von ihren Erfahrungen im Erwachsenenalter geprägt.

Unterdessen nimmt in Europa ein **moralischer Relativismus** zu. Eine allgemein geltende Moral wird umso eher bestritten, je jünger Menschen sind. Selbst innerhalb von Familien wird eine moralische Relativität anerkannt oder hingenommen. Allerdings besteht bei vielen Fragen ein weitreichender Normkonsens: Ehrlichkeit, das Tötungsverbot oder das Diebstahlsverbot finden immer noch bei der überwältigenden Mehrheit der Bevölkerung Anerkennung. Wenn dagegen andere, traditionelle Normen an Geltung verlieren, ist dies

74 ◢ Entwicklung, Sozialisation und Erziehung

nicht unbedingt ein Hinweis für mangelnde Moralität, sondern kann auch bedeuten, dass Normen aus einer moralischen Perspektive hinterfragt werden. Bildung sollte vermitteln, dass man trotz der Relativität traditionell anerkannter Normen weiterhin nach einer guten und gerechten Lebensweise suchen und sich mit dieser Aufgabe unter Abwägen verschiedener Gesichtspunkte auseinandersetzen sollte.

**Aufgabe 16** Ordnen Sie die Verhaltensweisen der Lehrer sowie des Schülers Hans den Stufen des Kohlberg-Modells begründet und differenziert zu.

### Hans, Lehrer und Direktor im Dilemma

1 Hans und Peter, die in der Schule direkt nebeneinander sitzen, sind sehr gute Freunde. Peter hat schon viel angestellt und oft die Schule geschwänzt. Allen in der Klasse war 5 bekannt, dass er beim nächsten Vorfall die Schule verlassen müsste. Eines Tages kam ihr Klassenlehrer nach der Pause mit einem sehr ernsten Gesicht in den Raum und sagte, dass irgendein Schüler aus dieser Klasse 10 ihm seine Geldbörse gestohlen habe, als er in der Pause seine Jacke im Klassenzimmer zurückließ. Er ermahnte den Dieb, sich zu melden, und bot an, dass er für 10 Minuten den Raum verlassen würde und der Dieb so 15 die Gelegenheit hätte, ungestraft die Börse samt Inhalt zurückzugeben. Der Fall wäre dann für ihn vergessen. Als nach der angegebenen Zeit sich aber niemand von den Schülern gerührt hatte, wurde der Lehrer, 20 als er wieder in den Klassenraum gekommen war, sehr ärgerlich und sagte, dass er diesen Vorfall dem Direktor und dem Elternbeirat melden würde, und drohte, im äußersten Fall die Kriminalpolizei einzu-25 schalten. Dann würden auch diejenigen bestraft werden, die wüssten, wer der Dieb sei, ihn aber nicht verraten wollten. Als es klingelte und die Stunde zu Ende war, packten alle Schüler ihre Taschen ein. Auch Hans 30 und Peter steckten ihre Bücher und Mäppchen weg. Dabei sah Hans, wie Peter schnell eine Geldbörse in seinen Ranzen packte, die genauso aussah, wie der Lehrer seine beschrieben hatte. Hans war ziemlich sicher, 35 dass es die vom Lehrer war.

Auf dem Heimweg überlegte Hans, was er tun sollte: Peter verraten, aber dadurch einen guten Freund verlieren, da er ganz sicher war, dass er die Schule verlassen 40 müsste; es für sich behalten, was bedeutete, dass die gesamte Klasse in Verruf geraten könnte und das Vertrauensverhältnis zwischen Lehrer und Schüler gestört würde. Am nächsten Tag geht Hans vor Unter-45 richtsbeginn ins Lehrerzimmer und fragt seinen Klassenlehrer, ob er ihn mal allein sprechen könne. Er erzählt ihm dann, dass er wüsste, wer die Geldbörse gestohlen hätte, möchte denjenigen aber nicht verraten, 50 da er ein guter Freund von ihm wäre. Hans bittet seinen Lehrer, nichts zu unternehmen, wenn er ihm den Namen des Täters nennen würde. Sein Lehrer überlegte einen Moment und sagte Hans zu, dass er ihm 55 vertrauen könne und er dafür sorgen würde, dass dem Dieb keine Nachteile erwachsen würden. Hans berichtete daraufhin von seiner Beobachtung, wie Peter eine Geldbörse in seine Schultasche steckte.

60 Der Lehrer sprach Peter in der ersten Pause an und bekam seine Geldbörse zurück. Als er anschließend dem Direktor berichtete, dass der Fall erledigt sei, da er aufgrund eines Hinweises von einem Mitschü-65 ler von dem Täter die Börse samt Inhalt zurückerhalten habe, bestand dieser darauf, den Namen des Diebes zu erfahren, um ihn zu maßregeln. Der Lehrer erinnerte sich, dass er Hans versprochen hätte, den Fall 70 nicht weiter zu verfolgen. Er wusste auch,

Moralische Entwicklung am Beispiel des Just-Community-Konzeptes nach Kohlberg ✦ 75

dass Peter der beste Freund von Hans war und dieser bei Bekanntwerden der Tat die Schule verlassen müsste. Er war sich aber bewusst, dass er selbst Nachteile zu erwar-
75 ten hätte – er sollte zur Beförderung vorge- schlagen werden –, wenn er dem Direktor

keine Auskunft geben würde. Der Lehrer gab dem Direktor den Namen des Schülers nicht preis und hielt somit sein Verspre-
80 chen, das er Hans gegeben hatte. So konnte Peter in der Klasse bleiben und musste die Schule nicht verlassen. [...]

*(Vgl. Aufenanger 1984, S. 59 f.)*

**Aufgabe 17**   Nehmen Sie zur häufig gestellten Forderung, die Schule müsse bestimmte Werte und Tugenden vermitteln, aus einer moralpädagogischen Sicht kritisch Stellung.

**Aufgabe 18**   Dürfen Religionsgemeinschaften ihre „Gebote" an Kinder und Jugendliche vermitteln?

**Aufgabe 19**   a  Erläutern Sie das folgende Beispiel einer gespielten Mediation.
   b  Prüfen Sie, inwieweit der Weg zur Lösung und die gefundene Lösung zu- letzt demokratischen und moralischen Prinzipien gerecht werden können.
   c  Erörtern Sie auf dieser Basis Möglichkeiten und Schwierigkeiten, die sich mit dem Einsatz der Methode der Mediation in Schulen ergeben können.

1 Die examinierte Mediatorin verlässt mit zwei Studentinnen den Raum, um ihnen die Rollen-Texte zu erläutern: Sie spielen Marion und Carmen, zwei Schülerinnen aus
5 dem 9. Schuljahr einer Hauptschule. Vor einigen Wochen hatte Marion ein etwa 20 € teures Buch aus der Bibliothek entliehen, weil beide mit seiner Hilfe ein Referat an- fertigen wollten. Die Arbeit ging auch gut
10 voran, das Referat konnte gehalten, das Buch zurückgegeben werden. Jedoch: Es ist unauffindbar. Marion behauptet, es Carmen zurückgegeben, diese jedoch besteht darauf, es nie erhalten zu haben. So kommt es zum
15 Streit, zu wechselseitigen Beschimpfungen („Lügnerin" vs. „Schlampe" etc.), zur Auf- kündigung der Freundschaft. Erst der dring- liche Rat des Klassenlehrers bewegt beide, die schulische Mediation in Anspruch zu
20 nehmen – unsere Expertin spielt die Rolle

der Streitschlichterin. Stringent hält sie sich an die bekannten fünf Phasen:
● Begrüßung und Erläuterung (1)
● Darstellung des Konfliktes (2)
25 ● Erhellung des Konfliktes (3)
● Lösung des Konfliktes (4)
● Vereinbarung (5)
Die Zuschauer sollen die vorausgegangenen Erläuterungen in der Praxis hautnah erle-
30 ben: Keinen Richter, sondern einen „Kon- fliktlotsen"; keine Parteinahme, sondern „Allparteilichkeit" (wobei auch das traditio- nelle unparteiische Agieren zurückgewiesen wird); keine moralische Bewertung, son-
35 dern eine für beide Seiten befriedigende Kompromisslösung u. a. m. Hier interessiert das Ergebnis der Bemühung: Nachdem bei- de „Schülerinnen" ihre jeweilige Darstel- lung des Streites um das (verschwundene,
40 versteckte, nicht zurückgegebene oder doch

ausgehändigte, oder verschlampte) Buch vor-
getragen und mit Verve auf ihren Positionen
gepocht haben, wurden sie müder, resignierter, einigungsbereiter. Die Mediatorin
macht den Vorschlag: halbe-halbe. Jede gibt
10 € und das unauffindbare Buch kann auf
diese Weise neu angeschafft werden.

Beide überlegen, Marion stimmt sofort
und verstohlen lächelnd zu, Carmen sträubt
sich noch, zumal sie selbst nur sehr wenig
Taschengeld bekommt. Und wieder tritt
unsere Kompromissexpertin auf: „Vielleicht kann dir deine Mutter die 10 €
leihen, sodass ...“ Carmen gibt nach und so
wird die Vereinbarung fixiert. Die Studen-
ten sind erleichtert, klatschen Beifall; die
Kollegin lächelt anerkennend; und die Mediatorin bedankt sich bei den Spielerinnen –
mit dem Zusatz: „Ich denke, das hat uns
allen viel Spaß gemacht!“

*(Vgl. Winkel 2005, S. 282 f.)*

# 5 Meads Verständnis von Sozialisation als Rollenlernen

George Herbert Mead (1863–1931) wurde nach seinem College-Abschluss Lehrer, später Ingenieur, studierte dann die Fächer Philosophie, Psychologie, Pädagogik und Soziologie – zeitweise in Deutschland bei Georg Simmel – und wurde „Instructor" an der University of Michigan, später an der University of Chicago. Die Psychologie etablierte sich erst in diesen Jahren als Wissenschaft. Mead wurde durch die Schrift „Mind, self and society" (Geist, Identität und Gesellschaft) bekannt. Diese wurde erst nach  seinem Tod, im Jahr 1934 veröffentlicht. Mead verknüpfte in seinen Überlegungen Einsichten der Soziologie und der Psychologie, die er auch aus einer philosophischen Perspektive betrachtete. Mead starb vor der Machtergreifung der Nationalsozialisten und konnte somit seine Überlegungen nicht mehr vor dem Hintergrund dieser Zeit kritisch überdenken.

**Symbolischer Interaktionismus**
Der Begriff **„symbolischer Interaktionismus"** bezieht sich auf die Theorie Meads, die nach seinem Tod durch Herbert Blumer konsequent weiterentwickelt wurde. Dabei hat Blumer die Vorlesungen Meads mithilfe eigener Mitschriften und eigener Konzepte weitergeführt und die Theorie der symbolischen Interaktion entworfen.

Dieser Begriff meint die Tatsache, dass eine Handlung oder eine Situation erst durch Kommunikation ihre Bedeutung erhält. In der ständigen Wechselwirkung zwischen den Kommunikationspartnern werden sozusagen **Definitionen ausgehandelt**, die einer Sache erst **Bedeutung** geben. Oft geschieht dieses Handeln durch Sprache routiniert: Beispielsweise beim Kauf einer Busfahrkarte werden die bezeichnenden Symbole nicht erst lange ausgehandelt, sondern der potenzielle Fahrgast legt Geld auf die Kasse und nennt sein Fahrziel. Es kann aber auch weniger formalisierte Situationen geben, in denen durch ein Gespräch erst die Bedeutung aufkommt: Beispielsweise bei einer Geburtstagsparty, während der unbekannte Personen aufeinandertreffen und nun erst Bezüge zum Gastgeber gemeinsam herstellen. (Vgl. Abels 2004, S. 227–233)

## 5.1 Grundgedanken und Intentionen Meads

George Herbert Mead fragte nach den Fundamenten der menschlichen Kommunikation. Er stellte klar, dass Menschen anders als Tiere bewusst handeln und sich nicht unreflektiert nach bestimmten Reiz-Reaktions-Schemata verhalten. Der Mensch reagiert also nicht wie ein Tier auf Reize, die es zu „Anpassungen" bewegen, sondern er kann **„Gesten"** als **„signifikante Symbole"** auffassen und in diesem Sinne **„denken"**. Schon früh beginnen Kinder nicht nur Gesten von Mitmenschen zu begreifen und zu deuten, sie können sie zunehmend sogar gedanklich vorwegnehmen. Denken ist demnach das Resultat von Interaktionen. Die Bedeutungsvielfalt von Gesten wird durch **Sprache** erhöht.

Der Leitgedanke Meads lautet, dass der Mensch sich seine Einstellung zur Welt über Gesten und Symbole, insbesondere das Symbolsystem der Sprache erschließt. Ihm zufolge bildet ein Mensch seine **Identität** erst **in Interaktionen mit seinen Mitmenschen** aus. Durch die Übernahme unterschiedlicher Rollen in einem „Rollenspiel" entwickelt er schrittweise seine eigene Identität. Mead bewertet diesen Prozess also positiv. Das Bewusstwerden der eigenen Identität setzt außerdem voraus, dass der Mensch berücksichtigt, wie er von anderen gesehen wird. Der Mensch kann schon früh, bevor er handelt, Erwartungen der Mitmenschen berücksichtigen. Das betrifft zunächst nur einzelne Gesten, bald aber umfassendere Denk- und Verhaltensweisen.

*Chinesen*

**Der Prozess der Identitätsbildung**
Nach Mead weist die Identität jedes Menschen einzigartige Merkmale auf:
- Impulsives Ich = **„I"**: reagiert spontan auf Zumutungen.
- Reflektiertes Ich = **„Me"**: eigene Überlegung, wie andere mich sehen oder was andere von mir erwarten.

Der Geist des Menschen, **„Mind"**, hilft ihm, nach und nach zwischen den Impulsen des „I" und „Me" zu vermitteln, sodass in einem kontinuierlichen Prozess der Aufbau des **„Self"**, der eigenen Identität, gelingen kann. Innerhalb dieses Prozesses erfolgen Differenzierungen, Erweiterungen und Korrekturen der Identität. Der Pädagoge H. Gudjons hat Meads Bestimmung vom „I", „Me" und „Self" in einer Skizze veranschaulicht.

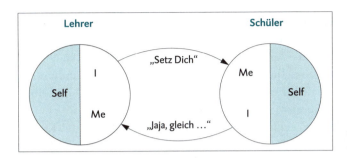

Abb. 11: „I", „Me" und „Self" nach Mead

Mead wäre missverstanden, wollte man glauben, dass das „Me" letztlich das „I" eines Menschen dominiert. Das „I" als spontane, kreative, eben nicht normierte Instanz im Menschen kann diesen immer wieder zu einem Denken und Handeln bewegen, womit er sich nicht einfach Erwartungen anpasst. Meads Begriff des „I" ist umfassender als etwa das „Es", wie es Sigmund Freud beschrieben hat. Wenn Mead von „Me" spricht, meint er damit nicht einfach, dass ein Mensch sich Rollenerwartungen unterwirft, sondern er erkennt so die Fähigkeit des Menschen, in seinem Denken und Verhalten das Denken, Fühlen oder Handeln seiner Mitmenschen immer schon zu berücksichtigen. Aus einer philosophischen Perspektive sah Mead darin weniger die Grundlage einer gesellschaftlichen Anpassung, sondern vielmehr die Basis für eine menschliche Orientierung, die letztlich in einer universalen Perspektive in den eigenen Orientierungen Mitmenschen, sogar die Menschheit berücksichtigen kann.

Mead geht von zwei Stadien der kindlichen Identitätsentwicklung aus, den Stadien des „Play" und des „Game":
- Play = Kind lernt Rollen im freien Rollenspiel kennen.
- Game = Spiele nach vorgegebenen Regeln.

Im Rahmen dieser Stadien erlebt das Kind bei einer gelingenden Identitätsbildung zunächst eine Konfrontation mit dem „signifikanten Anderen" und dann das Aufeinandertreffen mit dem „verallgemeinerten Anderen" (auch „generalisierter Anderer" genannt). „Signifikante Andere" sind z. B. konkrete Personen wie die eigene Mutter, die im Alltag eines Kindes eine wichtige Rolle spielen, während beispielsweise eine Erzieherin im Kindergarten oder eine Lehrerin in der Schule Repräsentantinnen des „verallgemeinerten Anderen" sind.

Kindliche Identitätsentwicklung kann laut Mead nur gelingen, wenn sich ein Kind in den Phasen des „Play" und „Game" schrittweise weiterentwickeln kann. In der Phase des „Play" lernt es noch im freien Rollenspiel und in Orientierung am „signifikanten Anderen" (z. B. Eltern, Großeltern) das Leben in

Gemeinschaften kennen. Im „Game" erweitert es seine Handlungs- und Orientierungsmöglichkeiten, indem es auch im Spiel Regeln berücksichtigt. Zudem lernt es, auf den „verallgemeinerten Anderen" zu achten und sich an Vertretern von Rollen statt an einzelnen Individuen zu orientieren. Erst indem das Kind in eine Gemeinschaft hineinfindet und „bewusstes Mitglied" derselben wird, hat es seine Identität erfolgreich ausgebildet.

Mead hält diesen Prozess auch für eine moralische Entwicklung des Kindes bzw. Menschen wichtig. Moralisches Denken und Handeln betrifft ja nicht nur den unmittelbaren Anderen eines Menschen. Menschen müssen lernen, auch weitsichtig und weitgehend die Menschen in ihren Handlungsorientierungen zu bedenken, die ihnen unmittelbar nicht begegnen. Im „Me", so hoffte Mead, könnte sich eine solche Lebenseinstellung auf lange Sicht hin verankern.

### Aufgaben der Erziehung nach Mead

G. H. Mead war zugleich Philosoph, Psychologe, Soziologe und Pädagoge. Darum faszinieren seine Gedanken viele Menschen bis heute.

Erziehung muss nach der Vorstellung Meads die Entwicklung des Kindes so begleiten, dass dieses schrittweise die Prozesse der gemeinschaftlichen und gesellschaftlichen Integration erfolgreich bewältigen kann. Das heißt, dass Kinder zuerst tragfähiger Beziehungen in der Familie und in ihrem unmittelbaren Umfeld bedürfen. Sie brauchen Zuwendung und auch gewisse Handlungsfreiheiten. Kinder können dadurch zunächst spielerisch und ohne Zwänge in das soziale Leben einer Gemeinschaft hineinwachsen.

Auf dieser Basis kann und muss ihnen dann zugemutet werden, gesellschaftlichen Anforderungen nachzukommen. Darum ist es unverzichtbar, dass sie Repräsentanten des „verallgemeinerten Anderen" begegnen, welche entsprechende Forderungen an sie stellen und auch durchsetzen. Damit fordert Mead indirekt, dass Kindergärtnerinnen und Lehrer den Kindern gegenüber auch mit einer gewissen Distanz und Strenge auftreten müssen. In diesem Sinne wäre laut Mead eine nur an kindlichen Bedürfnissen und Interessen orientierte Pädagogik schon im Kindergarten nicht unproblematisch. Meads Anliegen besteht hier weniger darin, Kinder mit Zwang zu Anpassungsleistungen zu bewegen, sondern eher im positiven Sinne darin, ihre entstehende Fähigkeit, Anforderungen des „Allgemeinen Anderen" zu internalisieren, zu berücksichtigen und zu fördern.

Da Menschen über Sprache und Intelligenz verfügen, können sie im Wechselspiel zwischen „Play" und „Game" selbst aktiv sein und herausfinden, wie sie den Anpassungsanforderungen im privaten wie öffentlichen Leben gerecht werden können.

## 5.2 Kritische pädagogische Würdigung des Modells symbolisch-sprachlicher Kommunikation Meads

Bei der Bewertung der Überlegungen Meads muss man bedenken, dass er zunächst in grundsätzlichen Kategorien dachte und ein allgemeines Konzept der menschlichen sozialen Entwicklung anstrebte, das kulturell übergreifend Bedeutung beanspruchen können sollte. Er ist damit ein großer Pionier des Nachdenkens über die menschliche soziale Entwicklung.

Seit der Zeit, in der Mead sein Modell entwickelte, haben gravierende historische und gesellschaftliche Erfahrungen das Denken der Menschen beeinflusst. Unter Berücksichtigung von historischen, ökonomischen und sozialen Verhältnissen werden heute soziale Entwicklungen immer auch skeptisch und kritisch betrachtet.

Mead wollte eine **„generelle" Theorie des Handelns** entwerfen – und keine, die sich nur auf spezifische Umstände beziehen lässt. Berücksichtigt man dies, ist Mead kaum zu kritisieren. Nicht zuletzt sollte man hervorheben, dass er die **Identitätsbildung als aktive „Leistung"** des Kindes im Kontext sich erweiternder Erfahrungen sieht und dem Kind damit keineswegs eine nur rezeptive oder passive Rolle zuweist. Die Differenz zwischen Individuum und Gesellschaft ist in Meads Augen Voraussetzung für gesellschaftliche Veränderungen und Identitätsfindung. Er begreift die Übernahme von Rollen in der Gesellschaft weniger als Zwang, sondern sieht diese als Möglichkeit, durch eine wechselseitige Verschränkung eigener Perspektiven mit denen anderer den eigenen Horizont im positiven Sinne zu erweitern. Man muss aber auch die Frage nach sozialen oder gesellschaftlichen Zwängen stellen, die vielfach Quellen für innere wie äußere Unfreiheit darstellen. Soziale Nöte wie kulturelle Vorurteile können Menschen in ihrer individuellen Entwicklung erheblich behindern. Pädagogisch dürfen solche Tatsachen nicht ausgeblendet werden. Sogar familiäre Erwartungen können solche Zwänge darstellen.

Ohne Zweifel formuliert Mead Überlegungen, die auch **für die Pädagogik wichtig** sind. Er erklärt nicht nur, dass jeder Mensch im Laufe seiner Sozialisation lernen muss, zwischen Ansprüchen des „I" und „Me" zu vermitteln, sondern er erläutert auch, wie dies gelingen kann. Erzieherischen Instanzen schreibt er in diesem Prozess große Bedeutung zu. Gleichzeitig macht er deutlich, dass die Aufgaben der Familie nicht mit denen der Schule verwechselt werden dürfen.

Pädagogisch relevant ist seine Unterscheidung zwischen „Play" und „Game". So sollte im Schulsport eine Orientierung am „Game" vorherrschen, was z. B. bedeuten kann, dass ein sportlich nur mäßig begabter und engagierter Schüler nicht mitspielen darf, wenn aus einer Schulklasse eine Mannschaft gebildet wird, die gegen eine Auswahl einer anderen Klasse in einer Mannschaftssportart antreten soll. Ähnlich wichtig wäre demzufolge in der Schule, dass bei einem Verstoß gegen Regeln konsequent Sanktionen folgen, während dies im privaten Raum weniger streng praktiziert werden müsste. Tatsächlich wäre vor dem Hintergrund der Überlegungen Meads zu fragen, in welchem Ausmaß das Sanktionieren von Regelverstößen eingefordert werden müsste.

Von großer Relevanz bleibt Meads Gedanke, dass der Prozess der **Identitätsbildung vom Kind selbst bewältigt** werden muss. Damit sagt er ausdrücklich, dass Erwachsene, und besonders Pädagoginnen und Pädagogen, nicht anstreben dürfen, die Identität eines jungen Menschen zu formen. Sie sollen ihn begleiten und unterstützen, damit der Prozess einer eigenen Identitätsbildung gelingen kann. Das schließt Sanktionen übrigens nicht aus – aber nicht mit dem Ziel einer kritiklosen Unterordnung, sondern um deutlich zu machen, dass ein Zuwiderhandeln gegen Regeln und Normen Konsequenzen nach sich zieht. Wichtiger noch ist, dass Kinder von Beginn ihres Lebens an intensiv Interaktionserfahrungen machen können, denn diese sind die Voraussetzung dafür, dass sie Gesten, Symbole und Sprache kennenlernen und dann selbst ausbilden.

Hingegen darf nicht verschwiegen werden, dass sich eine Erziehung zu gesellschaftskritischem Denken und Handeln aus den Überlegungen Meads nicht direkt ableiten lässt. Mead hat möglicherweise zu wenig gefragt, ob nicht Sanktionen seitens der Repräsentanten des „verallgemeinerten Anderen" eine Entwicklung von Kindern und Jugendlichen fördern könnten, die allzu leicht eine kritiklose Unterwerfung unter fragwürdige soziale oder gesellschaftliche Forderungen zur Folge haben könnte. Auch setzt Mead voraus, dass die über „verallgemeinerte Andere" vermittelten gesellschaftlichen Anforderungen an das Individuum den Einzelnen nicht überfordern. Überdies hat er in diesem Kontext die Tatsache sozialer Ungleichheit – und damit auch unterschiedlicher gesellschaftlicher Erwartungen an verschiedene Kinder und Jugendliche – nicht kritisch hinterfragt.

Nicht zuletzt lässt sich aus Meads Konzept keine problematisierende Sicht auf Erziehungsstile ableiten. Die Frage, welche Erziehungsstile sowohl in Familien als auch in Institutionen wie Kindergärten und Schulen welche Folgen für die betroffenen Individuen haben, wird bei Mead kaum aufgeworfen. Man könnte diese Tatsache auch positiv bewerten, da Mead so Betroffenen in ihren konkreten historisch-gesellschaftlichen Situationen selbst die Frage nach jeweils „richtigen" erzieherischen Stilen überträgt. In diesem Sinne muss man kritische Anfragen an Mead relativieren. Sein universalistisch orientiertes Kon-

Meads Verständnis von Sozialisation als Rollenlernen ⟋ 83

zept kann nur allgemeine Orientierungen geben, nicht aber konkret gesellschaftsbezogen oder konkret institutionenbezogen Verhaltensregeln vorgeben.

Aufgabe 20    Entwerfen Sie ein fiktives Streitgespräch zwischen „I", „Me" und „Mind".

Aufgabe 21    Nennen Sie zwei Spiele – eines im Sinne des „Play" und das andere im Sinne des „Game" – und erläutern Sie diese.

Aufgabe 22    Erörtern Sie, ob heute vor dem Hintergrund radikal veränderter Sozialisationsbedingungen im Vergleich zum ersten Drittel des 20. Jahrhunderts Meads Zuweisung der Erziehungsaufgaben zu bestimmten Institutionen noch zeitgemäß ist.

## 6 Förderung kindlicher Bildungsprozesse: Sprachentwicklung und Bedeutung des Spiels

Gerd E. Schäfer, geb. 1942, ist emeritierter Professor für Pädagogik der frühen Kindheit an der Universität zu Köln. In seinen zahlreichen Veröffentlichungen beschäftigt er sich vor allem mit frühkindlicher Bildungsforschung, Naturwissen der Kinder, ästhetischer Bildung und Spiel.

### 6.1 Bildung im Verständnis Gerd E. Schäfers

Gerd E. Schäfers Überlegungen zu **Bildungsprozessen im Kindesalter** haben in den letzten Jahrzehnten insbesondere innerhalb der **Elementarpädagogik große Resonanz** gefunden. Diese Tatsache beruht sicherlich auch darauf, dass Schäfer für den Elementarbereich überhaupt ein Konzept von „Bildung" entwickelt und vorstellt. Er selbst stellt fest, es gebe derzeit kein allgemein anerkanntes Bildungskonzept für den Bereich der frühen Kindheit. Er kann zeigen, dass in gängigen Handbüchern zur Kindheitsforschung dieser Begriff nicht vorkommt.

Bestehende Ansätze zur Förderung von Kindern lassen nach Schäfer immer bedeutende Gesichtspunkte von „Bildung" außer Acht. In diesem Sinne ist es wichtig, zunächst Schäfers eigenes Verständnis von Bildung zu klären. **Er fordert, dass Pädagoginnen und Pädagogen sich konsequent an der (Alltags-)Praxis der Kinder orientieren**, entsprechend sucht er einen **erfahrungswissenschaftlichen Zugang zum Bildungsbegriff**. In diesem Rahmen interessiert er sich vor allem für individuelle Abweichungen einzelner Kinder „von den Wegen, die das empirische oder systematische Denken als allgemein vorgibt". (Vgl. Schäfer 2011 (B), S. 26)

Schäfer **bezieht sich auf Piaget** und sein Verständnis von Akkomodation, Assimilation und Äquilibration. Er will aber den Prozess der Äquilibration, aus dem Menschen als unverwechselbare Subjekte hervorgehen, genauer untersuchen. In diesem Kontext stellt Schäfer dann Bezüge zwischen Piaget und Einsichten der Psychoanalyse her. Wie Piaget geht er davon aus, **dass zunächst**

**zwischen dem Kind und seiner Umwelt noch keine klaren und gesicherten Grenzen** bestehen. Der bald einsetzende Trennungsprozess lässt zwei markante Trennungspunkte auftreten: eine **„schizoide Position"** und eine **„depressive Position"**. Zuerst muss das Kind die Welt ohne innere Kohärenz erleben – es nimmt so eine schizoide Position ein. Die guten Erfahrungen ordnet das Kind jetzt dem Selbst, die schlechten der Welt außerhalb zu. So entstehen auch Ängste vor Desintegration, Zerstörung und vor Verfolgung durch das Böse. Da das Kind dann begreift, dass es selbst sowohl gut wie böse sein kann, erlebt es Schuldgefühle, innere Ambivalenz und Unsicherheit – jetzt befindet es sich in der „depressiven Position". Indem das Kind Objekte mit Teilen seiner inneren Erfahrung auflädt, schafft es sich selbst Übergangsobjekte von seinem Inneren zur äußeren Wirklichkeit. Es kann dann aushalten, dass die Wirklichkeit seine Wünsche und Bedürfnisse negiert, und lernt auch damit umzugehen, dass es selbst Forderungen der Wirklichkeit ablehnen will. Zunehmend kann das Kind jetzt die Eigengesetzlichkeit der Wirklichkeit bewusst anerkennen, die **Ordnung der Sprache**, die es jetzt lernt, hilft ihm, seine **Erfahrungen zu strukturieren**. Jedes Kind kann und sollte diesen Prozess auf seine eigene, individuelle und kreative Weise durchlaufen – zumal auf diese Weise Grundmuster der Auseinandersetzung mit Wirklichkeit ausgebildet werden. Ansonsten besteht die Gefahr, dass pathologische Formen des Wirklichkeitsbezugs entstehen.

Des Weiteren berücksichtigt Schäfer auch Einsichten der Neurobiologie: Er bezieht sich auf die Einsicht, dass „man sich die Interaktion Umwelt-Gehirn als eine gegenseitige Modulation von Wahrnehmungsmustern aus der Außenwelt, transformiert in bioelektrische und biochemische Muster, und komplexen, inneren Verarbeitungsmustern vorstellen" kann, und folgert:

> *„Wenn bereits auf der Stufe biologischer Prozesse das Ursache-Wirkungs-Geschehen durch ein viel differenzierteres Wechselwirkungsmodell ersetzt werden muss, dann können wir auch im zwischenmenschlichen Umgang nicht mehr einfach auf pädagogische Beeinflussungsvorstellungen zurückgreifen. Wo Beeinflussungsprozesse wirksam zu sein scheinen, müssen wir stets auch mit unbedachten und vielleicht auch ungewollten Nebenwirkungen rechnen."*
>
> (Vgl. Schäfer 2011 (B), S. 116)

Schäfers Verständnis von Bildung wäre missverstanden, würde man annehmen, er ziele auf eine Optimierung kognitiver, emotionaler, sozialer, ästhetischer und moralischer Entwicklungen bei Kindern ab. Kritisch erinnert er daran, dass unter Umständen solche Optimierungen einzelner Teilbereiche das Zusammenspiel des Ganzen zerstören können. Ausdrücklich warnt **Schäfer**

**vor einer einseitig rationalen pädagogischen Orientierung**, da er befürchtet, dass dadurch unser Verhältnis zur Wirklichkeit stark verzerrt werden könnte. Mit dieser Warnung hat er sicherlich nicht nur die Elementarbildung im Blick.

Auf der Basis dieser Überlegungen fasst er dann seine Vorstellungen vom Bildungsprozess in **fünf Thesen** zusammen:

1. Bildung hat etwas mit Selbsttätigkeit zu tun. Man kann nicht gebildet werden, bilden muss man sich selbst.

2. Bildung erfolgt aufgrund von individuellen Sinnfindungen oder -verlusten, Sinn kann man nur selbst finden und niemand anderem vermitteln.

3. Sinn ergibt sich nicht nur aus dem, was man erfährt oder tut, sondern – mehr noch – daraus, wie man das, was man erfährt oder tut, in das einordnet, was man bisher erfahren und getan hat. [...]

4. Bildung beschränkt sich nicht auf einen rational-logischen Prozess, sondern schließt die ganze menschliche Palette der sinnlich-emotionalen Erfahrungs- und Verarbeitungsmöglichkeiten ein sowie deren subjektive Gewichtung.

5. Gebildet wird man ferner durch etwas. Die Gegenstände der Bildung tragen den Stempel der Geschichte und damit ein soziales und kulturelles Muster. Außerhalb dieser soziokulturellen Gewordenheit ist keine Bildung möglich.

*(Vgl. Schäfer 2011 (B), S. 27 f.)*

Schäfer trägt mit seinem Verständnis von Bildung bedeutenden Einsichten der Pädagogik, Psychologie, Soziologie und Philosophie Rechnung.

Schon Wilhelm von Humboldt hat betont, dass Bildung immer ein Akt menschlicher Selbsttätigkeit ist. Auch er forderte zu berücksichtigen, dass in Auseinandersetzung mit Gegenständen und Mitmenschen Bildung immer nur der individuelle Mensch selbst realisieren kann. Die Einsicht, dass Bildung immer nur in soziokulturellen Kontexten möglich ist, ist Grundlage der Überlegungen Meads, der allerdings nicht explizit den Begriff der Bildung verwendet. Das gilt ähnlich für Hurrelmann, der mit der Formulierung von acht bzw. zehn Maximen zur „produktiven Realitätsverarbeitung" Jugendlicher in besonderer Weise herausgearbeitet hat, dass Jugendliche in diesem Prozess immer innere und äußere Wirklichkeit produktiv aufeinander beziehen würden und müssten. Hurrelmanns Aussagen mit Blick auf Jugendliche gelten, wie Schäfer darlegt, in ähnlicher Weise auch für Kinder.

## 6.2 Prozesse der Selbstbildung und Prozesse eines bildenden Lernens

Auf dem Fundament seines Bildungsverständnisses zieht Schäfer Ergebnisse der Kindheitsforschung kritisch heran. Im Rahmen dieser Erarbeitungen unterscheidet er zwischen **zwei Dimensionen des frühkindlichen Bildungsprozesses:** Einmal will er das Hervorbringen eines Subjekts, das zugleich individuell und allgemein ist, in den Blick nehmen. Zum Zweiten will er die Lernprozesse, die ein Mensch im Laufe seines Lebens durchläuft, betrachten. Denn der Mensch begegne immer neuen Wirklichkeiten und versuche entsprechend sein „Wissen, Können, seine Handlungs- und Beziehungsfähigkeiten zu erweitern und zu differenzieren". Schäfer will somit sowohl die **„Selbstbildung"** **des Individuums** bzw. menschlichen Subjekts anerkennen, aber zugleich auch seine **Entwicklung** in wechselnden sozialen Kontexten würdigen.

### Prozesse der Selbstbildung

Schäfer berücksichtigt die Einsichten der neueren Säuglingsforschung, dass ein Säugling von Beginn seines Lebens an aktiv mit der Bewältigung seiner Umwelt und mit der Konstitution seines Selbst beschäftigt ist. Er geht davon aus, dass ein Baby zwar schon eigene Erfahrungen macht, diese aber noch nicht integrativ verbinden kann. Bald aber sei der Säugling zu einer Selbstabgrenzung innerhalb kommunikativer Beziehungen fähig. Schäfer nennt als Beispiel die Entwicklung zur Selbstständigkeit: Der Säugling wird immer sicherer darin, seine Umgebung zu beeinflussen.

### Prozesse bildenden Lernens

Nach Schäfer ist schon der Säugling in gewissem Sinne „kompetent", er fragt aber, ob damit schon von Beginn an ein „Bildungsprozess" stattfinden könne. Er unterscheidet hierbei zwischen dem, was Kinder bereits als innere Welt in sich tragen, und dem, was sie aus der Außenwelt beeinflusst. **Bildung** findet laut Schäfer erst über die **innere Verarbeitung**, die das menschliche Subjekt jeweils **selbst leistet**, statt. Das gilt für Erwachsene wie für Kinder von Geburt an. Weder die Ausbildung von Kompetenzen allein noch eine einfache Aneignung der sozialen und kulturellen Welt bedeuten schon Bildung.

Schäfer will aber auch die Momente der **Grenzen** oder des **Scheiterns im (früh-)kindlichen Bildungsprozess** berücksichtigen. Jede neue Erfahrung führe ein Kind in neue Dimensionen, für deren Bewältigung zunächst noch keine Strukturen vorhanden seien. Dies kann mit autistisch anmutenden **Rückzügen** oder auch schizoiden **Ängsten** verbunden sein, die aber meist nicht krankhaft sind und deswegen auch nicht unbedingt behandelt werden müssen. Kinder würden solchen Erfahrungen oft in mythischen oder märchenhaften Bildern Ausdruck verleihen. Man kann in diesem Zusammenhang noch einmal auf Bettelheims Aussage zurückkommen, dass insbesondere die traditionellen Volksmärchen Kindern helfen können, tiefen Ängsten und Irritationen konstruktiv zu begegnen.

Wichtig bleibt der Hinweis Schäfers, dass der Säugling bzw. das Kind durch das Erleben von Grenzen nicht nur seine Erfahrungen und sich selbst **neu strukturieren** muss, sondern vielfach zugleich **bislang bestehende Weisen des Denkens und Fühlens aufgeben** muss. Das Kind, das magisches Denken (im Sinne Piagets) überwindet, verliert so seinen Glauben an möglicherweise gute Mächte, die es stützen und unterstützen könnten.

### Fünfzehn Thesen

Schäfer fasst seine Sicht der frühkindlichen Bildung in 15 Thesen zusammen, die sowohl Einsichten als auch Forderungen beinhalten:

1. **Der Elementarbereich ist ein eigener Bildungsbereich.**

2. **Orientierung am kindlichen Bildungsbedarf**
   Mit dieser These fordert Schäfer, frühkindliche Bildung nicht primär an den sich verändernden Anforderungen der Gesellschaft oder Schule zu orientieren, sondern zunächst am Kind und seiner Tätigkeit.

3. **Frühkindliche Bildung ist in erster Linie Selbstbildung im sozialen Kontext.**
   Schäfer erklärt mit einem Vergleich von Kind und Computer, dass Kinder mit einem bestehenden inneren „Programm" einfache Probleme lösen würden, aber im Lösungsprozess auch ihre Programme überarbeiteten und veränderten. Dieser Prozess der „Selbstbildung" finde immer in sozialen Bezügen statt.

4. **Auch kleine Kinder erleben Sinn und Bedeutung.**
   Der Bedeutungshorizont des Kindes ist zunächst subjektiv; findet es nichts von Bedeutung, langweilt es sich. Bald aber lernt ein Kind, seine subjektive Bedeutung mit der Bedeutung zu vergleichen, die seine Mitmenschen empfinden. Kinder erleben also aktiv ein Wechselspiel zwischen sich und den Erwachsenen.

5. **Frühkindliche Bildung ist komplex.**
   Schon Säuglinge müssen aus einer „Vielfalt aufgenommener Reize die Aufmerksamkeitszonen" herausfiltern, denen Bedeutung zukommt.

6. **Frühkindliche Bildung ist zunächst ästhetische Bildung.**
   Menschliche Wahrnehmungen werden durch Erfahrungen der Vergangenheit vorgeordnet. Mit „ästhetischer Bildung" meint Schäfer die Strukturierung der sinnlichen Erfahrung durch „biologische, kulturelle und lebensgeschichtlich erworbene, vielfach bildhafte Ordnungen".

7. **Kinder sind Erforscher ihrer sachlichen Umwelt und ihrer sozialen Mitwelt.**

8. **Frühkindliche Bildung beruht auf Beziehungen.**

9. **Frühkindliche Bildung erzeugt innere Bilder.**
   Eigene Wahrnehmungserfahrungen der Kinder werden nicht nach abstrakten oder vorgegebenen Denkmustern geordnet. Kinder konstruieren Imaginationen, Fantasien, innere Geschichten und Bilder, die als Grundmuster dienen, auf denen abstraktere Denkmuster dann aufbauen. Darum müssen Kinder weite Räume für Sammeln, Fantasieren, Spielen und Gestalten haben.

10. **Nicht Kompetenzen vermitteln, sondern Problemlösen fördern**
    Mit dieser Forderung widersetzt sich Schäfer einem Konzept von Kindergarten als einer noch früher einsetzenden Schule. Kinder sollen auf der Basis ihrer eigenen Erfahrungen selbst Fragen entdecken können, statt mit fertigen Antworten konfrontiert zu werden. Sie sollen lernen können, ihre Probleme in ihrem Alltag kreativ zu lösen.

11. **Frühkindliche Bildung stützt sich auf die Selbstbildungspotenziale der Kinder.**

12. **Frühkindliche Bildung ist in soziale Prozesse der Verständigung eingebettet.**
    Kinder müssen in ihrer Individualität gesehen werden. Je jünger sie sind, umso mehr muss dies berücksichtigt werden, damit ein kindliches Interesse an der Welt wachgehalten werden und Neugier entstehen kann. Kinder werden so auch darauf vorbereitet, mit individuellen oder auch kulturellen Differenzen umzugehen. Projektarbeit, offene Arbeit, Arbeiten in Werkstätten und Ateliers unterstützen individuelles Lernen.

13. **Durch die frühkindliche Bildung entwickelt das Kind Vorstellungen davon, wie und was man in seinem Umfeld wahrnehmen, denken und aussprechen kann.**

14. **Die Erwartungen von Gesellschaft und Kultur**

Bildungsprozesse sollten sich nicht nur an den sozialen und gesellschaftlichen Erwartungen orientieren, sondern zugleich Einstellungen, Erwartungen, Vorstellungen und Fantasien der Kinder berücksichtigen. Man kann ihnen zwar Ziele vorgeben, sollte ihnen aber Spielraum für Eigentätigkeit lassen.

15. **Bildung ist das Wissen und Können, mit dem wir tatsächlich denken und handeln.**

*(Vgl. Schäfer 2011 (A), S. 62–74)*

Diese 15 Thesen heben noch einmal mit Nachdruck hervor, dass **Bildung** für Schäfer primär **Selbstbildung des Kindes** bedeuten muss. Die Kinder gewinnen oder „konstruieren" Sinn und Bedeutung innerhalb von Bildungsprozessen **selbst und individuell**, wobei dies immer auch in **Interaktionen** geschieht. Kinder erforschen schon bald ihre dingliche und soziale Umwelt; darum ist es für ihr Lernen wie für ihre Entwicklung bedeutend, *wie* sie die Umwelt und soziale Mitwelt erleben können. Nach Schäfer sind Erwachsene mitverantwortlich dafür, inwieweit Kinder Lern- und Erkundungsinteressen ausbilden und aufrechterhalten können. Vor allem in der frühen Kindheit müsste darum auf die **besondere Individualität eines jeden Kindes Rücksicht genommen** werden. Damit will Schäfer die soziale und gesellschaftliche Wirklichkeit weder ausblenden noch einfach kindlichen Bedürfnissen und Interessen unterordnen. Aber er fordert, die **primären Einstellungen oder Erwartungen von Kindern** im Prozess ihrer Auseinandersetzung mit ihrer Lebenswelt **praktisch und weitreichend ernst zu nehmen**.

Dieses – bildungstheoretisch fundierte – Postulat Schäfers kann als Grundlage seiner Forderung begriffen werden, der Sprache und dem Spiel der Kinder besonderen Stellenwert zuzumessen. Dass sie wiederum diese hohe Bedeutung in seinem Konzept gewinnen, resultiert daraus, dass sie für ihn unverzichtbare Bestandteile einer „ästhetischen Bildung" sind.

## Lernen als ästhetische Erfahrung

Im Kontext ihrer altgriechischen Bedeutungsgeschichte meint „Aisthesis" alles, was über die Sinne Gefühle und Empfindungen hervorruft und so prägenden Einfluss auf das Bewusstsein gewinnt. Indem der Mensch Eindrücke und Wahrnehmungen mit menschlicher Geschichte – individuell und überindividuell – verbinden kann, hat ästhetisches Erfahren, das immer unter seelischer Beteiligung stattfindet, auch Bedeutung im Hinblick auf das individuelle Erleben und Gestalten eigener Lebens- und Weltentwürfe.

Ästhetik meint nicht einfach „Schönheit", wie der alltägliche Sprachgebrauch nahelegt. Der Begriff erinnert daran, dass alle Erfahrungen, aber auch alle Lebensziele und Lebensentwürfe niemals ohne „seelische" Beteiligung entstehen.

Nach Schäfer umfasst Ästhetik „sinnliche Vielfalt, historische Kontextwahrnehmung und subjektive Entwurfsgestaltung". (Vgl. Schäfer 2011 (B), S. 245) Kaum bestreitbar ist Schäfers Feststellung, dass man über die Frage „Was nehme ich wahr?" nicht richten könne, hingegen Wahrnehmungsweisen oder Teile von Wahrnehmungen tabuisiert werden könnten. Insofern sieht Schäfer die ständige Gefahr einer – wenn auch zumeist unbewussten – Unterdrückung von Kindern. Diese finde auch dann schon statt, wenn kindlichen Erfahrungsweisen gleichgültig oder desinteressiert begegnet werde.

Schäfer differenziert zwischen sinnlicher und ästhetischer Wahrnehmung:

> „Wenn es mir um die Vielfältigkeit der Wahrnehmungskanäle geht, spreche ich von sinnlicher Wahrnehmung. Von der Mehrdimensionalität der Sinne gelange ich zu einer komplexen Wahrnehmungsverarbeitung, die ich ästhetisch [...] nenne". (Vgl. Schäfer 2011 (B), S. 247)

Sinnliche Wahrnehmung findet nach Schäfer über Fernsinne (Augen, Ohren, Nase) [1], über die Wirkung, die ein Gegenstand auf den eigenen Körper ausübt (coenästhetisch) [2], und emotional [3] statt. Schäfer weiß unter Berücksichtigung von Einsichten der Kognitionswissenschaften wie der Neurobiologie, dass Wahrnehmen immer auch einen Konstruktionsprozess darstellt. Genetische Ausstattung, Lernprozesse, Interpretationsmuster und Sprache wirken auf unsere Wahrnehmungen immer mit ein. Auch die Wirkungen, welche Wahrnehmungen in unserem Körper auslösen, betreffen das *wie* einer Wahrnehmung. Emotionen wiederum geben Wahrnehmungen Struktur: Liebe, Hass, Wut oder Angst belegen nicht nur Wahrnehmungen, sondern auch die Tatsache, dass Wahrnehmungen in Beziehungen – zwischen Menschen oder zwischen Mensch und Gegenständen – entstehen.

**Ästhetische Wahrnehmung** ist dann das Bemühen, die **vielschichtigen sinnlichen Wahrnehmungen in ein „Gesamtbild" zu integrieren**. Schäfer macht sich bewusst, dass sowohl in der Kunst als auch in der Psychoanalyse und der Wissenschaft zumeist eine „Wahrnehmung mit leerem Blick" stehe. Eine solche Wahrnehmung sei offen für einen Gesamtzusammenhang, von welchem aus dann Details Berücksichtigung finden könnten und schließlich ein neues Muster erfahren werden könnte.

Ästhetische Wahrnehmungen beziehen sich auf unterschiedlichste Formen der Wahrnehmung (1), sie betreffen nie nur Details, sondern immer auch Kontexte (2), sie entstehen in einmaligen, situations- und personenbezogenen Konstellationen (3), gewinnen Bedeutung in innerpsychischen Kontextbeziehungen (4), sind mehrdimensional und folgen eigenen Mustern und Metamustern (5), sie bedürfen einer gewissen inneren „Leere", um Raum und Resonanz zu finden (6), zuletzt können sie durch „einfühlenden Nachvollzug" ergänzt werden (7). Die zuletzt genannten Gesichtspunkte können belegen, dass Schäfer ein idealtypisches Bild der ästhetischen Wahrnehmung malt. Faktisch kann nur selten vorausgesetzt werden, dass Menschen für eine solche innere Leere offen sind, um ästhetischen Erfahrungen besonderen Raum zu geben. Auch kann kaum eine Bereitschaft vieler Menschen erwartet werden, ihre besonderen ästhetischen Erfahrungen durch einfühlenden Nachvollzug zu einer „nachahmenden Weltrepräsentation" werden zu lassen. Dass Menschen solche Prozesse kaum mehr möglich werden lassen, ist sicherlich auch Resultat ihrer vorausgegangenen Sozialisation bzw. Lebensgeschichte. Darum will Schäfer gerade Kindern – so lange wie nur möglich – Zugang zu solchen Erfahrungen eröffnen.

Darüber hinaus will Schäfer eine **parzellierte Sichtweise auf das Kind zurücknehmen**. Tatsächlich bestehen spezifische Theorien zur kindlichen kognitiven, sozialen, moralischen oder sprachlichen Entwicklung. Pädagogik darf laut Schäfer aber nicht einfach nur diesen Theorien folgen und **die Abfolge der Entwicklungsschritte pädagogisch anordnen**. Wenn sie Kinder „auf ihrem Weg in die Autonomie [...] begleiten" will, muss sie „[...] dem Kind die Möglichkeit erleichtern, die Dinge, die seine Aufmerksamkeit erregen und sein Denken erreichen, zu einem mehr oder weniger integrierten und dynamischen Ensemble zu verknüpfen". (Vgl. Schäfer 2011 (B), S. 253) Darüber hinaus gewinnt Schäfer so einen veränderten Blick auf Störungen in der kindlichen Entwicklung. Er will nicht nur nach „Störungen in der Entwicklung eines einzelnen Leistungsbereichs" fragen, sondern solche Störungen auch als „Prozess misslingender Integration in der Erfahrungsbildung" deuten. (Vgl. Schäfer

2011 (B), S. 254) Damit bietet er auch eine besondere Sicht auf mögliches deviantes oder auch pathologisches Verhalten bei Kindern (und Jugendlichen).

Schäfer findet so außerdem eine Erklärung für einen weitreichenden Medienkonsum unter Kindern: „Die Organisation unseres Alltags eignet sich immer weniger als Ausgangspunkt für unmittelbar sinnliche Erfahrungen und deren Umsetzung in Handlung und Gestaltungen. [...] Die Medien besetzen ein Feld, das im täglichen Organisieren und Verwalten zunehmend brachliegt." (Vgl. Schäfer 2011 (B), S. 257 f.) Schäfer will Wege suchen, **Kindern ihre eigene Kultur zu ermöglichen**, denn jede Kultur für Kinder folge schon vorab festgelegten Normierungen. Kinder müssten selbst individuell Gebrauch von Materialien machen können, welche sie auch selbst auswählen können sollten. Durch Tätigsein würden Kinder ihre eigene Kultur gestalten, darum sei dieser Prozess pädagogisch höher zu gewichten als die Resultate dieses Prozesses. Tätig werden Kinder insbesondere im Spiel.

## 6.3 Die Bedeutung des Spiels

Das Spiel hat für Schäfer besondere Bedeutung, weil darin sowohl die Eigengesetzlichkeit der **Wirklichkeit** als auch die Gesetzlichkeit der **inneren Welt** gelten kann. Das Spiel bedient sich zwar äußerer Realitäten, lässt sie aber nicht Wirklichkeit werden. Ein Kind kann z. B. „Einkaufen" spielen, ohne dabei tatsächlich in einen Laden zu gehen. Das gilt grundsätzlich auch für Erwachsene: Wenn sie Monopoly spielen, so treiben sie Handel, sie kaufen und verkaufen, sie spekulieren, sie gehen Risiken ein – aber eben nicht in der Realität.

Nach Schäfer helfen die allerfrühesten Spiele dem Kind, einen **Bereich zwischen subjektiver und objektiver Wirklichkeit auszubilden**, welcher dann „Ausgangspunkt" für alle späteren Formen des kulturellen Erlebens und Handelns werde. Schäfer nennt diesen Bereich den **„intermediären Bereich"**. Der intermediäre Bereich ermögliche es dem Kind, dass Gegenstände nicht nur „objektiv" oder „abstrakt" erfasst würden, sondern für sie **subjektive Bedeutung** gewinnen könnten. Jungen und auch Mädchen lernen nicht nur, was ein Auto ist, sondern sie entwickeln auch subjektives Interesse für Autos. Dies geschieht, indem sie mit Autos spielen oder sich im Spiel sogar selbst in ein Auto verwandeln.

Schäfer hat in diesem Kontext auf die besondere Bedeutung von Kuscheltieren für Kleinkinder hingewiesen. Ein Säugling erlebe sich zuerst in einem „Zustand der omnipotenten Illusion": Er kann noch nicht zwischen Bewegungen der äußeren Welt und eigenen Wünschen unterscheiden. Für den Weg in die

Realität muss der Säugling zunächst einen intermediären Bereich ausbilden, was ihm über Tüchlein, Schmusetiere oder ähnliche Gegenstände gelingen kann. Erst in ihrer Bedeutung für das individuelle Kind gewinnen diese Gegenstände Sinn. Das Kind kann so erste Schritte der Loslösung z. B. vom Halt der Mutter und somit zur Autonomie gehen.

Schäfer fordert darum **Spielräume für kindliche Fantasien**, denn letztlich ermögliche Fantasie einen Austausch und einen Lernprozess zwischen Subjekt und Mitwelt. Er nennt folgendes Beispiel:

1 [...] Unabhängig voneinander entwickelten zwei Jungen (zwischen 9 und 11 Jahren), die beide wegen einer Kiefer-Gaumen-Lippen-Spalte mehrfach operiert worden wa-
5 ren, eine große Faszination für Roboter. Sie besaßen ganze Roboter-Sammlungen, spielten unermüdlich mit ihnen, malten immer wieder Roboter-Bilder. Einer von ihnen baute in seinen Therapiestunden einen le-
10 bensgroßen Roboter, der andere dehnte seine Roboter-Spiele immer weiter auf den

Alltag aus, erledigte Hausarbeiten in mechanischer Weise und wollte, dass man ihn mittels einer imaginären Tastatur auf sei-
15 nem Rücken programmiere. [...] In allen drei Aspekten stellt die Fantasie, selbst ein Roboter zu sein, eine umfassendere Beherrschung dieser Körper und ihrer Gefühle in Aussicht. Beiden Jungen ist es nach einiger
20 Zeit gelungen, sich aus eigener Kraft von den Roboter-Fantasien zu verabschieden [...].

*(Vgl. Schäfer 2011 (B), S. 160 f.)*

Das Beispiel zeigt, wie sehr Spielen helfen kann, „emotionale Beziehungen zu vergegenwärtigen, zu strukturieren und zum Teil zu bewältigen". (Vgl. Schäfer 2011 (A), S. 106) Auch die soziale und moralische Entwicklung des Kindes sieht Schäfer durch das Spiel gefördert. Man sollte das Spielen allerdings nicht primär als Mittel der Sozial- oder Moralerziehung begreifen.

Schäfer beschreibt eine „Grammatik des Spielens". Spiel finde **zweckfrei** statt und verfolge keine Ziele; Spannung und Motivation erzeuge es aus sich selbst. Auch sei der Spielbereich immer räumlich und zeitlich begrenzt, er werde betreten und verlassen. Im Spiel müssten Gegensätze und Widersprüche am Ende nicht aufgelöst werden, Spiele folgten **eigenen Regeln und Gesetzen**.

Funktionslust, Wiederholung und Variation lassen sich laut Schäfer schon bei Säuglingen beobachten. Das Baby reagiert auf das Lächeln der Mutter mit eigenem Lächeln; „Mitziehen" findet so statt, es reagiert auf Lautäußerungen und Berührungen.

Zunehmend beobachtet das Kleinkind seine Umwelt mehr, es beginnt Erfahrenes zu imitieren, immer mehr geht die **Initiative von ihm selbst aus**. Dann wiederum kann es mit zeitlicher Verschiebung Erfahrenes nachahmen. Später lernt das Kind, „mit den Erfahrungsmustern der Vergangenheit zu spielen, mit ihnen neue Möglichkeiten zu entwerfen und zu erproben; zu simulieren, wie sie zu neuen Erfahrungen zusammengesetzt werden". So entsteht die Grundlage für „Als-ob-Spiele", in welchen Grundthemen des Lebens ihren Ausdruck finden. Indem Kinder dann wiederum nicht allein, sondern mit anderen Kindern spielen, erweitert sich nicht nur die Variationsbreite ihrer Spielmuster, sondern sie werden auch von Erwachsenen unabhängiger.

Schäfer fasst seine Auffassung des Spiels in 9 Thesen zusammen:

1. „Im Spiel **wendet sich das Kind seiner Um- und Mitwelt freiwillig zu.**" Wie weitreichend und auf welche Weise es mit seiner Umwelt umgeht, bleibt in der Verfügung des Kindes.

2. „Kinder verbinden immer einen Sinn mit dem, was sie spielen. Sie **können nicht sinnlos spielen**", wohingegen ein nur vordergründiges oder wenig sinnhaftes Lernen möglich wäre.

3. Im Spiel finden „**alle Formen** körperlich-sinnlicher Erfahrung, szenischer oder bildhafter Vorstellungen, subjektiver Fantasien, sprachlichen oder nichtsprachlichen Denkens sowie des sozialen Austauschs und der Verständigung" **Berücksichtigung**. Kinder verbinden und gestalten diese prozesshaft aus.

4. „Spiel folgt dem **Rhythmus des subjektiven Erfahrungsprozesses.**" Äußere Zeitpläne können diesen kindlichen Rhythmus unterstützen oder behindern. Kann ein entsprechender eigener kindlicher Rhythmus gefunden werden, so können Kinder eigene zeitliche Ordnungen im Spielen finden (z. B. Phasen für Höhepunkte oder Aufregung, für Entspannung oder Versunkensein oder Alleinsein).

5. „Für das Spiel **schafft sich das Kind Räume** in der gegebenen Umgebung." Allerdings **muss es Räume vorfinden können**, die als Spielräume geeignet sind, die auf Kinder in dem Sinne „einladend" wirken, dass sie sich in ihnen und mit ihnen spielerisch auseinandersetzen wollen.

6. „Spiel bildet den **Prototyp einer vielsinnlichen, komplexen Erfahrung** und steht im Gegensatz zu einem Lernverständnis, das auf der Förderung einzelner Kompetenzen beruht."

7. „Am Spiel können sich Gleichaltrige – zuweilen auch Erwachsene – beteiligen." Alle Beteiligten können so ihre jeweils spezifischen Wahrnehmungs-, Auffassungs-, Handlungs- und Denkmöglichkeiten den jeweils anderen in Prozessen gegenseitigen Verstehens anbieten.

8. Im Spiel werden nicht einfach Erfahrungen gewonnen, sondern „auch ausprobiert, neu zusammengesetzt", neu ausgedacht und getestet. Spiel ist **„nicht nur rezeptiv verarbeitend, sondern auch produktiv schöpferisch"**, da im Spiel unterschiedliche und sogar widersprüchliche Lebenserfahrungen miteinander verbunden werden können.

9. „So gesehen ist **Spiel die Arbeit des Kindes**." Aber auch die „Arbeit der Erwachsenen" kann durch spielerische Elemente „schöpferischen Charakter" gewinnen.

*(Vgl. Schäfer 2011 (A); S. 115 f.)*

Pädagogisch ergibt sich aus diesen Thesen das Postulat, den Kindern einen eigenen Rhythmus, eigene Räume und Zeiten für Spielen zuzugestehen. Kindern so komplexe Erfahrungen zu ermöglichen soll deutlich höher gewichtet werden, als mit ihnen konkrete Kompetenzen einzuüben. Das ist für die Praxis einer Kindergartenpädagogik folgenreich. Für Schäfer gewinnt das Spiel aber nicht nur für Kinder, sondern auch aus einer allgemeinen anthropologischen Perspektive Bedeutung:

> *„1) Spiel ist ein wesentlicher Bildungsprozess des Menschen. Möglicherweise ist das Spiel für die Bildung des Menschen ebenso grundlegend, wie die Spiel- und Gestaltungsprozesse der Natur für die Evolution grundlegend zu sein scheinen. 2) Auch im menschlichen Bildungsprozess geht es in erster Linie nicht um Funktionen, die mit oder ohne Spiel entwickelt werden könnten, sondern um ‚gestaltete Zeit'."* (Vgl. Schäfer 2006, S. 39)

Schäfer will pädagogisch eben nicht Menschen formen, die in Systemen effektiv funktionieren. Er will Menschen darin **unterstützen, ihr Leben und ihre Zeit selbst „gestalten" zu können**.

## 6.4 Sprachentwicklung

Schäfer fragt nach dem **Zusammenhang von Sprache und Denken**. Es geht ihm dabei allerdings nicht primär um die Entwicklung der sprachlichen Kompetenz der Kinder, sondern er erklärt, es sei wichtig zu wissen, **wie Sprechen die kindliche Denkweise und Welterfahrung beeinflusst**. In diesem Kontext berücksichtigt er auch vorsprachliches Denken der Kinder.

Kinder lernen laut Schäfer **zunächst nicht Sprache, sondern Laute** – und zwar die Laute ihrer Heimatsprache. Sie könnten schon früh Unterschiede in

Betonungsmustern und Lautkombinationen erkennen. Sprechen lernen stelle dann immer auch eine Reduzierung der sprachlichen Erfahrungen der Kinder dar, denn ein Kleinkind konzentriere sich auf diejenigen sprachlichen Unterscheidungen, die für sein sprachliches Umfeld wesentlich sind. Umgekehrt könne so eine sprachliche Feindifferenzierung beginnen.

Kinder, deren grundlegende Bedürfnisse gestillt und die (noch) nicht müde sind, entwickeln die **Bereitschaft zur Aufmerksamkeit**. Eltern würden solche Prozesse des Aufmerksam-Werdens unterstützen, indem z. B. die Mutter die Aufmerksamkeit des Kindes auf Gegenstände lenke. Indem ein entsprechender Gegenstand mit Worten benannt werde, lerne es dreierlei: Es erkennt Laut-, Satz- und Wortmelodien, es erfährt einen „Dialog", der zwischen ihm und der Mutter stattfindet, und es erlebt, dass dieser Dialog über etwas „Drittes" stattfindet. **Der Spracherwerb des Kindes beginnt also, bevor es in Worten zu sprechen beginnt:** Kinder lernen somit Worte bzw. Sprache in Zusammenhängen ihres Lebens. Dadurch kann auch ihr Eintritt in ein symbolisches Denken beginnen. So beginnt ein Prozess, in dem das Kind lernt, auch Erfahrungen anderer über Sprache begreifen zu können. Schäfer weist aber ausdrücklich darauf hin, dass Sprache keinesfalls das einzige Symbolsystem des Menschen sei, z. B. würden Medien vielfach Bilder mit symbolhafter Bedeutung vermitteln.

Auch der **Tastsinn** eines Kindes könne sich **zur „Sprache" entwickeln**. Dabei betrachtet Schäfer die gesamte Körperoberfläche des Kindes als Wahrnehmungsorgan. Bewegung im Raum, motorisches Handeln und Tasten spielen dabei sehr eng zusammen. Aus diesem Tasten und Handeln entsteht dann Sprache, wenn die Mitmenschen den daraus entstehenden Formen eine Bedeutung geben können.

Für Schäfer gewinnen somit viele Sprachen im Kontext ästhetischer Erfahrungen von Kindern Bedeutung. Das heißt nicht, dass die verbale Sprache für die Entwicklung von Kindern unwichtig ist. Aber auch hier geht es Schäfer zunächst nicht um ein Lernen einer „richtigen" Sprache.

Kinder **lernen Sprache in Handlungszusammenhängen**. Das kindliche Handeln in vorgefundenen Umgebungen, seine inneren Muster und deren Versprachlichung stünden in einem Zusammenhang. Je differenzierter Kinder ihre Handlungswelt erfahren könnten, umso nuancenreicher könne sich dann auch ihre Sprache entwickeln.

Schäfer hat auch beobachtet, dass Kinder **schon früh mit Sprache spielen**. So würden sie z. B. über Reime und Wortspiele eigene Haltungen und Gefühle ausdrücken. Sie würden so auch lernen, durch verbale Streitformen körperliche Auseinandersetzungen zu vermeiden („beleidigte Leberwurst", „Angeber", …).

Sprache wird so zum Mittel der Welterfahrung und Weltbewältigung. Kinder sollen Sprache als Mittel erleben können, „ihr eigenes Denken sinnvoll und differenziert" auszudrücken. (Vgl. Schäfer 2011 (A), S. 239, 247)

Darum sei es **wichtig**, dass Erwachsene bzw. Erzieher **in Handlungskontexten mit Kindern sprechen**. Erzieher müssten sich bemühen, die individuellen Mitteilungen eines Kindes zu verstehen, und umgekehrt ihrerseits das **kindliche Handeln immer auch sprachlich begleiten**.

In diesem Kontext problematisiert Schäfer dann auch, ob und inwieweit Kindern im Kindergartenalter eine zweite Sprache vermittelt werden sollte. Er erklärt, zunächst müssten Kinder sich in ihrer Muttersprache differenziert verständigen können. Auf keinen Fall will er einen fremdsprachlichen Fachunterricht. Das Sprechen einer zweiten Sprache müsste „eng an den alltäglichen Umgang gebunden" sein, zusammen mit einem Erwachsenen, der sich „im Alltag mit diesen Kindern in dieser Sprache verständigt". (Vgl. Schäfer 2011 (A), S. 248) Praktisch würde das bedeuten, dass Kinder z. B. im Kindergarten viel Zeit mit einer fremdsprachigen Erzieherin verbringen müssten, die eine andere Muttersprache als die Kinder sprechen müsste. Das gelte dann auch umgekehrt für Migrantenkinder: Diese müssten viel sprachlichen Umgang mit einer deutschsprachigen Erzieherin haben. Sie sollten darüber hinaus in dem Sinne besondere Anerkennung erfahren, dass Themen ihrer Lebenswelt in Aktivitäten oder Raumgestaltung Berücksichtigung finden.

Durch differenzierte Erfahrungen in Handlungswelten lernen Kinder laut Schäfer, dass sich **Beziehungen zwischen Menschen, Dingen und Handlungen sprachlich darstellen lassen**. Sie lernten so auch zu unterscheiden, wie man in der Familie und in der Kindertagesstätte, mit Erwachsenen oder mit anderen Kindern spricht; sie lernten Normen, die das Miteinander-Sprechen regeln, und würden zunehmend die **soziale Logik der Sprache** und auch die **sprachliche Logik** selbst erfassen. So würden sie begreifen, dass es „in der Sprache immer nur ein Nacheinander und keine Gleichzeitigkeit" gibt, womit (verbale) Sprache sich von Bildern unterscheidet. (Vgl. Schäfer 2011 (A), S. 254) Auch ist der Sinnbezug von Wörtern gegenüber dem von Bildern eingeschränkt, erlaubt hingegen wiederum Differenzierungen im Detail.

Sprachliches Lernen als Bestandteil ästhetischen Erfahrens kann das Leben von Kindern bzw. Menschen bereichern und ihnen helfen, ihr Leben mehr und mehr selbst zu gestalten.

## 6.5 Reggio-Pädagogik

Schäfer selbst verweist anerkennend auf das in Reggio Emilia entwickelte Konzept zur frühkindlichen Bildung. Allerdings mangele es diesem Konzept an „hinreichend ausformulierter theoretischer Konzeptualisierung". Dies kann wiederum von einem Konzept, das in der Praxis entwickelt und nahezu immer im Kontext der Alltagspraxis reflektiert wird, kaum erwartet werden. Dennoch ist das Konzept geeignet, Schäfers Überlegungen zu veranschaulichen.

Der Name „**Reggio-Pädagogik**" bezieht sich auf die Region im Norden Italiens, in der diese pädagogische Idee entstanden ist. Diese Region galt schon zu Beginn des 20. Jahrhunderts als fortschrittlich in dem Sinne, dass ein breites Engagement für soziale Reformen das gesellschaftliche Leben prägte.

Die Reggio-Pädagogik entwickelt sich in und aus der Praxis. In diesem Sinne sind alle Erzieherinnen und Erzieher gleichermaßen an der Weiterentwicklung der Pädagogik in der Theorie wie in der Praxis beteiligt. Der Begründer der Reggio-Pädagogik, Loris Malaguzzi (1920–1994), fasst sein Bild von den Sprachen des Kindes in folgendem Gedicht zusammen:

Die hundert Sprachen des Kindes

1  Die Hundert gibt es doch.

Das Kind besteht aus Hundert.
Hat hundert Sprachen,
hundert Hände,
5  hundert Gedanken,
hundert Weisen
zu denken,
zu spielen und zu sprechen.

Hundert –
10  immer hundert Arten
zu hören,
zu staunen und zu lieben.
Hundert heitere Arten zu singen, zu
begreifen,
15  hundert Welten zu entdecken,
hundert Welten frei zu erfinden,
hundert Welten zu träumen.
Das Kind hat hundert Sprachen,
und hundert und hundert und hundert.
20  Neunundneunzig davon aber
werden ihm gestohlen,
weil Schule und Kultur
ihm den Kopf vom Körper trennen.

25  Sie sagen ihm:
Ohne Hände zu denken,
ohne Kopf zu schaffen,
zuzuhören und nicht zu sprechen.
Ohne Heiterkeit zu verstehen,
30  zu lieben und zu staunen
nur an Ostern und Weihnachten.

Sie sagen ihm:
Die Welt zu entdecken,
die schon entdeckt ist.
35  Neunundneunzig von hundert
werden ihm gestohlen.

Sie sagen ihm:
Spiel und Arbeit,
Wirklichkeit und Phantasie,
40  Wissenschaft und Imagination,
Himmel und Erde,
Vernunft und Traum
seien Dinge, die nicht zusammenpassen.

Sie sagen ihm kurz und bündig,
45  dass es keine Hundert gäbe.
Das Kind aber sagt:
Und ob es die Hundert gibt.

*(Vgl. Malaguzzi 1980)*

Malaguzzis poetische Worte über die 100 Sprachen der Kinder können als **Illustration der Gedanken Schäfers zur kindlichen Sprachentwicklung** begriffen werden. Schäfer will wie Malaguzzi, dass Kinder **ihre eigene Sprache sprechen können und dürfen**. Er will, dass Erzieherinnen und Erzieher sich bemühen, die Sprachen der Kinder jeweils zu „verstehen", und dass sie wissen, dass Erfahrungen, Fantasien, Wünsche, Ängste, Konflikte immer in die Sprache der Kinder mit eingehen. Schäfer wie Malaguzzi fordern, dass Kinder ihre Sprache für ihr Leben finden und ihr Leben über ihre Sprache finden können.

Reggio-Kindergärten heißen „scuole dell' infanzia" **(Schulen der Kindheit)**, wobei dieser Name auch programmatisch zu verstehen ist. In Italien heißen Kindergärten üblicherweise „scuola materna" (Mutterschule), in Reggio wird der **Eigenwert des kindlichen Lernens somit stärker betont**.

Kinder sollen sich im Kindergarten selbst in Auseinandersetzung mit der „Welt" bilden können. Darum gewinnt die ästhetische Bildung im Reggio-Konzept einen hohen Stellenwert. Ästhetik meint nicht die Lehre vom Schönen, sondern eine Theorie der sinnlichen Erkenntnis. So kann man auch vermeiden, die Lernfreude der Kinder durch einseitige Anforderung zu blockieren.

Ein Beispiel für eigenständiges Lernen: „Kinder eines reggianischen Kindergartens arbeiten schon seit geraumer Zeit an dem Bau eines Pferdes. Zwei vierjährige Kinder, ein Mädchen und ein Junge, beschäftigen sich mit dem Herzen dieses Tieres. Sie diskutieren miteinander: ‚Wo sitzt das Herz des Pferdes?' ‚Im Hals', befindet das Mädchen. ‚Nein, nein, im Bauch', meint der Junge. Sie können sich nicht einigen und tragen ihr Problem den anderen Kindern der Großgruppe vor. Nach intensiver Diskussion beschließen sie gemeinsam: Das Pferd braucht zwei Herzen, eines sitzt im Hals, nah an den Augen, damit diese leuchten können – und eines im Bauch." (Vgl. Krieg 2002, S. 13) Das von Elsbeth Krieg erzählte Beispiel belegt das forschende Interesse und Nachdenken der Kinder, aber auch die Tatsache, dass Erwachsene nicht voreilig die Kinder mit „richtigen" Antworten auf ihre Fragen konfrontieren sollten. Die **Kinder sollen ihr Wissen und Verstehen selbst entwickeln und aufbauen** – im Vertrauen der Pädagogen darauf, dass sie nach und nach ihre Erklärungen zunehmend realistisch entwickeln und überprüfen werden.

Ullrich und Brockschnieder haben den Verlauf des Lernprozesses innerhalb der Reggio-Pädagogik als ein Lernen in sechs Schritten vorgestellt:

1. Ausgangspunkt des Lernens sind Fragen und Interessen der Kinder und Erwachsenen.

2. In einem ersten Schritt begegnet das Kind zunächst völlig offen einem Lerngegenstand.
3. Die Kinder stellen ihre Erfahrungen mit dem Lerngegenstand dar – plastisch, zeichnerisch oder auch spielerisch.
4. Die Kinder denken über Zusammenhänge im Bezug auf den Lerngegenstand nach und bilden Hypothesen, die ihnen helfen, ihre bisherigen Erfahrungen zu ordnen (ohne dass die Hypothesen sachlich richtig sein müssten).
5. Aus ihren Hypothesen heraus entwickeln die Kinder Tests und Modelle.
6. Die Kinder setzen ihre Einsichten in der Realität um und denken über ihr Handeln und Denken bzw. über ihr Lernen nach.

*(Vgl. Ullrich/Brockschnieder 2009, S. 42 – 44)*

Besonderen Stellenwert gewinnen die Materialien, die einen „sinnlich-ästhetischen Reiz" auf die Kinder ausüben sollen. Verschiedene Materialgruppen lassen sich unterscheiden:

- Gegenstände aus dem Alltag oder zufällig vorgefundene,
- Gegenstände, die in den Einrichtungen vorhanden sind und die zum Experimentieren und Gestalten motivieren sollen,
- Gegenstände, die die Kinder selbst mitbringen (aus ihren Familien oder von Besuchen in Betrieben oder Museen).

Die Gegenstände müssen nicht ausschließlich kindgemäße Gegenstände sein, aber sie sollen die Kinder zur Auseinandersetzung und zur Beschäftigung mit ihnen einladen.

In der Reggio-Pädagogik finden **vier Gattungen des Spiels** besondere Berücksichtigung:

1. **Puppenspiel:** Mario Dolci war der erste fest angestellte Puppenspieler für Kindergärten in einer Gemeinde. Die Kinder werden ermutigt, im Puppenspiel eigene Erfahrungen zu „verarbeiten".

2. **Darstellendes Spiel und Schattenspiel:** Auch das Schattenspiel wurde von Mario Dolci gefördert. Auf diese Weise können z. B. Bewegungen beobachtet und Theorien zu den Ursachen von Bewegungen entwickelt werden. Warum wandert ein Schatten, wenn der Gegenstand, der den Schatten wirft, sich nicht bewegt?

## 102 / Entwicklung, Sozialisation und Erziehung

3. **Konstruktionsspiel:** Mithilfe von Alltagsmaterialien können die Kinder eigene Konstruktionen bauen. Diese können so groß werden, dass sie außerhalb von Räumen erstellt werden müssen.

4. **Erkundungsspiel:** Kinder können viele Gegenstände „erkunden". Sie finden Materialien zum Experimentieren, zum Vergrößern oder Durchleuchten, um sich ein „Verständnis" von Sachen anzueignen.

Die **Vielfalt der Spielorientierungen** in Reggio Emilia trägt Schäfers Thesen zum kindlichen Spiel Rechnung. Die Kinder können **variationsreich körperlich-sinnliche Erfahrungen machen,** ihre Fantasien und Vorstellungen und ihre Sprachen werden so ernst genommen. Sie können experimentieren, Erfahrungen neu machen, kooperieren, Hypothesen entwickeln und prüfen und immer auch im Spiel arbeiten und lernen. Die Reggio-Pädagogik schreibt dem Spiel einen besonderen Stellenwert zu. Dass ein professioneller Puppenspieler zum pädagogischen Team zählt, ist somit keineswegs Zufall.

## 6.6 Pädagogische Würdigung des Ansatzes Gerd E. Schäfers

Die Reggio-Pädagogik kann belegen, dass **Schäfers Konzept weitreichend in der erzieherischen Alltagspraxis verwirklicht werden kann.** Sein Entwurf ist somit mehr als nur theoretisch. Schäfer überzeugt dadurch, dass er **sehr unterschiedliche wissenschaftliche Einsichten** – z. B. der Kognitionswissenschaften, der Tiefenpsychologie und der Neurobiologie – berücksichtigt und in sein Konzept integriert. Zugleich ist sein Ansatz **explizit pädagogisch**.

Erziehung und Bildung nach Schäfer zielen auf **Mündigkeit** ab. Schäfer will, dass ein Kind sich von Geburt an als individueller und einmaliger Mensch entwickeln und „bilden" kann. Bildung ist für Schäfer – und damit steht er in der Tradition Humboldts – immer primär Selbstbildung. Das Kind soll sich selbst in Auseinandersetzung mit seiner inneren wie äußeren Welt entfalten.

Darum ist es **weniger Schäfers Absicht, gezielt Kompetenzen zu vermitteln.** Das Kind soll vielmehr in der Bewältigung von Aufgaben oder Problemen, die es selbst als bedeutend wahrnimmt oder erfährt, entsprechende Fähigkeiten ausbilden und sich entsprechendes Wissen aneignen. Schäfer ist sich durchaus bewusst, dass mit zunehmendem Alter der Kinder ihre Handlungs- und Lernfreiheiten Einschränkungen erfahren. Er weiß, dass die Sprache eines Kindes sich unweigerlich der Sprache seiner Kultur anpassen muss. Er fordert aber, dass dieser **Anpassungsprozess von dem Kind selbst ausgehen** und so sein Prozess der individuellen Entwicklung und Bildung konstruktiv verlaufen kann.

Schäfer glaubt, dass Kinder, die sich in sozialen Kontexten als sie selbst entwickeln und bilden können, auch soziale und moralische Entwicklungsschritte von sich aus gehen werden. Hier allerdings ergeben sich Fragen. Dietrich Benner begreift Erziehung als Aufforderung zur Selbsttätigkeit oder zum selbsttätigen Lernen. Indirekt will Schäfer auch solche Aufforderung: etwa durch die Gestaltung von Räumen, durch Projektangebote oder das Anbieten bestimmter Materialien. Die Angebote bleiben hingegen etwas unspezifisch, eine Aufforderung für konkrete Lernaufgaben muss nach Schäfer im frühen Kindesalter noch nicht stattfinden.

Schäfers Konzept ist ein **Konzept der Elementarpädagogik**. Sicherlich würde auch Schäfer zustimmen, dass Kindern z. B. in der Schule nicht beliebig freigestellt werden kann, ob sie bestimmte Lernaufgaben bewältigen wollen oder nicht. Dass Kinder in der Grundschulzeit z. B. lesen und schreiben lernen müssen, würde wohl auch er nicht bestreiten. Das könnte aber gewisse Konflikte mit sich bringen oder könnte auch bedeuten, dass ein Kind erzieherisch zum Lernen gezwungen werden muss, wenn es unmotiviert ist.

Grundsätzlich gilt diese Problematik auch für die Elementarpädagogik: **Sollen Kinder nur lernen oder tun müssen, wofür sie auch motiviert sind?** So sehr es wichtig ist, dass sie Räume und Zeiten für freie Entfaltungsprozesse vorfinden, so muss doch gefragt werden, ob sie nicht auch sinnvollerweise erleben sollten, dass sie sich Regeln und Anforderungen unterwerfen müssten, die ihnen womöglich nicht direkt gefallen. Kant hat als wesentliche erzieherische Aufgabe die „Disziplinierung" genannt. Nach Kant können Kinder ohne Disziplinierung kaum die Stufen der Kultivierung und Zivilisierung erreichen. Schäfer propagiert keineswegs eine antiautoritäre Erziehung oder ein disziplinloses Miteinander der Kinder. Er würde Erwachsenen das Recht nicht nehmen, z. B. in Familien bestimmte Regeln durchzusetzen. Dennoch bleibt zu fragen, ob Disziplinierung nicht auch innerhalb eines pädagogischen Konzepts bedacht werden müsste.

Bemerkenswert bleibt Schäfers Auffassung, dass Kinder, je jünger sie seien, umso mehr individuelle Rücksicht und besondere Zuwendung erfahren sollten. In einem solchen Rahmen könnte man den Kindern dann ggf. auch leichter Verzicht auf etwas zumuten.

104 / Entwicklung, Sozialisation und Erziehung

**Aufgabe 23**  Erläutern Sie, warum in allen Reggio-Einrichtungen verschiedenste Spiegel, Puppen und Masken vorzufinden sind. Stellen Sie innerhalb Ihrer Überlegungen einen Bezug zu Schäfers Ausführungen über das kindliche Spiel her.

**Aufgabe 24**  Interpretieren Sie den vorliegenden Praxisbericht als typisches Beispiel der pädagogischen Arbeit in Reggio-Kindereinrichtungen.

1 In einer Kita mit 4-jährigen Kindern hängte [der Erzieher] Mariano eine Schablone einer Schwalbe an ein Fenster, das in Richtung Süden lag. Am Morgen befand sich der 5 Schatten der Schwalbe am Boden. Die Schwalbe am Fenster interessierte die Kinder nicht sonderlich, eher schon der Schatten auf dem Boden. Die Kinder sind es nicht gewöhnt, den Schatten so getrennt 10 vom Objekt zu sehen. Es ist auch ungewöhnlich, sozusagen befremdend, einen Schatten zu sehen, der nicht an den Füßen des Objektes klebt. Mariano provozierte die Kinder, indem er sagte, er wolle die Schwal-15 be nicht mehr sehen. Er nahm schwarzes Papier und klebte es auf den Schatten. So hatte er ihr Interesse und ihre Neugier geweckt. Nach einer weiteren halben Stunde lenkte er die Aufmerksamkeit erneut auf 20 das Klebeband. Er tat verwundert und fragte: „Was ist hier los, das Klebeband ist hier und die Schwalbe ist dort?" Erneut klebte er auf den neuen Schatten schwarzes Papier. Der Kreis der interessierten Kinder vergrö-25 ßerte sich zusehends. Sie suchten nach Lösungen, Vorschlägen. Einige meinten, Mariano sei nicht in der Lage, das Klebeband richtig zu befestigen. Sie nahmen es ihm aus der Hand und versuchten es selbst. 30 Doch auch aus dieser Befestigung rutschte der Schatten der Schwalbe wieder heraus. Die Kinder hatten eine andere Theorie, eine andere Erklärung.

Es gibt unter jedem Klebeband eine 35 Schwalbe. Es kommt immer wieder eine neue dazu. So mussten sich die Kinder alle vergewissern, dass diese Theorie eigentlich auch nicht stimmte. Sie schauten unter den schwarzen Klebebändern nach. Endlich kam 40 es zur großen Erleuchtung: Die Schwalbe bewegt sich. „Rein zufällig" war eine Lupe zur Hand, mit der man den sich gerade bewegenden Schatten genau beobachten konnte. „Und warum bewegt sie sich?" Das 45 ist eine ganz schwierige Frage für die Kinder. Ein Mädchen vermutete, das Klebeband hätte nicht ausgereicht, es konnte die Schwalbe nicht festhalten. Sie schlug vor: „Wir müssen viel mehr nehmen." Doch 50 nach einer kurzen Zeit hatte die Schwalbe auch einen Berg von Klebeband überschritten. Auch ein weiterer Versuch, die Schwalbe mit einem Gitter zu fangen, scheiterte. In keiner Situation gaben die Erwachsenen Er-55 klärungen. Sie animierten nur, hielten sich völlig zurück. Auch mit Reißzwecken, mit Hämmern konnte die Schwalbe nicht festgehalten werden.

Ist das nicht eine enorme Erkenntnis? 60 Die Zeit kann nicht gestoppt, kann nicht angehalten werden. Diese Erkenntnis kann durch eine mechanische Uhr nie sichtbar gemacht werden. Behandelt man diese z. B. mit einem Hammer, dann würde die Zeit 65 der Uhr stehen bleiben.

*(Vgl. Sallmann/Franz/ Hopf 1992, S. 50 f.)*

**Aufgabe 25**  Prüfen Sie, ob und inwieweit die Kinder in Reggio wirklich „frei" lernen und sich entwickeln können. Problematisieren Sie auf dieser Basis Schäfers Idee eines selbst-bildenden Lernens der Kinder.

Förderung kindlicher Bildungsprozesse: Sprachentwicklung und Bedeutung des Spiels / 105

**Aufgabe 26**  Erläutern Sie Schäfers Erklärungen zum menschlichen Sprechen und seine Kritik an gegenwärtigen Sprachtests und Sprachfördermaßnahmen.

Sprechen heißt, einen Erfahrungszusammenhang (Ereignissystem) über eine Ordnung der Laute (sensorisches System) als Form von Kommunikation (kommunikatives System) auf der Basis einer emotionalen Ordnung der Beziehungen (emotionales System) in symbolischer Form (Symbolfunktion) und mithilfe einer soziokulturellen Ordnung der Laute, Wörter und Sätze (kulturelles System) so zu gestalten, dass sie für Menschen mit vergleichbarem sprachlichen kulturellen Hintergrund verständlich und nachvollziehbar ist.

Jetzt schauen Sie einmal, was davon tatsächlich in Sprachtests und in Sprachfördermaßnahmen berücksichtigt wird. Die meisten umfassen nur einen, höchstens zwei dieser Aspekte. Man muss verstehen, dass Sprachtests nicht aus pädagogischem Interesse konzipiert werden, sondern in der Regel aus einem wissenschaftlichen Interesse von Sprachpsychologen, Linguisten usw., die einen schmalen Blick auf die Sprache haben, der legitim und wichtig ist für die Forschung. Wenn daraus Tests konstruiert werden, dann erfassen diese tatsächlich nur einen kleinen Ausschnitt aus dem Gesamthorizont sprachlicher Bildung. Und wenn daraus dann Fördermaßnahmen abgeleitet werden, dann betreffen sie eben auch nur einen solchen schmalen Ausschnitt. Als Pädagoge muss ich jedoch immer überlegen, wie die einzelnen Ausschnitte in den gesamten Kontext sprachlicher Bildung eingebunden sind. Aber dazu muss ich von diesen Kontexten etwas wissen. Das Reden über einzelne sprachliche Fördermaßnahmen geht genau an dieser zentralen Aufgabe vorbei.

*(Vgl. Schäfer 2011, S. 9)*

**Aufgabe 27**  Setzen Sie sich mit der Frage auseinander, auf welche Weise nach Schäfer eine kindliche Sprachförderung pädagogisch sinnvoll gestaltet werden könnte.

## 7 Erziehung in der Familie

Die Familie ist für ein Kind die **primäre Sozialisationsinstanz**, in diesem Punkt herrscht in der wissenschaftlichen und in der alltagspädagogischen Diskussion Einigkeit. Sie hat einen großen Einfluss auf die Entwicklung eines Kindes – natürlich nur in dem Maße, wie es die genetische Veranlagung zulässt. Sobald Kinder Teil der Familie sind, ist es die Aufgabe der Eltern bzw. Erziehungsberechtigten, zu erziehen. Die **Erziehungsbedürftigkeit** des Menschen ergibt sich aus der Tatsache, dass er als unfertiges, quasi frühgeborenes Wesen auf die Welt kommt, das lange auf Hilfe und Betreuung angewiesen ist.

Abb. 12: Idealtypische Familie

Erziehung in der Familie ist selbstverständlich das genuin pädagogische Thema, auf welches im Fach Erziehungswissenschaft immer wieder Bezug genommen wird. Pädagogische Fragestellungen sind z. B., wie das Gleichgewicht zwischen Loslassen und Festhalten, also der Unterstützung des Heranwachsenden, gefunden werden kann, wie Familie und andere Institutionen miteinander kommunizieren und sich gegenseitig ergänzen oder welchen Einfluss insbesondere die Institution Schule auf die familiale Erziehung hat.

Vielerlei Ratschläge können Eltern und pädagogisch Interessierte in diversen Elternratgebern finden. Selbst wenn sich diese mehr oder weniger an wissenschaftlichen und empirischen Erkenntnissen orientieren, ist der aus ihnen resultierende Erkenntnisgewinn zwar alltagstauglich; für die Diskussion im Fach Erziehungswissenschaft ist dieser jedoch nicht immer ausreichend. Abgesehen davon, so der Jenaer Pädagogik-Professor Michael Winkler, lasse sich Familie gar nicht „aus dem Handbuch" leben. Aufgabe des erziehungswissenschaftlichen Unterrichts sollte es vielmehr z. B. sein, diese Elternratgeber gestützt durch **pädagogisches Hintergrundwissen** und **theoretische Positionen** zu überprüfen. Winklers Buch „Erziehung in der Familie. Innenansichten des pädagogischen Alltags" ist eine der wenigen aktuellen wissenschaftlichen Monographien zur Erziehung in der Familie. Er erhebt mit seiner Darstellung nicht den Anspruch, hilfesuchenden Eltern Ratschläge für eine gute Erziehung zu geben. Vielmehr möchte er zur Diskussion anregen. Sein Augenmerk liegt auf der Betrachtung der Fakten und Prozesse im Rahmen der familialen Erziehung.

Zur Auseinandersetzung mit der Erziehung in der Familie sollte man zunächst versuchen, sich darüber zu verständigen, was heutzutage überhaupt als Familie verstanden werden kann.

## 7.1 Was ist eine Familie?

Winkler beschreibt die Familie als „unaufhebbares Realproblem". (Vgl. Winkler 2015, S. 5) Familie sei einfach da, so der Autor. Man entkomme ihr nicht, höchstens für ein paar Jahre und die seien nicht einmal lustig. Es ist nämlich so, dass die **Unaufhebbarkeit der Familie** in Deutschland gesetzlich festgelegt ist. Die Familie hat in jedem Fall die Aufgabe, die Eltern im Alter zu versorgen, selbst wenn sich die Familie in früheren Zeiten „aufgelöst" hatte.

Unter einer Familie wird im Allgemeinen das „[…] dauerhafte Zusammenleben von Eltern und Kindern in einem gemeinsamen Haushalt" verstanden. (Vgl. Gymnich 1999, S. 45) Wenngleich sich an dieser allgemeinen Beschreibung bis heute nicht viel verändert hat, die Familie an sich hat sich aber sehr wohl verändert; auch das Bild oder die Vorstellung von Familie ist im **Wandel**. Es gibt heute viele ganz verschiedene mögliche Familienkonstellationen oder -formen: z. B. Klein- oder Großfamilien, Ein-Eltern-Familien, Mehrgenerationenhaushalte, verheiratete, unverheiratete oder verpartnerte hetero- oder homosexuelle Paare mit Kindern oder ohne, Patchworkfamilien oder natürlich auch Adoptivfamilien. (Vgl. Gymnich 1999, S. 45) Innerhalb dieser Konstellationen kommt es oft zu Veränderungen – z. B. durch Scheidungen und neue Lebenspartner. Eine **eindeutige Beschreibung** des Konzepts „Familie" ist deshalb **schwer zu formulieren**.

Trotz aller Unterschiedlichkeit weisen aber alle Familienformen, in der Vergangenheit wie heute, zwei Merkmale auf, nämlich, dass „[…] sie Haushaltsgemeinschaften und Intimgemeinschaften, sind, in denen Menschen ihre Bedürfnisse nach Zuwendung, Geborgenheit, Sicherheit und Solidarität zu befriedigen suchen." (Vgl. Gymnich 1999, S. 45) Allerdings herrschen in der Familie bezogen auf den Familienzusammenhalt auch Machtverhältnisse, z. B. zwischen den Generationen, woraus sich Zwangsverhältnisse und Abhängigkeiten entwickeln können. Durch diese Prozesse kann das Selbstständigwerden erschwert werden. (Vgl. Winkler 2015, S. 5)

Die **klassische, traditionelle Kernfamilie**, in der das Kind bzw. die Kinder bei einem miteinander verheirateten, nicht gleichgeschlechtlichen Elternpaar aufwachsen, ist heutzutage mit 70 % (2013) sehr wohl noch die **vorherrschende Form** der Familie. In Deutschland lebten im Jahr 2013 8,1 Millionen Familien mit knapp 13 Millionen minderjährigen Kindern. Seit 1996 ist ein Rückgang der Anzahl der traditionellen Familien mit minderjährigen Kindern in Deutschland zu verzeichnen, u. a. aufgrund der unterschiedlichen Entwicklung von alternativen Familienformen, wie Ein-Eltern-Familien und Lebensgemeinschaften. Bei 20 % der Familien handelte es sich 2013 um alleinerziehende Mütter und Väter mit minderjährigen Kindern (Ein-Eltern-Familien), 10 % der Familien waren Lebensgemeinschaften mit Kindern unter 18 Jahren. Der Anteil dieser alternativen Formen ist in den letzten Jahren deutlich gestiegen. So betrugen die Zahlen im Jahr 1996 noch 81 % für Ehepaare, 14 % für Alleinerziehende und 5 % für Lebensgemeinschaften. (Vgl. https://www.destatis.de/DE/ZahlenFakten/GesellschaftStaat/Bevoelkerung/HaushalteFamilien/AktuellFamilien.html)

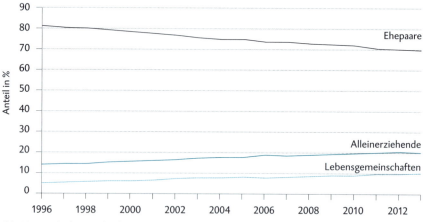

Abb. 13: Anteile der Familienformen zwischen 1996 und 2012

Hinzu kommen heute homosexuelle Paare, die eine Familie gründen, die „Regenbogenfamilien". Seit August 2001 besteht die gesetzliche Möglichkeit, vor dem Standesamt eine Homo-Ehe zu schließen. Seit Anfang 2005 haben Männer und Frauen in homosexuellen Lebensgemeinschaften die Möglichkeit der Stiefkindadoption, wenn nämlich die adoptierten Kinder die leiblichen Kinder des Partners oder der Partnerin sind. Die Möglichkeit der gemeinsamen Adoption von fremden Kindern besteht für homosexuelle Paare allerdings nicht.

Die zunehmende **Pluralisierung** und auch die **Individualisierung von Familienformen** wird gerne als ein Phänomen der heutigen Zeit gesehen. (Vgl. Fuhs 2001, S. 10 f.) Die Bundeszentrale für politische Bildung geht sogar noch einen Schritt weiter, indem behauptet wird, dass es die Familie nicht gebe. Vielmehr sei von einer Vielfalt unterschiedlicher (familialer) Lebensformen auszugehen, die „[…] jede für sich, eine gewisse soziale Legitimität beanspruchen […]" könne. (Vgl. Schneider 2012)

Allerdings gab es bereits in der bäuerlichen vorindustriellen Gesellschaft, bis ca. zur Mitte des 19. Jahrhunderts, unterschiedliche, von der klassischen Form abweichende, Familienformen. Es war nicht allen Bewohnern auf dem Lande möglich, zu heiraten und die Größe der Familie sowie die Art des Zusammenlebens waren abhängig von der ökonomischen Lage.

Insgesamt ist letztendlich die Anerkennung von Familienformen in der Rechtsprechung zentral für die gesellschaftliche Anerkennung dieser in der Bevölkerung.

Zu der Annahme, dass es Familie nicht mehr gebe, tragen natürlich auch die **sinkenden Geburtenzahlen** bei. Seit dem statistisch ausgewerteten geburtenstärksten Jahrgang 1964 hat sich die Zahl der Geburten kontinuierlich verringert bzw. bis zum Jahr 2012 sogar halbiert – von 1 357 304 auf 673 544. Die Anzahl der Sterbefälle übersteigt die Geburtenzahl deutlich. So stehen den 673 544 Lebendgeburten im Jahr 2012 869 582 Gestorbene gegenüber. (Vgl. https://www.destatis.de/DE/ZahlenFakten/Indikatoren/LangeReihen/Bevoelkerung/lrbev04.html) Trotz dieser Zahlen kann man aber nicht von einem „Untergang" der Familie sprechen – Familie ist auch sehr modern: Mehrgenerationenhaushalte und sogenannte „Intensivfamilien", Familien mit z. T. lang ersehnten Wunschkindern, sind keineswegs so selten, wie man vielleicht annehmen würde. (Vgl. Schnurr 2010)

Wie unterschiedlich auch immer Familienkonstellationen sind, wie klein auch immer die Familie ist, man kann sich in jedem Fall auf einige **Aspekte** einigen, die **für alle Konstellationen gelten:** Alle Mitglieder einer Familie sind **subjektiv gebunden**, z. B. durch über Generationen weitergegebene „bedeutsame Familiengeschichten", so Winkler. Familien grenzen sich nach außen ab und dadurch entsteht ein **privater Raum**, der sich durch eine gemeinsame, ritualisierte, kooperierende Praxis auszeichnet. Dieser Raum wird aber selbstverständlich **von äußeren Bedingungen beeinflusst**. In jeder Familie gibt es ein zum Großteil gesellschaftlich geprägtes **Idealbild**, das angestrebt wird. Die Familie ist auf Anerkennung von außen angewiesen und aufgrund dessen entstehen dann gleichsam ein hoher gesellschaftlicher Druck und ein nicht unerhebliches **Risiko des Scheiterns**.

Nach Winkler ist die geschlossene Verbindung, die sich insbesondere in den ersten Lebenswochen und -monaten zwischen Mutter (bzw. den Eltern) und Neugeborenem entwickelt, die notwendige Voraussetzung für die Öffnung nach außen. Erst sei das Kind auf die Mutter bezogen, so Winkler, dann beginne es, selbst auf die Welt zu verweisen. Es erobere sich also erst langsam die innere und dann die äußere Umgebung. Winkler bezeichnet dieses zunehmende Herausweisen aus dem Raum, in dem man sich geborgen fühlt, als „**Zeigesituation**". (Vgl. Winkler 2015, S. 7) Dadurch, dass der Schutzraum Familie so wichtig für die Entwicklung des Kindes ist, ergibt sich nach Winkler die Forderung, dass nicht so schnell von außen durch Professionelle eingegriffen werden sollte. Familien seien die **besten Orte für Erziehung**. Aber nur, wenn sie selbst regeln, was sie tun sollen. Werde Familie „aus dem Handbuch" gelebt, gehe ihre Bedeutung verloren.

## 7.2 Die systemische Sicht auf Familie

Winkler beschreibt in seinen Ausführungen die Funktion und die Struktur von Familie: Die **Funktion** der Familie besteht darin, dass sie für die jungen und bedürftigen alten **Familienmitglieder sorgt**. Die **Struktur** der Familie nennt Winkler eine **sozialisatorische Triade**. Bei dieser Annahme bezieht sich Winkler auf die Vorstellungen aus der **systemischen Theorie**. Diese geht von der Familie als System aus. Ein System besteht aus zusammengehörigen Teilen, die voneinander abhängig sind und sich gegenseitig beeinflussen. Ist ein Teil defekt oder weist es einen Fehler auf, so gerät das System aus dem Gleichgewicht und ist in seiner Funktion zumindest eingeschränkt. Das System „Familie" besteht in der Regel aus zwei Erwachsenen, die eine Paarbeziehung führen, und mindestens einem Kind. Die **Eltern-Kind-Beziehung** wird als **Filiationsbeziehung** bezeichnet. Nicht nur die Eltern beeinflussen die Kinder, sondern auch umgekehrt. Geschehnisse und Handlungen betreffen sowohl jeden Einzelnen im System Familie als auch die gesamte Familie. Das gesamte System ist ein festes Gefüge, aus dem keiner ausbrechen kann, das aber sehr wohl von außen gesteuert werden kann. Mit jedem neuen Baustein verändert sich das System. So kommt durch die Geburt des ersten Kindes zu der „erotischen" Paarbeziehung eine „Filiationsbeziehung" hinzu. Dies bringt natürlich große Veränderungen in der Paarbeziehung mit sich, ggf. sogar deutliche Probleme, denn die **Filiationsbeziehung beendet die vertraute Paarbezie-**

**hung**. Da die Filiations- und die Paarbeziehung „spannungsreich gekoppelt" sind, spricht Winkler von dem „Kreuz der Familie". Es entsteht ein Konflikt bei dem **ausgeschlossenen Dritten**. Ist dies das Kind, so ist es gezwungen, seine eigene Position bzw. Identität zu entwickeln. Gleichsam sind Familien aber auch **von Intimität geprägt**, was sich z. B. an geteilten Geheimnissen zeigt. (Vgl. Winkler 2012, S. 19 ff.)

Aus der Triaden-Beziehung mit ihren Sub-Systemen (Paarbeziehung und Filiationsbeziehung) ergeben sich zwei Forschungssstränge in Bezug auf die Beziehungsgeflechte: Man untersucht einerseits, wie sich **elterliche Konflikte** auf die Entwicklung des Kindes auswirken, andererseits, was eine **Elternallianz** für die Entwicklung der Kinder bedeutet. Hierbei wird deutlich, dass die Qualität der Lösung elterlicher Konflikte maßgeblich für die positiv verlaufende Entwicklung des betroffenen Kindes ist. **Bleiben Konflikte auf Dauer ungelöst**, was z. B. bei Scheidungsfamilien der Fall sein kann, so kann eine deutliche Beeinflussung des kindlichen Verhaltens zu erkennen sein – möglicherweise werden **Verhaltensauffälligkeiten** externalisiert, z. B. ausgedrückt durch aggressives Verhalten, oder internalisiert, z. B. durch depressives Verhalten.

Betrachtet man den zweiten Forschungsstrang, so ist zu erkennen, dass elterliche Allianzen nicht immer einen positiven Beitrag zur Entwicklung des Kindes leisten. Dies ist z. B. der Fall, wenn Eltern sich in einer ablehnenden Weise gegenüber dem Kind verbünden. Wenn hingegen die **Haltung gegenüber den Kindern harmonisch** ist – und das kann selbstverständlich auch bei getrennt lebenden Eltern der Fall sein – trägt dies **positiv zur kindlichen Entwicklung** bei. Funktioniert die Elternallianz nicht, sondern redet z. B. ein Elternteil in Abwesenheit des anderen schlecht über diesen, so kann dies ggf. zu **Loyalitätskonflikten** beim Kind führen. (Vgl. Schneewind 2008, S. 265 f.)

### „Bezogene Individuation" und Beziehungsmodi in Familien

Nach Helm Stierlin – einem der Pioniere der Familien- und Systemtherapie – stellen Familien Systeme dar, die sich fortwährend verändern müssen. Viele verschiedene Faktoren rufen solche Veränderungen hervor: berufliche oder schulische Wechsel, Krankheiten, manchmal sogar Tod, Umzüge, Veränderungen im sozialen Umfeld, körperliche und geistige Entwicklungen etc. Stierlin unterscheidet zwischen Veränderung und Entwicklung: **Nicht jede Veränderung sei auch Entwicklung**. Er erläutert, dass auch innerhalb von Familien eine **Individuation** der Familienmitglieder stattfinden müsse:

## 112 ◆ Entwicklung, Sozialisation und Erziehung

- Jedes Familienmitglied müsse innere wie äußere Grenzen ausbilden, eine jeweils eigene Wahrnehmung, eigene Wünsche, aber auch eigene Rechte und Pflichten erleben und entfalten.
- Jeder müsste eigene Ziele verfolgen und durchsetzen.
- Jeder müsste so auch die widersprüchlichen und schmerzhaften Teile des eigenen Selbst erfahren und ertragen lernen.
- Alle müssten Verantwortung für ihr eigenes Verhalten tragen können.

Innerhalb einer Familie bedeutet Individuation hingegen nicht Ab- oder Ausgrenzung aus der Familie, sondern sie findet als „bezogene Individuation" statt. Von Entwicklung will Stierlin erst dann sprechen, wenn diese „bezogene Individuation" auf einer „höheren" und komplexeren Ebene als zuvor stattfinden kann. Gerade die Entwicklung der Kinder stellt Familien vor große Herausforderungen. In einem „liebevollen Kampf" müssen alle Beteiligten die Beziehungsrealität immer wieder neu aushandeln. Das wiederum setzt die Kompromiss- und Wandlungsbereitschaft aller voraus.

Stierlin unterschiedet drei grundlegende „Beziehungsmodi": „Bindung", „Delegation" und „Ausstoßung". Er weiß, dass auch Individuation niemals beziehungslos stattfinden kann, darum spricht er von „bezogener Individuation". Bindungen können Menschen stützen, sich zum und als Individuum zu entwickeln. Eltern, die ihren Kindern nach Schulabschluss zutrauen, sich selbst z. B. am Studienort und im neuen Studium zurechtzufinden, die aber zugleich signalisieren, in Krisenfällen für ihre Kinder da zu sein, geben die Bindung zu ihren Kindern nicht auf, sondern geben dieser eine andere Qualität.

Zu enge Bindungen, die Eltern ihren Kindern aufzwingen, können von Kindern als Ausstoßung wahrgenommen werden: Kinder, die für kurze Zeit von zu Hause weglaufen, aber bald zurückkehren, könnten dies zum Ausdruck bringen.

Tatsächlich ausstoßende Eltern „entlassen" ihre Kinder zu früh aus dem Familienverband, sie vernachlässigen sie sozial wie psychisch. Ausstoßung in der Familie begünstigt Wege in die Delinquenz, Suchtanfälligkeit und Gewaltbereitschaft. Denkbar ist, dass Kinder – z. B. nach Scheidung und Wiederheirat der Eltern – sich selbst als Bürde in der neuen Familie erleben müssen. Mit gewalttätigem oder delinquentem Verhalten bestätigen sie dann ihre Ausgrenzung aus der sozialen Welt nicht nur der Familie.

Entwickeln sich familiäre Bindungen zu verstrickenden Bindungen, die Kinder und Jugendliche einengen oder um Erfahrensmöglichkeiten bringen, so sind oft psychosomatische Leiden die Folge. Wenn etwa ein alleinerziehender Elternteil sich mit dem Kind von der äußeren Welt abzugrenzen versucht,

Erziehung in der Familie ✦ 113

so wird das Kind dadurch überfordert, indem es **parentifiziert** wird, also elterliche Aufgaben übernehmen muss. Außerdem wird es um eine „unbeschwerte Kindheit" gebracht, die als Fundament für weitere psychische Entwicklungsschritte von hoher Bedeutung ist. Damit wird noch einmal deutlich, wie wichtig es ist, dass Kinder Bindungen insbesondere in der Familie altersangemessen erleben können.

Der dritte von Stierlin beschriebene Beziehungsmodus ist die Delegation. Delegieren heißt „aussenden". Die Kinder werden in diesem Sinne ausgesandt, um **Wünsche der Eltern**, die diese häufig nicht selbst realisieren konnten, dann **zu verwirklichen**. Möglicherweise waren diese Wünsche für die Eltern mit Gefühlen von Scham oder Schuld verbunden. Die Kinder werden so von außen unter Erwartungsdruck gesetzt, die Erwartungen bleiben auch bei großer räumlicher Entfernung zu den Eltern bestehen.

## 7.3 Erziehung in der Familie – Chancen und Gefahren

Nachdem nun die Familie als erste Sozialisationsinstanz aus einem allgemeinhistorischen sowie aus dem systemischen Blickwinkel beleuchtet wurde, sollen im Folgenden **Aufgaben, Methoden und Stile der Erziehung** thematisiert werden.

Erziehung in der Familie wird in der Öffentlichkeit **häufig eher negativ dargestellt**. Immer wieder und aus verschiedenen Quellen, vor allem von Lehrern oder Sozialpädagogen, aber auch aus den Medien, hört man von Problemen in der Familie. Winkler stellt sich daher die Frage, was Familien eigentlich leisten und wie sie dies tun. Hier sind die Funktion der Pflege der jungen, also der kleinen Kinder, und der alten, gebrechlichen Familienmitglieder sowie die Funktion der Erziehung der Kinder zu nennen. **Kinderpflege und Kindererziehung gehören zusammen**, mit den Zielen der Zähmung der Triebe und der „Natur", der Zivilisierung und der Moralisierung.

Eine wichtige Rolle in der familialen Erziehung, so Winkler, spiele das **Zeigen zur Aufrechterhaltung familialer Strukturen**. Diese Strukturen, man könnte auch von Schablonen oder Arrangements sprechen, werden, abgesehen von Ein-Eltern-Haushalten, klar geschlechtsspezifisch unterteilt in nach innen gerichtete Mütterlichkeit und nach außen gerichtete Väterlichkeit.

Für Winkler ist „Familienerziehung […] Alltagspädagogik, die sich zunächst auf die Sorge um das leibliche, seelische und geistige Wohlergehen, dann auf eine Einübung in die dafür erforderlichen Fähigkeiten und Fertigkeiten bezieht, welche im Mitvollzug der familiären Lebenspraxis sich vollzieht." (Vgl. Winkler 2012, S. 72) Er spricht der Familie ganz deutlich die – wenn auch eher nebenbei ablaufende – **Aufgabe der Bildung** zu. Diese, ebenso wie die Erziehung, in die sie eingebettet ist, läuft aber **nicht intentional**, also zielgerichtet ab, **sondern eher unbewusst, also funktional**. Die Familie bietet den Rahmen, den das Kind in sein Handeln aufnimmt. Das heißt, dass die Familie eine gewisse Richtung vorgibt, das Kind diese gemäß seinem eigenen Charakter, mit dem es auf die Welt kommt, aber in seinen eigenen Kontext einbettet. Man könnte dies auch radikaler ausdrücken und fordern, dass Familien sicherstellen sollen, dass funktionierende Menschen entstehen.

### Familiäre Transmission

Die Familie, die Eltern und Geschwister, kann man sich nicht aussuchen, sie sind einfach da, wenn ein Kind geboren wird. Weder auf seinen Namen noch auf sein soziales Umfeld hat ein Kind Einfluss. Diese **Umweltfaktoren** haben aber einen großen **Einfluss auf die Entwicklung des Kindes**, schließlich entwickelt sich der Mensch nicht allein aus seinen Anlagen, sondern wird von seiner Umwelt sozialisiert.

Helmut Fend beobachtete im Rahmen der LifE-Studie („Lebensläufe ins frühe Erwachsenenalter") mehr als 1600 Menschen in den Jahren 1979 bis 2002 zwischen ihrem 12. und 35. Lebensjahr. Es konnten überraschend enge **Zusammenhänge zwischen der Herkunftsfamilie und den Einstellungen** der Menschen festgestellt werden. (Vgl. http://www.uni-potsdam.de/life-studie/) Man spricht hier von **familiärer Transmission**. Unter Transmission wird das **Weiterreichen kultureller Praxen** und **sozialer Ressourcen**, also Einstellungen, Lebenschancen und Verhaltensweisen, von Eltern an ihre Kinder verstanden. Als Beispiele seien hier genannt, dass Kinder, deren Eltern viel lesen, dies oft auch selbst gern und häufig tun oder aber, dass Kinder meist die gleiche Partei wählen wie ihre Eltern, was allerdings z. T. abhängig von der Partei ist. Am deutlichsten ist diese Transmission bei „Grün"-Wählern zu finden. Transmission findet jedoch auch im Bezug auf negativ besetzte Praxen und Ressourcen statt: So werden z. B. Töchter von Teenager-Müttern häufig selbst bereits in recht jungem Alter Mütter. Auch Gewalthandlungen oder psychische Störungen treten in familiärer Häufung auf. (Vgl. Schnurr 2010)

Es wäre ein Trugschluss, z. B. die Ausübung von Gewalt oder das Auftreten von psychischen Störungen allein der genetischen Disposition zuzuschreiben. Ohne Frage trägt diese natürlich einen Teil dazu bei, allerdings spielen hier ebenso die **sozialisatorische Weitergabe** kultureller Normen und Werte, Gefühle und Einstellungen eine große Rolle. Die familiäre Transmission erfolgt also insbesondere auch über die Erziehung. Hieraus ergibt sich die Frage, wie erzogen wird und wie Erziehung im Idealfall ablaufen sollte, um negative Transmissionen zu vermeiden. Auf diese Fragestellung soll im Folgenden eingegangen werden.

**Wie wird erzogen?**

Klaus Hurrelmann und Sabine Andresen beziehen sich auf vier unterschiedliche Erziehungsstile, die im familiären Kontext vorkommen. Zwei dieser Stile gelten als **extrem:**

- **autoritärer Erziehungsstil:** hohe Kontrolle und geringe Orientierung an kindlichen Bedürfnissen
- **vernachlässigender Erziehungsstil:** geringe Kontrolle und geringe Orientierung an kindlichen Bedürfnissen

Dazwischen liegen zwei weniger extreme Stile:

- **permissiver Erziehungsstil:** stark an kindlichen Bedürfnissen orientiert, eher wenig elterliche Kontrolle
- **autoritativer** (oder auch partizipativer bzw. sozial integrativer) **Erziehungsstil:** ausgeglichen hohe Kontrolle und hohe Orientierung an kindlichen Bedürfnissen

*(Vgl. Andresen/Hurrelmann 2010, S. 84 ff.)*

Der **autoritative Stil** wird von Hurrelmann und Andresen als der **optimale Stil** herausgestellt. Er ist von ausgeglichen hoher Kontrolle und hoher Orientierung an kindlichen Bedürfnissen geprägt. Nach Hurrelmann / Unverzagt ist der optimale Erziehungsstil eine „[...] Kombination von Herzenswärme, klaren Regeln und Freiräumen, also der ‚magischen drei A' **Anerkennung, Anleitung und Anregung** [...]." (Hurrelmann / Unverzagt 2008, S. 81) Beim autoritativen Erziehungsstil spielen die Dimensionen „**Wärme**", „**Struktur**" und „**Autonomieunterstützung**" eine große Rolle, die zum Erziehungskonzept „Freiheit mit Grenzen" führen. Die Aufgaben der Eltern sind hierbei die elterliche Wertschätzung, das Fordern und Grenzen setzen sowie das Gewähren und die Förderung von Eigenständigkeit. (Vgl. Schneewind 2008, S. 262) Der Spielraum für Entfaltung und Eigenständigkeit wird mit zunehmendem Alter der Kinder immer wichtiger. Dieser wachsende Spielraum ist eine Grundvoraussetzung für eine vertrauensvolle Eltern-Kind-Beziehung, zumal im Jugendalter die Gleichaltrigengruppe im Vergleich zu den Eltern immer mehr an Relevanz gewinnt.

Der Psychologe Klaus A. Schneewind bemerkt, dass die unterschiedlichen Erziehungsstile jeweils eine „prototypische Haltung" widerspiegeln. Damit ist noch nicht deutlich gemacht, was diese für das Verhalten der Eltern in der Beziehung zu ihren Kindern aussagt. Eltern müssen nämlich diese prototypische Haltung in ein konkretes Verhalten umsetzen. Hierzu sind Elternkompetenzen bzw. **elterliche Erziehungs- oder Bildungskompetenzen** notwendig. Diese sogenannten Selbstorganisationsdispositionen sind flexible und veränderbare Verhaltensmuster, die die kindlichen Selbstorganisationsprozesse und die Sozialisationsbereitschaft einbeziehen. (Vgl. Schneewind 2008, S. 262)

Es können nach Schneewind **vier Kompetenzklassen** der Erziehenden unterschieden werden:

1. **selbstbezogene Kompetenzen** (u. a. Wissen über die Entwicklung und den Umgang mit Kindern aneignen; zentrale Wertvorstellungen klären; eigene Emotionen kontrollieren und überlegt handeln können)
2. **kindbezogene Kompetenzen** (u. a. auf physischem und psychischem Weg Zuneigung zeigen; kindliche Entwicklungspotenziale erkennen und zu ihrer Verwirklichung beitragen; kindliche Eigenständigkeit anerkennen und durch altersangemessene Gewährung von Freiräumen für eigenes Handeln fördern)
3. **kontextbezogene Kompetenzen** (u. a. zusammen mit Kindern Situationen aufsuchen oder gestalten, die für die Kinder entwicklungsförderlich sind; positive kindliche Entwicklungsgelegenheiten ohne eigenes Beisein arrangieren; Erziehungs- und Bildungspartnerschaften gründen, die mit den eigenen Vorstellungen kompatibel sind)
4. **handlungsorientierte Kompetenzen** (u. a. Vertrauen in die eigene Handlungsfähigkeit haben; in Übereinstimmung mit den eigenen Überzeugungen, entschlossen, sicher und konsistent handeln; angekündigtes Handeln auch tatsächlich umsetzen; das eigene Handeln erfahrungsgeleitet ändern und an neue Gegebenheiten anpassen).

*(Vgl. Schneewind 2008, S. 262)*

Diese Kompetenzen unterstützen die Eltern darin, die Kinder quasi dazu zu ermutigen, das zu wollen, was sie sollen. Aus extrinsischer Motivation seitens der Eltern soll intrinsisch gesteuertes Wollen werden. (Vgl. Schneewind 2008, S. 263)

Natürlich gibt es jeweils unterschiedliche Ausprägungen der verschiedenen Erziehungsstile. Sicherlich verfolgen die meisten Erziehenden dabei ähnliche **Erziehungsziele:** Die Kinder sollen zu **Selbstständigkeit, Leistungsfähigkeit und sozialer Verantwortung** erzogen werden. Diese Ziele sind aber durch einen autoritären und einen permissiven Erziehungsstil kaum zu erreichen, von einem vernachlässigenden Stil ganz zu schweigen. Beim permissiven

Stil fehlt es an elterlicher Autorität, was dazu führt, dass den Kindern Regeln des sozialen Miteinanders nicht präsent sind. Kinder fühlen sich nicht ernst genommen. Durch einen autoritären Stil kommt es hingegen zu Trotz und Widerstand oder aber auch zu Unterwürfigkeit und Unselbstständigkeit. Besondere Beachtung sollte hier auch der Androhung oder sogar Anwendung von Gewalt geschenkt werden.

### Familie und Bildung

Die familialen Bedingungen bestimmen zum großen Teil, welche Bildungschancen und Einstellungen ein Mensch hat. Wie sich familiale Bedingungen auf das weitere Leben auswirken, hängt vor allem von der **verbalen und nonverbalen Kommunikation** in der Familie ab. Die Regensburger Psychologen Klaus und Karin Grossmann fanden heraus, dass Menschen im frühen Erwachsenenalter sozial und emotional kompetenter sind, wenn sie sich während ihrer Kindheit von ihren Eltern unterstützt fühlten und diese ihnen positiv zugewandt waren. (Vgl. Grossmann/Grossmann 2006, S. 575/576)

Eine vertrauensvolle Eltern-Kind-Beziehung spielt ebenso für die **kognitive Entwicklung** eine große Rolle. Hier wird deutlich, dass Eltern **Bildungskompetenzen** entwickeln müssen. (Vgl. Schneewind 2008, S. 263) Schneewind spricht den Eltern eine Tutorenfunktion zu, sie bieten ein Gerüst sowie Strukturierungshilfen und geben Lösungsanregungen.

Winkler stellt ebenfalls heraus, dass **Bildung in der Familie beginne** und nicht erst später den klassischen Bildungsinstitutionen wie der Schule vorbehalten sei. Er kritisiert jedoch den Bildungsbegriff. Die in der Gesellschaft bekannte Definition von Bildung sei nämlich durch eine falsche bzw. unzureichende Rückübersetzung des Begriffs „education" (deutsch: Schulbildung) aus dem Englischen entstanden. **Familiale Bildung** beginne aber mit „**Herzensbildung**", was in der Familie geschehe und eher dem englischen Begriff „upbringing" entspreche. Unter Herzensbildung versteht man die **Persönlichkeitsentwicklung**. Die Bildung des kognitiven Wissens und Verstehens fängt erst dann an, wenn der Mensch sich sicher ist, dass er von anderen umsorgt wird. (Vgl. Greenspan/Benderly 2001, S. 23)

Daraus wird deutlich, wie wichtig der Aufbau einer stabilen emotionalen und sozialen Beziehung in der Familie für die weitere Entwicklung des Kindes in der Kita, im Kindergarten und in der Schule ist. Hier wird der Grundstein für die Entwicklung der persönlichen und sozialen Identität des Kindes gelegt und es werden Voraussetzungen für die kognitive Entwicklung und den schulischen Erfolg geschaffen. Oder anders gesagt: **Familie**, so Winkler, schaffe den notwendigen **Rahmen für das Aufwachsen** und biete ein **soziales Milieu**, das der Entwicklung eine Richtung öffne, der das Kind dann aber selbst folgen müsse. Viele Kinder **profitieren** dabei **von Ritualen und Traditionen**, die von Generation zu Generation in der Familie weitergegeben werden. In der Tat scheinen Rituale bzw. Gewohnheiten Familien glücklich zu machen. Sie fördern das Zusammengehörigkeitsgefühl, auch wenn Kinder diese nicht immer übernehmen, sondern sich z. T. von ihnen abgrenzen.

### Familiale Probleme

Bei allem Guten, was auf diese Weise von Generation zu Generation weitergegeben wird und was Kindern in ihrer Entwicklung nützen kann, gibt es natürlich andererseits auch **problematische soziale Milieus**, die Kindern keinen optimalen Weg ermöglichen, sondern sich im Gegenteil störend oder negativ auf die Entwicklung des Kindes auswirken können. Das Einschlagen einer solchen Richtung kann dazu führen, dass auch die **Kinder den gleichen problematischen Weg wählen** – wie es z. B. häufig im Falle von Gewalthandlungen in der Familie passiert –, oder aber, dass die Gefahr der **Identitätsdiffusion** besteht. Gewalthandlungen in der Familie scheinen primär von Vätern und Müttern ausgeführt zu werden, die selbst in ihrer Kindheit Gewalterfahrungen gemacht haben. Hier findet also der Prozess der **Transmission** statt. Familien, in denen Bestrafung oder Demütigung an der Tagesordnung sind, geraten in einen Teufelskreis. Die Kinder wie auch die Eltern werden immer aggressiver und irgendwann scheint die Situation ausweglos. (Vgl. Schnurr 2010)

Problematisch kann es aber auch sein, wenn Eltern ihre Kinder deutlich über das notwendige Maß hinaus behüten. Der Begriff der **Helikopter-Eltern** wurde in Deutschland durch den Kinderpsychiater Michael Winterhoff, Autor des Bestsellers „Warum unsere Kinder Tyrannen werden" (2008), eingeführt. Es sei das Phänomen erkennbar, dass immer mehr Jugendliche aus bürgerlichen Familien mit überaus engagierten Eltern, die sich für ihre Kinder aufopfern, psychotherapeutische Hilfe in Anspruch nehmen. Das Problem sei, dass diese Jugendlichen **nicht genügend Anerkennung** erfahren. Die Eltern sehen das **Kind** oft **als Kompensationsmöglichkeit**, was zur Folge habe, dass die natürliche Hierarchie zwischen Eltern und Kindern gestört werde. Diese, so Winterhoff, solle wiederhergestellt werden. Die starke Ausprägung des überbehütenden Erziehungsstils resultiert unter anderem aus der rückläufigen Geburtenzahl in Deutschland (wie auch vielen anderen westlichen Ländern). Die **Zahl der Einzelkinder steigt** in Deutschland kontinuierlich. Der Zeitpunkt der Familiengründung verschiebt sich mehr und mehr nach hinten. So sind die Erstgebärenden in Deutschland im Durchschnitt heute fast 29 Jahre alt und somit beinahe drei Jahre älter als 1991. Parallel zu dieser Entwicklung steigt die

Anzahl der Eltern, die ihre Kinder extrem überbehüten und diese ständig im Blick behalten. Heutzutage haben Eltern laut Winterhoff viel mehr Zeit für ihr Kind, weil sie sich nicht um mehrere Geschwister kümmern müssen. Durch das „Over-Parenting" gelingt es oft nicht, Kinder zur Selbstständigkeit zu erziehen. Eltern kümmern sich dann sogar noch während der Studienzeit um die Angelegenheiten ihrer – eigentlich erwachsenen – Kinder.

Aber nicht nur Einzelkinder bereiten Probleme in der Familie, sondern auch Geschwister untereinander und im Verhältnis zu den Eltern. Geschwister sind „Rivalen fürs Leben". (Vgl. Thimm 2007, S. 67 f.) Die Geburt eines Geschwisterkindes stellt die ältere Schwester bzw. den älteren Bruder auf eine harte Probe. **Geschwister** sind **Konkurrenten** um die Aufmerksamkeit der Eltern. Sie müssen sich voneinander abgrenzen und entwickeln dabei ihre eigene Identität. (Vgl. Schnurr 2010) Konflikte sind natürlich an der Tagesordnung. Oft sind diese **Konflikte** deshalb konstruktiv, weil sie **identitätsstiftend** sind. **Problematisch** sind die Konflikte jedoch, wenn sie sich **negativ auf die Entwicklung der Kinder auswirken**. Die Tatsache, dass Eltern die Geschwister oft unterschiedlich wertschätzen, führt schnell zu Unstimmigkeiten, besonders dann, wenn die unterschiedliche Wertschätzung vom betroffenen Geschwisterkind als ungerecht empfunden wird. Dann kann sich diese belastete Geschwisterbeziehung bis ins Erwachsenenalter auswirken. (Vgl. Schneewind 2008, S. 267)

**Probleme** bereitet es natürlich auch meist, wenn **Familien auseinandergehen**. Mehr als ein Drittel der Ehen in Deutschland werden geschieden. Die absolute Zahl der Ehescheidungen ist in den letzten Jahren zwar immer weiter gesunken – im Jahr 2013 um 5,2 % –, allerdings hängt dies auch damit zusammen, dass viele Paare heutzutage erst gar nicht mehr heiraten. Die Zahl der Eheschließungen ist nämlich seit 1990 ebenfalls rückläufig. Waren es damals noch 516 000 Paare, die sich das Ja-Wort gaben, so taten dies im Jahr 2013 nur noch 373 655. Dem gegenüber standen im Jahr 2013 169 833 Scheidungen. (Vgl. http://www.statistik-portal.de/Statistik-Portal/de_jb01_jahrtab3a.asp) Es gibt also eine nicht unerhebliche Dunkelziffer bezüglich der Trennungen – auch wenn Kinder mitbetroffen sind.

## 7.4 Ergänzte Familien – familiale Professionalisierung

Heutzutage beklagen viele Mütter und Väter Schwierigkeiten bezüglich der **Vereinbarkeit von Familie und Beruf**. Die weit verbreitete Meinung, dass beide Elternteile (schnell wieder) berufstätig sein sollen, ergibt sich aus der

Tatsache, dass für beide Elternteile ein berechtigter Anspruch an Karrieremöglichkeiten besteht, aber auch, weil die doppelte Berufstätigkeit aufgrund der ökonomischen Bedingungen quasi erzwungen ist. Die Notwendigkeit eines schnellen Wiedereinstiegs in den Beruf besteht natürlich umso mehr für alleinerziehende Eltern. Insbesondere gut verdienende berufstätige Eltern möchten ihre Kinder nach Ablauf der einkommensabhängigen Elterngeldzahlung in der Kita unterbringen. Hier wird deutlich, wie brisant die Notwendigkeit des Aufbaus von Kindertagesstätten und Krippen sowie Tagespflegeeinrichtungen ist, die Kinder unter drei Jahren betreuen. Obwohl für Eltern ein Rechtsanspruch auf eine Betreuungsmöglichkeit ab dem zweiten Lebensjahr besteht, gibt es bisher noch immer nicht überall genügend Möglichkeiten einer qualifizierten Betreuung in Wohnortnähe. Viele Kitas und Krippen befinden sich noch im Aufbau oder sind noch unzureichend ausgestattet, auch personell. Eine Alternative für viele Eltern ist die Tagespflege bei einer Tagesmutter oder einem Tagesvater.

**Pädagogische Unterstützung** der Familie wird nicht nur für die Betreuung der Kinder, sondern auch bei **familiären Problemen** relevant. Wenn sich eine Familie dazu entscheidet, professionelle Hilfe in Anspruch zu nehmen, bieten sich Möglichkeiten, vom Jugendamt, von der Schule oder aber auch therapeutisch Unterstützung zu erhalten. Es entsteht dabei eine geteilte Verantwortung zwischen Familie und Institutionen. An Schulen gibt es immer häufiger Schulsozialarbeiter, die Schülerinnen und Schüler sowie deren Familien bei erzieherischen Problemen und Schwierigkeiten unterstützen. Sie bilden auch eine Brücke zwischen schulischer und familialer Erziehung und unterliegen insbesondere der Schweigepflicht.

Wenn eine Familie sich der Problembewältigung nicht mehr gewachsen fühlt, könnte eine **Familientherapie**, z. B. eine systemische Therapie, hilfreich sein. Bei der systemischen Therapie wird davon ausgegangen, dass sich Konflikte im System Familie aus einem familiären Ungleichgewicht entwickeln. Wenn das System gestört ist, zeigen sich Symptome, zumeist bei einem Symptomträger. Die systemische Therapie hat zum Ziel, die **Homöostase**, d. h. das Gleichgewicht des Systems Familie wiederherzustellen bzw. aufrechtzuerhalten. Dabei soll auf Schuldzuweisungen verzichtet werden. Zugleich werden Menschen als aktive Mitgestalter ihres Lebens, ggf. auch ihrer Krankheiten, gesehen. Aus dieser Einsicht resultiert die Hoffnung, innerhalb einer systemischen Therapie Betroffenen helfen zu können, selbst einen Weg aus ihren (z. B. psychosomatischen) Leiden zu finden.

Bei der Entscheidung über die Inanspruchnahme therapeutischer Hilfsmöglichkeiten können Lehrer und Schulsozialarbeiter der Familie zur Seite stehen.

Sie können die Therapie auch unterstützend begleiten. Therapeutisch arbeiten dürfen diese Personen jedoch nicht. Ein studierter Pädagoge mag sich mit verschiedenen Therapieansätzen auskennen, eine therapeutische Handlung verbietet ihm aber seine fehlende psychologische und therapeutische Professionalität. Um therapeutisch zu arbeiten, muss man ein Psychologiestudium abgeschlossen sowie eine therapeutische Ausbildung absolviert haben.

## 7.5 Aufgaben von Familie – pädagogische Konsequenzen

Es ist eine zentrale Aufgabe von Familie, sich selbst als **primäre Sozialisationsinstanz** zu verstehen und ernst zu nehmen. Die erste Konsequenz, die aus dieser Aufgabe erwächst, ist es, dem Heranwachsenden Rückenstärkung und Halt zu geben, ihn zu unterstützen. Nicht nur um gewalttätiges Verhalten zu verhindern gilt es, dem Kind ein sprachliches Vorbild zu sein. Durch die **Förderung kommunikativer Kompetenzen** kann die Neigung zu Gewalttaten als Mittel der Kommunikation nämlich vermindert werden. Es gilt gleichsam, dem Kind ein moralisches Vorbild zu sein. Die **Vermittlung von allgemein anerkannten Werten und Normen** ist ein wichtiger Bestandteil der familialen Erziehung.

Um diese Aufgaben hinreichend zu erfüllen, muss in der Familie genügend Zeit für das Miteinander zur Verfügung stehen. Kinder müssen von ihren Eltern von klein auf **emotionale Zuwendung** bekommen, um **Urvertrauen** (in sich selbst und die Umwelt) als Grundlage für eine positiv verlaufende emotionale, psychische und soziale Entwicklung aufzubauen. Um Werte und Normen zu verinnerlichen, müssen sie aber auch **Grenzen erfahren**. Hierfür ist eine konsequente Linie aller an der Erziehung Beteiligten zu beachten. Es stiftet Verwirrung, wenn z. B. die Eltern ein bestimmtes Verhalten sanktionieren, die Großeltern aber großzügig über das gezeigte Fehlverhalten hinwegsehen. Konsequenz in der Erziehung ist äußerst wichtig. Deshalb müssen Erwachsene, die Kinder erziehen, auch sich selbst erziehen, schließlich sind sie Vorbilder. Nicht umsonst liest man an vielen Fußgängerampeln die Aufforderung „Nur bei Grün – den Kindern ein Vorbild".

Eine Erziehung zu einem gesunden Umgang mit Medien kann natürlich nur wenig erfolgreich sein, wenn z. B. der Fernseher im Elternhaus lange während des Tages und des Abends läuft. Einen regelmäßigen, gesunden Essensrhythmus zu erlernen wird Kindern erleichtert, wenn auch die Eltern sich an die Regeln halten und nicht ständig zwischendurch essen, sich ungesund oder z. B. zu fettreich ernähren. In der Regel halten sich Eltern und Erwachsene insgesamt an diese Verhaltensvorgaben, weil sie sich ihrer Wirkung als Vorbilder bewusst sind.

Winkler spricht auch von der „Herstellung von **Grenzen zwischen dem Innen und Außen** sowie der Regulierung der Passagen durch diese [...]" als pädagogische Aufgabe der Eltern. Auf diese Weise werden trotz der Grenzen **Autonomieräume** festgelegt und eingeübt. (Vgl. Winkler 2012, S. 87) Es geht dabei aber anfänglich nicht darum, was Kinder tun dürfen und was nicht, sondern erst einmal darum, den Bereich der Kernfamilie gegenüber den weiteren Familienmitgliedern abzugrenzen und später z. B. auch den institutionellen Bereich der Tagespflege oder Kita. Kinder sammeln so Erfahrungen in verschiedenen Sozialräumen, in denen z. T. unterschiedliche Regeln gelten. **Übergänge** sind dabei aber insbesondere für Eltern eine **Belastung**. Hier zeigt sich doch anscheinend, wie erfolgreich die familiäre Erziehung war. Die Eltern fragen sich, ob das Kind sich in der Öffentlichkeit benehmen kann und befürchten, Unverständnis zu ernten. Entweder, weil sie zu autoritär auftreten, wenn das Kind gegen anerkannte Normen und Werte verstößt, oder aber, weil sie für das Fehlverhalten ihrer Kinder Ablehnung erfahren. Jedenfalls wird der Erfolg der Erziehung am Verhalten der Kinder und am Verhalten der Eltern gegenüber dem Kind gemessen.

Winkler ist es ein zentrales Anliegen, dass Familien Ruhe, Zeit und Raum haben sollen. Man sollte vorsichtig und achtsam mit Familien umgehen – sowohl von Seite der Institutionen als auch von Seite der Medien. Der familiäre Schutzraum soll so gut und so lange wie möglich aufrechterhalten werden. Bei Gefahren und Problemen braucht die Familie selbstverständlich Unterstützung und diese muss ihr vonseiten verschiedener Institutionen wie der Schule oder außerschulischen Einrichtungen gegeben werden.

**Aufgabe 28** Stellen Sie dar, warum es heutzutage so schwierig ist, sich auf ein allgemein akzeptiertes Bild von Familie zu einigen und welche Aspekte man dennoch als Gemeinsamkeiten herausstellen könnte.

**Aufgabe 29** Erläutern Sie den Prozess der familiären Transmission anhand von Beispielen unter Rückgriff auf die Vorstellung von Familie als System.

**Aufgabe 30** Erörtern Sie, wann und wie Familien zur Problembewältigung Unterstützung erhalten sollten.

# 8 Das Modell der produktiven Realitätsverarbeitung nach Klaus Hurrelmann

Klaus Hurrelmann, geb. 1944, ist einer der bekanntesten und anerkanntesten Erziehungs- und Sozialwissenschaftler in Deutschland. Er studierte Soziologie, Psychologie und Pädagogik. Seit 1975 ist er Professor, und von 1980 bis 2009 lehrte und forschte er an der Universität Bielefeld. Seit 2009 ist er „Professor of Public Health and Education" an der Hertie School of Governance in Berlin. Er ist seit 2003 maßgeblich an der Durchführung und Auswertung der Shell Jugendstudien beteiligt.

Hurrelmann hat intensiv zu den Themen Bildungsforschung mit den Schwerpunkten Sozialisation, Schule, Familie, Kindheit und Jugend sowie Gesundheitsforschung mit den Schwerpunkten Gesundheitsförderung und -kommunikation, Sucht- und Gewaltprävention gearbeitet.

## 8.1 Hurrelmanns Nachdenken über Lebensphasen als Fundament seiner Theorie

Nach Hurrelmann haben sich historisch spezifische soziale Bilder der Lebensphasen herausgebildet.

1900 bestand das menschliche Leben noch aus nur zwei Lebensphasen: Kindheit und Erwachsenenalter. Hurrelmann glaubt, dass bis 2050 nach dem Erwachsenenalter nicht nur ein Seniorenalter, sondern dann noch ein „Hohes Alter" folgen werden, während die **Jugendphase sich zeitlich noch mehr ausweiten wird** – etwa vom 10. bis fast zum 30. Lebensjahr. Hurrelmann beobachtet, dass die **Übergänge zwischen den Lebensphasen immer fließender** stattfinden. Zugleich wachsen die Freiheitsmöglichkeiten der Menschen in allen Lebensphasen, zumal traditionelle Bestimmungen für Verhalten oder Denken in bestimmten Lebensphasen massiv an Bedeutung verloren haben.

Jugend entsteht, weil historisch die Ausbildungs- und Bildungsanforderungen an die nachwachsenden Generationen immer komplexer werden und sich damit die **Zeit für (institutionalisierte) Bildung und Ausbildung verlängert**. Indem die Arbeitswelt, die Freizeit und die Politik getrennt werden, entstehen gesonderte Räume für Kinder und Jugendliche, in denen jetzt auch ihre spezifischen Entwicklungen, Bedürfnisse und Interessen wahrgenommen werden. Gesellschaftlicher Wohlstand macht es möglich, dass Menschen nicht bereits in sehr jungen Jahren beruflich arbeiten müssen. Heute ist sogar zu beobachten, dass aufgrund von Jugendarbeitslosigkeit das Bildungssystem für Jugendliche noch mehr erweitert wird.

Jugend ist nicht Kindheit, mit der Pubertät erwächst die Fähigkeit, Kinder zu zeugen und zu gebären. Es wird für Jugendliche „eine ‚Neuprogrammierung' nicht nur von physiologischen, sondern auch psychologischen und sozialen Regulierungs- und Bewältigungsmustern notwendig". (Vgl. Hurrelmann/Quenzel 2012, S. 26) Aber Jugendliche können noch nicht erwachsen sein, sie sind noch abhängig – ökonomisch, sozial und psychisch. „Das Jugendalter wird als ein Zwischenschritt zwischen dem abhängigen Kind und dem unabhängigen Erwachsenen verstanden." (Vgl. Hurrelmann/Quenzel 2012, S. 40)

Das Jugendalter ist mit „Entwicklungsaufgaben" verbunden: „Entwicklungsaufgaben beschreiben die für die verschiedenen Altersphasen konstitutiven gesellschaftlichen Erwartungen, die an Individuen der verschiedenen Altersgruppen herangetragen werden." (Vgl. Hurrelmann/Quenzel 2012, S. 28)

## 8.2 Entwicklungsaufgaben im Jugendalter

Für das Jugendalter hat Hurrelmann **vier Entwicklungsaufgaben** benannt:

1. Entwicklung einer intellektuellen und sozialen Kompetenz, um selbstverantwortlich **schulischen und beruflichen Anforderungen** nachkommen und so die Voraussetzungen für eine selbstständige Existenz als Erwachsener sichern zu können;

2. Entwicklung der **eigenen Geschlechtsrolle** und des sozialen Bindungsverhaltens zu Gleichaltrigen des anderen sowie des eigenen Geschlechts, Aufbau einer Partnerbeziehung als langfristige Voraussetzung für die Erziehung eigener Kinder;

3. Entwicklung eines eigenen **Werte- und Normensystems** sowie eines ethischen und politischen Bewusstseins, dem mit dem eigenen Verhalten und Handeln Rechnung getragen wird;

4. Entwicklung eigener Handlungsmuster für die **Nutzung des Konsumwaren- und kulturellen Freizeitmarktes** (einschließlich Medien und Genussmittel), um einen eigenen Lebensstil zu entwickeln und autonom sowie bedürfnisorientiert mit entsprechenden Angeboten umgehen zu können.

Diese Entwicklungsaufgaben zeigen, wie weitreichend die Anforderungen an Jugendliche in dieser Lebensphase sind. Sie müssen bewältigt werden, damit sich der Jugendliche als Erwachsener im sozialen und gesellschaftlichen Leben gut zurechtfinden kann.

2012 hat Hurrelmann die „Cluster von Entwicklungsaufgaben" neu gefasst:

1. **„Qualifizieren":** Hurrelmann spricht immer noch von „intellektuellen und sozialen Kompetenzen für Leistungs- und Sozialanforderungen", er führt jetzt aber darüber hinaus noch explizit „Bildung und Qualifizierung" an, welche notwendig seien, damit Jugendliche die „gesellschaftliche Mitgliedsrolle des Berufstätigen" wahrnehmen könnten.

2. **„Binden":** Hurrelmann nennt jetzt deutlich die „gesellschaftliche Mitgliedsrolle eines Familiengründers". Nach wie vor erklärt er, Menschen müssten eine eigene Körper- und Geschlechtsidentität ausbilden und sich von ihren eigenen Eltern ablösen.

3. **„Konsumieren":** Neben dem „Umgang mit Wirtschafts-, Freizeit- und Medienangeboten" weist Hurrelmann jetzt auf die „Entwicklung von sozialen Kontakten und Entlastungsstrategien" hin. Konsumistische Orientierungen werden so auch im Zusammenhang sozialer Orientierungen gesehen.

4. **„Partizipieren":** Hurrelmann hält daran fest, dass Menschen ein individuelles Werte- und Normensystem ausbilden müssten; er spricht jetzt aber nicht nur davon, dass sie ein politisches Bewusstsein ausbilden sollten, sondern führt explizit die „Fähigkeit zur politischen Partizipation" an.

Hurrelmann hat mit der Neuformulierung der Cluster der jugendlichen Entwicklungsaufgaben diese nicht neu bestimmt, aber inhaltlich stärker differenziert und teilweise auch die Perspektive auf diese Aufgabe etwas verlagert. Auffallend ist, dass in den neuen Formulierungen der Gesichtspunkt der **gesellschaftlichen Mitgliedsrolle**, die jeder Jugendliche wahrnehmen müsse, wieder **mehr betont** wird. In diesem Sinne wird der Aspekt einer gesellschaftlichen Verantwortung jedes Individuums zumindest implizit mehr berücksichtigt.

Hurrelmann will explizit zwischen einer eher psychobiologischen und einer mehr soziokulturellen Dimension mit Blick auf die jugendlichen Entwicklungsaufgaben unterscheiden. Er macht so deutlich, dass jede Jugendliche und jeder Jugendliche auf ihre je eigene Art und Weise die gesellschaftlich vorgegebenen Entwicklungsaufgaben bewältigen müssen.

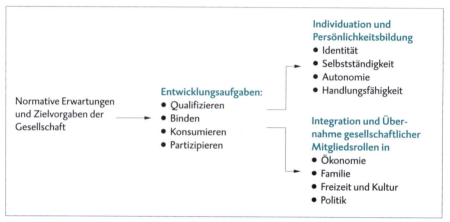

Abb. 14: Die Zielfunktion der Entwicklungsaufgaben für Individuation und Integration

So kann ersichtlich werden, dass die gesellschaftliche Integrationsleistung der Jugendlichen für sie immer auch Schritte der Individuation und Persönlichkeitsbildung beinhalten soll.

Aus einer pädagogischen Perspektive ist bedeutsam, dass Hurrelmann ausdrücklich **nicht nur „Qualifizierung", sondern auch „Bildung"** fordert. Des Weiteren fällt auf, dass er jetzt „sozialen Kontakten" wieder explizit mehr Stellenwert einräumt. Damit wird der Jugendliche stärker in seiner Sozialität gesehen. Auch sein Konsum- und sein Entlastungsverhalten lassen sich von seinen sozialen Orientierungen kaum trennen. Insofern trägt Hurrelmann hier auch neueren pädagogischen Überlegungen Rechnung, die das Individuum wieder mehr innerhalb seiner sozialen Beziehungen in den Blick nehmen.

Dieser Gedanke mündet in Hurrelmanns Hinweis auf die Fähigkeit des Jugendlichen zur „politischen Partizipation": Hurrelmann fordert so implizit, dass Jugendliche lernen müssten, sich gesellschaftlich „einzumischen".

## 8.3 Das Modell der acht bzw. zehn Maximen der produktiven Realitätsverarbeitung

Hurrelmann hat sein „Modell der produktiven Realitätsverarbeitung" seit Mitte der Achtzigerjahre wiederholt geändert und modifiziert, um neueren wissenschaftlichen Einsichten gerecht zu werden. Des Weiteren hat er sein Modell mit Blick auf verschiedene Themen (Jugend, Kindheit, Gesundheit) spezifiziert. In der Version seines Modells aus dem Jahr 2012 stellt er jetzt zehn Maximen vor, die er in Form von Thesen formuliert. Damit macht er deutlich, dass er nicht alle Annahmen empirisch beweisen kann, sondern zur Auseinandersetzung mit seinen Thesen auffordert. Die Maximen begreift er als Teil eines **handlungstheoretisch ausgerichteten Sozialisationsmodells** oder auch **Salutogenesemodells** (Modell zur Gesundheitsentwicklung).

In diesem Kontext ist der Begriff „handlungstheoretisch" wichtig: Hurrelmann beschreibt nicht nur die Bedingungen der Sozialisations- und Gesundheitsentwicklung, seine Maximen lassen sich auch als **Aufforderung** lesen, **den Prozess der Realitätsverarbeitung selbst aktiv (mit-)zugestalten**. Er spricht auch von „produktiver Realitätsverarbeitung", weil die Persönlichkeit dadurch erarbeitet wird, dass der Jugendliche die äußere und die innere Realität auf eine jeweils eigene Weise konzipiert und so seine Identität ausbildet. Hurrelmann möchte, dass mit diesem Modell „gearbeitet" wird, dass es Berücksichtigung findet, wenn z. B. nach Erklärungen für auffällige Phänomene unter Jugendlichen gesucht wird.

**Die zehn Maximen von Klaus Hurrelmann**

### 1. Maxime

*„Wie in jeder Lebensphase gestaltet sich im Jugendalter die Persönlichkeitsentwicklung in einem Wechselspiel von Anlage und Umwelt. Hierdurch werden auch die Grundstrukturen für Geschlechtsmerkmale definiert."*

Die genetische Ausstattung legt die Spiel- und Möglichkeitsräume für Entwicklung und Verhalten fest, die durch Umwelteinflüsse verändert und geformt werden. Es herrscht ein **ständiges Wechselspiel zwischen Anlage und Umwelt**, insbesondere bei der Ausprägung männlicher und weiblicher Persönlichkeitsmerkmale gewinnt dies an Bedeutung. Viele Persönlichkeitsmerkmale und Verhaltensweisen sind sozial erlernt und somit veränderbar.

## 2. Maxime

*„Im Jugendalter erreicht der Prozess der Sozialisation, verstanden als die dynamische und produktive Verarbeitung der inneren und äußeren Realität, eine besonders intensive Phase und zugleich einen für den gesamten weiteren Lebenslauf Muster bildenden Charakter."*

Anforderungen oder auch Entwicklungsaufgaben sind in der Jugend besonders anspruchsvoll. Notwendig ist eine ständige „Arbeit an der eigenen Person", ein Bemühen um **Strukturierung und Gestaltung der Persönlichkeit**. Jugendliche können ihre Anlagen und ihre Entwicklung beobachten und diagnostizieren.

## 3. Maxime

*„Menschen im Jugendalter sind schöpferische Konstrukteure ihrer Persönlichkeit mit der Kompetenz zur eigengesteuerten Lebensführung."*

Ohne den vollen Grad der Autonomie des Handelns oder alle Kompetenzen erreicht zu haben, können und müssen sich Jugendliche als aktiv Agierende profilieren. **Suchen, Tasten, Ausprobieren** sind Ausdruck eines eigengesteuerten Handelns eines noch unfertigen, offenen Charakters. Gleichzeitig reagieren Jugendliche meist schneller als andere Altersgruppen auf kulturelle, soziale oder ökonomische Neuerungen. (Auch im höheren Alter findet sich häufig noch ein solches „jugendliches" Suchverhalten.)

## 4. Maxime

*„Die Lebensphase Jugend ist durch die lebensgeschichtlich erstmalige Chance gekennzeichnet, eine Ich-Identität zu entwickeln. Sie entsteht aus der Synthese von Individuation und Integration, die in einem spannungsreichen Prozess immer wieder neu hergestellt werden muss."*

Jugendliche können aktiv an der Auseinandersetzung über Werte und Normen teilnehmen, indem sie eigene Interessen, Neigungen und Handlungsmöglichkeiten realisieren und an sozialen Prozessen als Akteure wie Objekte teilhaben. Sie können jetzt zum ersten Mal eine **eigene „Identität" ausbilden** und sich erfolgreich in Gemeinschaften oder in die Gesellschaft integrieren, sodass Individuation realisiert werden kann. Jugendliche erleben das **Spannungsverhältnis zwischen Integration und Individuation** besonders intensiv.

## 5. Maxime

*„Der Sozialisationsprozess im Jugendalter kann krisenhafte Formen anneh-men, wenn es Jugendlichen nicht gelingt, die Anforderungen der Individuation und der Integration aufeinander zu beziehen und miteinander zu verbinden. In diesem Fall werden die Entwicklungsaufgaben des Jugendalters nicht gelöst und es entsteht Entwicklungsdruck."*

In der Jugendphase besteht auch ein **hohes Belastungspotenzial**, weil ver-schiedene (schnelle) Veränderungen der eigenen Dispositionen (bio-psychi-sche Gestaltveränderungen sowie soziale Integrationsleistungen) verarbeitet werden müssen. Darüber hinaus müssen Jugendliche die nötige Entfaltung von Leistungsfähigkeit in Schule und Berufsvorbereitung sowie Interaktionskom-petenzen in Partnerschaft, Konsum und Politik üben. Mangelt es an Ressour-cen, können soziale und gesundheitliche Entwicklungsstörungen auftreten.

## 6. Maxime

*„Um die Entwicklungsaufgaben zu bewältigen und das Spannungsverhältnis von Individuations- und Integrationsanforderungen abzuarbeiten, sind neben individuellen Bewältigungsfähigkeiten ('personale Ressourcen') auch soziale Unterstützungen durch die wichtigsten Bezugsgruppen ('soziale Ressourcen') notwendig."*

Materielle Unterstützung, das Einräumen von Handlungsspielräumen, das An-gebot von flexiblen, Mindeststandards festlegenden und in den Kernstrukturen eindeutigen „Haltepunkten" können solche Ressourcen darstellen. Wichtig ist eine ausgewogene Mischung zwischen der **Anregung zur Selbstständigkeit** auf der einen Seite und der **Übernahme von Verantwortung** sowie der **Ein-haltung gesellschaftlicher Regeln** auf der anderen Seite. Lassen sich formel-le und informelle Hilfen für einen Jugendlichen zu einem „Unterstützungs-werk" verbinden, können sie überaus hilfreich sein.

## 7. Maxime

*„Neben der Herkunftsfamilie sind Schulen, Ausbildungsstätten, Gleichaltrige und Medien als 'Sozialisationsinstanzen' die wichtigsten Vermittler und Unter-stützer im Entwicklungsprozess des Jugendalters. Günstig für die Sozialisation sind sich ergänzende und gegenseitig anregende Impulse dieser Instanzen."*

Diese Instanzen müssen **Orientierungs- und Verhaltenssicherheit** sowie zugleich **Freiheit und Selbstständigkeit** ermöglichen. Werden die Hand-lungsspielräume für Jugendliche zu weit gesteckt oder bleiben sie in sich widersprüchlich, können Jugendliche nur schwer Orientierung und Verhaltenssicherheit finden. Werden Handlungsspielräume zu eng gesteckt und wird restriktiv Anpassung erwartet, können Jugendliche sich nicht als Individuen entwickeln und verweigern möglicherweise eine Anpassung. Pädagoginnen und Pädagogen in unterschiedlichen öffentlichen Einrichtungen unterstützen den jugendlichen Sozialisationsprozess, sie werden kontrolliert und müssen ihre Arbeit öffentlich verantworten. Indes gewinnen in der Gegenwart sekundäre oder auch heimliche Sozialisationsinstanzen zunehmend an Einfluss. Heimliche Sozialisationsinstanzen sind beispielsweise die Medien, heute insbesondere das Internet. Auf welche Weise und wie weitreichend diese auf Kinder und Jugendliche Einfluss gewinnen, ist individuell sehr verschieden.

### 8. Maxime

*„Die Lebensphase Jugend muss unter den heutigen historischen, sozialen und ökonomischen Bedingungen in westlichen Gesellschaften als eine eigenständige Phase im Lebenslauf identifiziert werden. Sie hat ihren früheren Charakter als Übergangsphase vom Kind zum Erwachsenen verloren."*

Das Jugendalter gilt seit etwa 100 Jahren als **eigene Lebensphase** und war zunächst durch schulische und berufliche Bildung bestimmt. Heute ist der Übergangscharakter des Jugendalters teilweise verloren gegangen, zumal viele junge Menschen nicht sofort nach der Ausbildung ins Berufsleben einsteigen (können). Über einen Zeitraum von bis zu 15 Jahren gewinnt dieses Alter als Phase der Transition (des Übergangs) wie des Moratoriums (der Verzögerung) Relevanz und somit im Vergleich zu früher auch größere Bedeutung im Lebenslauf.

In der neuesten Auflage seines Buches „Lebensphase Jugend" von 2012 hat Klaus Hurrelmann die bislang formulierten 8 Maximen um zwei weitere, neue Maximen ergänzt:

### 9. Maxime

*„Hoch entwickelte Gesellschaften sind nicht nur durch schnellen sozialen Wandel, sondern auch durch ein großes Ausmaß an sozialer und ethnischer Vielfalt und durch immer stärker werdende ökonomische Ungleichheit gekennzeichnet. Diese Merkmale prägen zunehmend auch die Jugendphase und führen zu einer Spaltung jugendlicher Lebenswelten."*

Änderungen in der gesellschaftlichen Lebenswelt verlaufen immer rasanter. Verschiedene Ethnien gewinnen an Bedeutung, insgesamt erweitern sich die differenten sozialen Lebenswelten. Das hat Folgen für die Jugend, denn auch

Jugendliche erleben, dass sie sich **nicht mehr primär in einer einheitlichen Jugendwelt** bewegen, die sich durch spezifische Jugendsprache oder jugendliche Kleidung auszeichnet, sondern dass auch die Jugendwelt unterdessen zerteilt, sogar „gespalten" ist in unterschiedliche soziale oder ethnische Welten. Die damit entstehenden Probleme werden noch dadurch verschärft, dass diese ungleichen Welten auch durch massive ökonomische Disparitäten geprägt sind. Damit wiederum sind unterschiedliche Zugänge zu materiellen, kulturellen oder auch Konsumgütern verbunden. (Sicherlich ist Hurrelmann im Hinblick auf diese These von Heitmeyer beeinflusst worden.)

Wenn Hurrelmann als Lebensaufgabe „politische Partizipation" benennt, so könnte er damit andeuten, dass Jugendliche sich auch mit der Tatsache einer massiven ökonomischen Ungleichheit politisch auseinandersetzen sollten.

### 10. Maxime

*„Die Zugehörigkeit zum weiblichen oder männlichen Geschlecht prägt die Muster der Bewältigung der Entwicklungsaufgaben. In den letzten drei bis vier Jahrzehnten haben sich die Mädchen und jungen Frauen in vielen Bereichen der Lebensführung bessere Ausgangschancen als die Jungen und die jungen Männer erschlossen."*

Faktisch haben **Mädchen und junge Frauen insbesondere im Bildungsbereich bessere Abschlüsse erworben als Jungen oder junge Männer.** Damit verändern sich auch die Zugangsmöglichkeiten von weiblichen wie männlichen Jugendlichen zu Macht, Prestige und Wohlstand. Darüber hinaus erweisen sich junge Frauen vielfach im Alltag als flexibler, kommunikativer, selbstständiger, kreativer und auch leistungsfähiger als junge Männer. Überdies können sie offenbar besser Anforderungen von Beruf, Familie, Kindererziehung und Arbeit in der Gemeinde verbinden, während Männer häufig noch sehr einseitig auf Berufskarrieren fixiert sind, wobei eine solche einseitige Orientierung nicht selten mit Frustrationserfahrungen verbunden ist. Jungen und junge Männer sind gegenwärtig nicht selten in ihrer Identität verunsichert.

*(Vgl. Hurrelmann/Quenzel 2012, S. 90–101)*

Die Tatsache, dass Hurrelmann die von ihm erarbeiteten Maximen erweitert hat, zeigt, dass er sein Konzept als dynamisches begreift. **Die Maximen gelten nicht zeitlos,** Hurrelmann analysiert immer wieder neu Veränderungen im individuellen und gesellschaftlichen Leben und Erleben der Menschen und insbesondere der Jugendlichen.

Besonderes Augenmerk hat Hurrelmann unterdessen auf die **„Anforderungen an das biografische Management"** Jugendlicher gelegt. Denn diese Anforderungen seien in den letzten Jahrzehnten und Jahren immens gewachsen. Nicht nur, dass gesellschaftlich rasante Wechsel auf verschiedensten Ebenen stattfinden würden, insgesamt seien „gesellschaftliche Vorgaben" unsicher geworden. Besonders problematisch wirke sich eine „strukturelle Unsicherheit" aus, viele Jugendliche müssten sich nicht nur darauf einstellen, immer wieder neue Anforderungen auf dem Arbeitsmarkt erfüllen zu müssen, sondern müssten fürchten, dass sie auf dem Arbeitsmarkt überhaupt keine Arbeitsmöglichkeiten für sich finden könnten. Das aber hätte Folgen mit Blick auf alle anderen Lebensfelder und Lebensaufgaben in ihrem Leben.

Alle Jugendlichen sähen sich **widersprüchlichen Erfahrungen ausgesetzt,** es bestehe eine „Kluft zwischen tatsächlichen Handlungsspielräumen und rechtlich erlaubten Umsetzungen der jeweiligen Handlungen". Früh agierten schon Kinder mit Geld, ohne dass sie schon rechtlich geschäftsfähig wären. Für sehr viele junge Menschen setze eine Berufstätigkeit erst spät ein oder die Aufnahme sexueller Beziehungen finde unterdessen weit vor der Zeit statt, in welcher Menschen über Familiengründung nachdenken würden. Jugendliche könnten und sollten sich sozial und politisch engagieren, wählen aber dürften sie erst ab einem Alter von 18 Jahren. Damit müssten Jugendliche erleben, einerseits ähnlich wie Erwachsene agieren zu können und andererseits doch nicht erwachsen zu sein. Diese Tatsache begründet, warum Jugend unterdessen eine eigene Lebensphase geworden ist.

Nach Hurrelmann gilt der Mensch als erwachsen, der in allen Clustern der Lebensaufgaben erfolgreich voranschreiten konnte. Damit aber macht er auch die vielen Gefahren deutlich, dass Menschen innerlich dem „Jugendalter" nicht entwachsen können. Dies würde er keineswegs allein den betroffenen Jugendlichen zuschreiben, sondern auch gesellschaftlichen Einflüssen.

Jugendliche, welchen der Weg in das Arbeitsleben verwehrt wird, werden gehindert, die Jugendphase zu überwinden. Dieser Gedanke beinhaltet auch die Überlegung, dass **mangelnde Bildungsangebote Jugendliche hindern könnten, sich weiterzuentwickeln.**

Aber auch die Einflüsse der medialen oder der Konsumwelt können Jugendliche hindern, ein tatsächlich eigenes Konsumverhalten auszubilden. Darum ist nach Hurrelmann die Bedeutung bestehender oder nicht bestehender sozialer Kontakte so hoch.

Hurrelmann macht so mit Nachdruck deutlich, dass vielfältige Faktoren Berücksichtigung finden müssen, damit Menschen in ihrer Jugend tatsächlich die Wirklichkeit „produktiv" verarbeiten und ihre Persönlichkeit selbst schöpferisch konstruieren können. Er erläutert so, dass einerseits Jugendliche sich ihren Lebensaufgaben selbst stellen müssen, dass aber andererseits die Gesellschaft politisch, ökonomisch, kulturell in einer Weise gestaltet und organisiert sein müsste, dass Jugendliche auch von „außen" überhaupt die Möglichkeit haben, ihre Lebensaufgaben zu sehen und zu bewältigen.

## 8.4 Das Modell der produktiven Realitätsverarbeitung als Fundament für Versuche, auffallende Phänomene oder auch Probleme des Jugendalters zu erklären

Hurrelmann selbst hat erklärt, dass sein Ziel der Erarbeitung dieser zehn Maximen sei, dass diese **in einem handlungsorientierten Nachdenken** über konkrete Möglichkeiten der Förderung von Jugendlichen **Anwendung finden sollten**. So etwa könnte dieses Modell Berücksichtigung finden, wenn man versucht zu erklären, dass Mädchen und junge Frauen gegenwärtig in Bildungsinstitutionen (insbesondere Schulen und Hochschulen) vielfach weit erfolgreicher studieren als Jungen bzw. junge Männer (10. Maxime). Mit seiner 7. Maxime weist Hurrelmann auf „Schulen, Ausbildungsstätten, Gleichaltrige und Medien als ‚Sozialisationsinstanzen'" hin, sie seien „die wichtigsten Vermittler und Unterstützer im Entwicklungsprozess des Jugendalters". Mit seiner 6. Maxime hat Hurrelmann erläutert, dass „neben individuellen Bewältigungsfähigkeiten (personale Ressourcen) auch soziale Unterstützungen durch die wichtigsten Bezugsgruppen (soziale Ressourcen) notwendig" seien. In diesem Sinne wäre jetzt zu fragen, ob möglicherweise die „wichtigsten Bezugsgruppen" gegenwärtig den Jungen noch hinreichend gerecht werden (während in vorherigen Jahrzehnten sicherlich Mädchen benachteiligt waren). Unbestreitbar ist in vielen pädagogischen Feldern allein mit Blick auf die pädagogischen Mitarbeiter eine **Feminisierung zu beobachten**. In Kindergärten wie Grundschulen finden sich nur sehr wenige männliche Pädagogen, auch in weiterführenden Schulen wächst der Anteil an weiblichen Mitarbeitern. **Traditionelles männliches Rollenverhalten findet so kaum mehr Anerkennung,** die Bewältigung der Aufgabe, „Anforderungen der Individuation und der Integration aufeinander zu beziehen" (5. Maxime), fällt so vielen Jungen schwer. Darüber hinaus müssen auch Veränderungen in der beruflichen oder insgesamt gesellschaftlichen Lebenswelt beachtet werden. Flache Hierarchien beispielsweise erfordern weitreichende kommunikative und soziale Fähigkeiten aller Beteiligten, während umgekehrt Entschlossenheit oder Durchsetzungsbereitschaft keineswegs immer zu Anerkennung und Akzeptanz führen. Müssen Jungen jetzt darin unterstützt werden, ihre „personalen Ressourcen" verändern zu können? Wie wiederum könnte das realisiert werden? Oder müssen nicht umgekehrt mehr „männliche" Orientierungen in Erziehungs- und Bildungsprozessen praktisch erfahrbar werden? Hurrelmanns Modell ermöglicht so eine differenzierte Problemperspektive. Er selbst plädiert für eine **besondere Jungenförderung** in Kindergärten, Schulen oder auch anderen pädagogischen Einrichtungen. Jedenfalls wäre in diesem Kontext zu fragen, ob man nicht Jungen wie Mädchen in Bildungs- und Erziehungsprozessen solche Erfahrungen ermöglichen sollte, dass sie eine jeweils spezifische Identität auch als Frau oder Mann ausbilden könnten.

Durch die 9. Maxime erinnert Hurrelmann mit Nachdruck daran, dass eine tatsächlich bestehende **ethnische Vielfalt mehr berücksichtigt werden muss**. Es drohe eine nicht unproblematische Spaltung der jugendlichen Lebenswelten. Wenn Jugendliche sich voneinander abschotten oder sich gegenseitig ablehnen, können leicht gravierende Probleme – auch mit Blick auf die Möglichkeiten von Individuen, Lebensaufgaben zu bewältigen – entstehen.

## 8.5 Pädagogische Würdigung des Modells Hurrelmanns

Pädagogisch ergeben sich aus dem Modell Hurrelmanns weitreichende Konsequenzen. Die **Jugend** muss als **wichtige Lebensphase** anerkannt werden. Die Jugendlichen bedürfen der Unterstützung durch Erwachsene. Diese dürfen aber nicht verhindern, dass die Jugendlichen selbst „Konstrukteure" ihrer eigenen Persönlichkeit sein können.

Nach Hurrelmann kann Sozialisation im Jugendalter ohne pädagogische Unterstützung nicht gelingen. Gerade weil dieses Alter krisenhafte Formen annehmen kann, brauchen Jugendliche „Ressourcen". Damit gemeint sind Hilfestellungen wie „materielle Unterstützung", das Einräumen von „Handlungsspielräumen" oder das Angebot von „Haltepunkten". Mit diesen Begriffen deutet er an, **wie komplex (pädagogische) Hilfe für Jugendliche sein muss**. Einerseits sind Handlungsfreiheiten unverzichtbar, damit eigene Erfahrungen zur Ausbildung der Persönlichkeit beitragen können. Ebenso wichtig sind Haltepunkte, die bei aller Flexibilität doch in ihren Kernstrukturen eindeutig bleiben, Mindeststandards verbindlich festlegen und dem Jugendlichen somit Sicherheit und Verlässlichkeit bieten. Insbesondere in der Familie, aber auch in der Schule und im Freundeskreis sollten Teenager solche Haltepunkte finden. Insofern können Jugendliche für ihre Altersgenossen erhebliche pädagogische Bedeutung gewinnen. Zudem sind **Medien pädagogisch wirksam**. Je weniger sichere „Haltepunkte" für Jugendliche bestehen, umso höher ist die Gefahr, dass sie mit der Bewältigung ihrer Lebensaufgaben überfordert werden.

Umgekehrt lässt Hurrelmann keinen Zweifel daran, dass Jugendliche den Prozess ihrer Sozialisation selbst (mit-)verantworten: Die Persönlichkeitsentwicklung findet im Spannungsfeld zwischen Anlage und Umwelt statt, aber Jugendliche **sind selbst „schöpferische Konstrukteure ihrer Persönlichkeit"**. Sie haben die Chance, eine eigene und besondere Ich-Identität auszubilden, auch wenn Krisen bewältigt werden müssen und Unterstützung dabei notwendig ist. Auf das Gelingen der Sozialisation haben die Jugendlichen selbst, Erwachsene in ihrem Umfeld – seien es professionelle Pädagogen oder nicht –, Gleichaltrige und auch die Medien Einfluss.

Gegen Hurrelmann ist eingewandt worden, dass er – zumindest in den Maximen seines Modells – die gesamtgesellschaftlichen Bedingungen möglicherweise zu wenig berücksichtigt hat. In seiner Neufassung hat Hurrelmann mit der 9. Maxime diesem Einwand unterdessen zumindest grundsätzlich Rechnung getragen. Er spricht jetzt explizit von einer „stärker werdenden ökonomischen Ungleichheit". Diese kann aber sicherlich nicht ausschließlich individuell oder subjektiv bewältigt werden. Insofern zeigt Hurrelmann unterdessen Problembewusstsein. Man muss fragen, in welchem Ausmaß aus diesem Problembewusstsein eine pädagogisch oder auch gesundheitswissenschaftlich begründete Gesellschaftskritik folgern kann.

Zudem hätte der Sozialwissenschaftler unmissverständlicher darlegen können, dass der **Medienkonsum Jugendlicher zumindest teilweise von Erwachsenen begleitet oder sogar kontrolliert werden sollte**. Aber wie kann ein sinnvolles Zusammenwirken der unterschiedlichen sozialisatorischen Instanzen überhaupt möglich sein bzw. welche Formen des Zusammenwirkens sind wünschenswert? Diese schwierige Frage wird im Modell Hurrelmanns wenig problematisiert.

Vereinzelt entsteht der Eindruck, dass das Modell mit dem Postulat einer „ausgewogenen Mischung" hinsichtlich vieler Faktoren und Bedingungen im Jugendalter **zu wenig die Tatsache anerkennt, dass sich Jugendliche sehr verschieden entwickeln**. Eine ausgewogene Mischung, z. B. zwischen unmissverständlichen Forderungen und dem Ermöglichen von Freiräumen, wird deshalb keineswegs allen Jugendlichen gerecht. Allerdings muss man Hurrelmann zugestehen, dass ein Modell nicht nur abstrahieren, sondern auch generalisieren muss und insofern individuelle Bedingungen kaum berücksichtigen kann. Dennoch hätte er sinnvollerweise erklären sollen, dass für jeden Jugendlichen unterschiedliche „Ressourcen" Bedeutung gewinnen können.

Zuletzt muss man fragen, ob und inwieweit Hurrelmann ein kritisches Verständnis der Begriffe „Ich-Identität" und „Individuation" erkennen lässt. In diesem Kontext ließe sich diskutieren, ob nicht eine Berücksichtigung der realen Bedingungen der gegenwärtigen gesellschaftlichen Lebenswelt – möglicherweise innerhalb einer kosmopolitischen Problemsicht – gerade im Prozess der Sozialisation der nachwachsenden Generationen besonderes Gewicht gewinnen müsste. Indem Hurrelmann unterdessen auch ökonomische Ungleichheit im Rahmen seines Modells problematisiert, ist er einen wichtigen ersten Schritt in Richtung einer kritischen Sicht auf die gesellschaftliche Wirklichkeit gegangen. Dieser Schritt geht aber noch nicht bis hin zu einem kosmopolitischen Blick. Insgesamt wäre zu fragen, ob der **Gesichtspunkt der Verantwortung für Mitmenschen bei einem Nachdenken über Identitätsentwicklung nicht mehr Beachtung finden müsste**. In diesem Sinne stehen die Überlegungen Hurrelmanns nur begrenzt in der Tradition des pädagogischen Nachdenkens von Kant oder Adorno.

Hurrelmann fragt als Soziologe oder auch als Gesundheitswissenschaftler, wie man Menschen in einer Gesellschaft helfen kann, sich als soziale Wesen in die sozialen Strukturen zu integrieren. Er fragt, wie es Menschen in einer Gesellschaft gelingen kann, „sich die Freiheiten für ihre persönliche Entwicklung und Lebensgestaltung zu erschließen und zu autonomen Individuen zu werden". (Vgl. Hurrelmann 2012, S. 89) Hurrelmanns Konzept dient somit zunächst der Deskription. Erst in einem zweiten Schritt ergeben sich Fragen nach normativen Orientierungen. Denn Hurrelmann muss ja grundsätzlich immer auch die Möglichkeit mit einbeziehen, dass eine Gesellschaft die in ihr lebenden Menschen nicht integrieren kann oder umgekehrt Menschen eine persönliche Entwicklung und Lebensgestaltung nicht gelingt. Insofern muss er immer auch fragen, welche Voraussetzungen gegeben sein müssten, damit die entsprechenden Prozesse gesellschaftlich wie individuell gelingen können.

Zweifellos hilft das Modell Hurrelmanns, Probleme im Entwicklungs- und Sozialisationsprozess Jugendlicher differenzierter zu erkennen, und bietet so ein bedeutendes Fundament für weitere Überlegungen und auch „pädagogische" Entscheidungen. Welche Entscheidungen jeweils zu treffen sind, lässt sich aus dem Modell nur sehr begrenzt ableiten. Konkrete Wertentscheidungen mit Blick auf spezifische Fragen kann und will Hurrelmann – zumindest im direkten Sinne – nicht vorgeben. Er lässt aber keinen Zweifel daran, dass die Jugendphase als „eine eigenständige Phase im Lebenslauf" anerkannt werden muss. Pädagogisch betrachtet bedeutet diese Einsicht, dass pädagogische Einwirkungen in diesem Alter grundsätzlich noch sinnvoll bleiben, zugleich aber anerkannt werden muss, dass diese Einwirkungen nicht den Selbstkonstruktionsprozess der Jugendlichen behindern oder gar verhindern dürfen.

Wenn Hurrelmann also die Bedeutung „sozialer Ressourcen" im Jugendalter herausstellt, so bedeutet das aus einer pädagogischen Perspektive, dass Erwachsene sich auch mit Blick auf Jugendliche bewusst machen müssen, dass sie noch Aufgaben der Erziehung und Bildung sehen, wahrnehmen und verantworten müssen.

**Aufgabe 31**  Skizzieren Sie, welche Bedeutung erwachsene Bezugspersonen nach Hurrelmann für Jugendliche haben und wie sie dieser pädagogischen Bedeutung gerecht werden können.

**Aufgabe 32**  Erörtern Sie, ob Hurrelmann die Bedeutung der Jugendphase überschätzt.

**Aufgabe 33**  Beurteilen Sie, ob Hurrelmann in seinem Modell hinreichend die gesellschaftlichen Einflüsse auf Jugendliche berücksichtigt hat.

**Aufgabe 34**  Erarbeiten Sie auf dem Fundament der Maximen Klaus Hurrelmanns Erklärungen für die Tatsache, dass das Unterrichtsfach Erziehungswissenschaft sehr viel häufiger von Mädchen als von Jungen gewählt wird. Setzen Sie sich mit der Frage auseinander, ob mehr Jungen für eine Wahl des Unterrichtsfaches Erziehungswissenschaft in der Schule motiviert werden sollten oder könnten.

**Aufgabe 35**  Prüfen Sie, ob das Modell Hurrelmanns für das Ziel einer pädagogischen Förderung der Autonomie von Jugendlichen hilfreich sein kann.

**Aufgabe 36**  Erläutern Sie, warum Hurrelmann die bisher formulierten acht Maximen seines Modells um zwei weitere Maximen ergänzt hat.

## 9 Verschiedene Theorien zur Erklärung von Jugendgewalt

Im Hinblick auf Gewalt findet sich eine fast unübersehbare Fülle an möglichen Erklärungen. Viele dieser **Erklärungen entstammen der Psychologie und der Soziologie**. Pädagoginnen und Pädagogen können diese Einsichten nicht ignorieren. Allerdings lassen sich aus solchen Einsichten **niemals direkt Handlungsmöglichkeiten ableiten**. Dennoch können diese Einsichten pädagogischem Handeln **Orientierung bieten**. Das schließt auch ein, sich bewusst zu machen, was pädagogisch bewirkt werden kann und was nicht.

### 9.1 Der soziologische Ansatz nach Heitmeyer

**Wilhelm Heitmeyer, geb. 1945, ist Professor für Pädagogik mit dem Schwerpunkt Sozialisation an der Universität Bielefeld.** Er war 1996 bis 2013 Direktor des Instituts für interdisziplinäre Konflikt- und Gewaltforschung. Im Jahr 2012 wurde er mit dem „Göttinger Friedenspreis" ausgezeichnet. Heitmeyer gilt als sehr kritischer Beobachter sozialer Entwicklungen in Deutschland, was er seit 2003 kontinuierlich über Bücher mit dem Titel „Deutsche Zustände", welche er mit vielen Mit-Autorinnen und Mit-Autoren verfasst, dokumentiert.

Heitmeyer hat mit aufwendigen Forschungen rechtsextremistische, menschenfeindliche und gewaltorientierte Haltungen von Menschen und Menschengruppen untersucht. In diesem Kontext hat er sich auch weitreichend mit Jugendgewalt auseinandergesetzt. Heitmeyer analysiert aus einer **soziologischen Perspektive** heraus. Er fragt nach Ursachen oder Motiven für Gewaltorientierungen unter Jugendlichen innerhalb einer sozialen und gesellschaftlichen Problemsicht. So analysiert er, welche sozialen Gruppen in besonderer Weise gefährdet sind, Gewalt positiv einzuschätzen oder sogar auszuüben, und er untersucht zugleich, welche gesellschaftlichen (Lebens-)Bedingungen, die solche Gruppen erfahren, Gewaltorientierungen begünstigen. Insofern fragt Heitmeyer nicht einfach allgemein nach Jugendgewalt, sondern er fragt, welche Jugendlichen unter welchen spezifischen sozialen bzw. gesellschaftlichen Lebensbedingungen Gewaltorientierungen ausbilden.

### Von der Marktwirtschaft zur Marktgesellschaft

Wie andere Soziologen beobachtet Heitmeyer einen Prozess zunehmender Individualisierung in westlichen Gesellschaften. Dieser Prozess werde von Betroffenen ambivalent erlebt.

Zwar seien unterdessen die materiellen und auch Konsummöglichkeiten vieler Menschen gestiegen, die Mobilität und Flexibilität der Menschen – sozial wie geografisch – hätten sich massiv erhöht und eine „Bildungsexpansion" sei zu konstatieren. Daraus aber erwüchsen nicht nur Entscheidungsfreiheiten, sondern zugleich auch Entscheidungszwänge, welche nun aber die Menschen individuell bewältigen müssten. Mit dieser Ambivalenz im Individualisierungsprozess können nicht alle Jugendlichen (bzw. nicht alle Menschen) umgehen.

Besondere Bedeutung gewinnt nach Heitmeyer eine Ablösung von „traditionellen Orientierungen und Denkweisen", welche zunehmend durch neue Lern- und Leistungsanforderungen – in der Schule oder auch auf dem Arbeitsmarkt – ersetzt würden. Darüber hinaus müssen Menschen sich in Konkurrenzen um Arbeits- und Aufstiegsmöglichkeiten immer wieder durchsetzen. Kollektives und solidarisches Handeln finden so kaum mehr Raum. Diese Entwicklung wird dann noch verschärft, wenn Menschen ihre angestammten Lebens- und Erfahrungsräume verlassen und aufgeben müssen, was wiederum Auswirkung auf ihre Gestaltungsmöglichkeiten und Erfahrungen mit Beziehungen hat.

Heitmeyer legt so offen, dass die gegenwärtige Individualisierung eine paradoxe Lebenssituation bedingt: Einerseits lässt sich ein Zuwachs an Individualisierungschancen konstatieren, zugleich aber müssen Menschen erleben, dass sie z. B. im Arbeitsleben ersetzbar sind, oder sie müssen Anforderungen erfüllen, auf welche sie selbst keinen Einfluss nehmen. Dass in der Schule unterdessen bundesweit vergleichbare Standards eingeführt werden, die dann über zentrale Prüfungen eingefordert werden, kann diese Beobachtung Heitmeyers unterstreichen. Insofern finden gegenwärtig sowohl Individualisierung als auch Entindividualisierung statt.

Im letzten Jahrzehnt hat Heitmeyer seine gesellschaftskritische Sicht im Kontext seiner Forschungsarbeiten zu den Themen Menschenfeindlichkeit und Gewalt weiter präzisiert und differenziert. Er weist mit Nachdruck auf den prinzipiellen Unterschied zwischen **Ungleichheit** und **Ungleichwertigkeit** hin. Ungleichheit zeigt sich in materiell unterschiedlichen Lebensbedingungen, sie ist Folge gesellschaftlich struktureller Entwicklungen. Diese begünstigen Möglichkeiten des Aufstiegs oder auch des Abstiegs, sie führen zur Ausbildung unterschiedlicher sozialer Schichten. Solange Ungleichheit sich mit den jeweils vorherrschenden anerkannten gesellschaftlichen **Gerechtigkeitskriterien** vereinbaren lässt, ist die Gefahr, dass aus ihr Ausgrenzungs- oder Gewaltorientierungen erwachsen, eher gering.

Hingegen besteht nach Heitmeyer durchaus die Gefahr, dass zur Rechtfertigung sozialer Ungleichheit eine Ideologie der „Ungleichwertigkeit" von Menschen vertreten werden kann und auch wird. So lässt sich behaupten, Ungleichheit unter Menschen sei „natürlich", oder es lässt sich die Auffassung vertreten, Ungleichheit sei ein bedeutender Motor gesellschaftlicher Entwicklung. Vertreter solcher Ideologien verdrängen häufig die Frage, wie viel **Spaltung**, **Desintegration** oder **mangelnde Anerkennung** von Menschen gesellschaftlich ertragen werden können. Heitmeyer erkennt einen Prozess, in welchem die **Marktwirtschaft** zunehmend in eine **Marktgesellschaft** überführt wird. Dies hat zur Folge, dass Menschen immer mehr erleben müssen, **nach Marktkriterien beurteilt** zu werden. Menschen müssen erfahren, dass ihr Wert nach ihrer sozialen Lage oder nach ihrem Bildungsabschluss oder beruflichem Abschluss eingeschätzt wird. Wenn Menschen auch als Menschen immer mehr nach ihrer (ökonomischen) Leistungsfähigkeit beurteilt werden, dann verwischt die Differenz zwischen Ungleichheit und Ungleichwertigkeit. Beruflicher Abstieg wird so immer häufiger auch als persönlicher Abstieg wahrgenommen. Die Angst vor Abstieg und Statusverlust betrifft unterdessen keineswegs nur Menschen der unteren sozialen Schichten, sondern zunehmend auch Menschen der sogenannten Mittelschicht. Politische Entscheidungen – etwa mit Blick auf staatliche Maßnahmen im Umgang mit arbeitslos gewordenen Menschen – haben solche Ängste weiter wachsen lassen.

Heitmeyer kritisiert, dass gesellschaftlich **niemals der Anpassungsdruck selbst kritisch in den Blick genommen**, sondern immer mit kompensatorischen Mitteln reagiert wird, wenn die Zahl derer, die sich nicht den veränderten Erwartungen anpassen können, in einer Weise zunimmt, dass die gesellschaftliche Ordnung insgesamt bedroht sein könnte.

Heitmeyer verweist auf drei mögliche gesellschaftliche Reaktionsformen:

- Sozialstaatliche Maßnahmen werden zurückgenommen, womit der Einzelne noch mehr zur Anpassung gezwungen werden soll.
- Moral und Erziehung werden erneuert, neue Bindungen werden empfohlen und neue Bildungskonzepte durchgesetzt, ohne dass aber damit angestrebt würde, auch gesamtgesellschaftliche Veränderungen einzuleiten. Heitmeyer würde in diesem Sinne auch die gegenwärtigen Veränderungen im Bildungswesen skeptisch beurteilen.
- Politik wird ethnisiert, indem die Ursachen sozialer Probleme über ethnische Zuschreibungen beschrieben werden.

Gehen solche gesellschaftlichen Reaktionsformen mit problematischen Erfahrungen in Familien und Freundeskreisen einher, so erleben sich die Betroffenen vielfach in ihren Lebenssituationen als hilflos und verunsichert. Können sie dieses Gefühl dann nicht sozialverträglich „wenden", so ist die Gefahr hoch, dass sie sich entweder resignativ-passiv zurückziehen oder aber sich ausgrenzend, aggressiv und zuletzt gewalttätig gegen Mitmenschen verhalten. Damit aber wären solche Verhaltensweisen massiv als **Folge problematischer gesamtgesellschaftlicher Entwicklungen** zu begreifen.

Heitmeyer erkennt hier eine gesellschaftliche Paradoxie: Die Ausgrenzung bestimmter sozialer Gruppen mit unterschiedlichen Fähigkeiten, Glaubensrichtungen, Lebensgewohnheiten usw. gefährde einerseits den gesellschaftlichen Zusammenhalt, sei andererseits aber zur Rechtfertigung faktischer materieller Ungleichheit notwendig. Denn wenn massive gesellschaftliche Ungleichheit nicht legitimiert werden kann, besteht die Gefahr struktureller gesellschaftlicher Krisen. Es bleibt hingegen zu fragen, ob gesellschaftliche Krisen und Ungleichheit über den Weg, Menschen für ungleichwertig zu erklären, tatsächlich vermieden werden können. Denn dass diese für ungleichwertig erklärten Menschen nun anstreben, ihrerseits andere als minderwertig einzustufen und diesen Menschen gegenüber entsprechend auftreten, kann kaum mehr überraschen.

### Unterschiedliche Erfahrungswelten und Verarbeitungsmöglichkeiten von Menschen bzw. Jugendlichen

Viele Menschen und auch Jugendliche können die gegenwärtige paradoxe Lebenssituation durchaus bewältigen und teilweise sogar klug für ihr eigenes Fortkommen nutzen. Heitmeyer hat umfassend untersucht, welche sozialen Gruppen besonders gefährdet sind, diese paradoxe Situation nicht bewältigen zu können. Er bedenkt, dass Menschen **niemals nur durch einseitige Erfah-**

**rungen geprägt werden.** Arbeitsbiografien oder auch Schulbiografien, Erfahrungen mit Politik, soziale Beziehungen und Erfahrungen in bestimmten Lebensmilieus gewinnen im Wechselverhältnis Einfluss auf Haltungen oder Verhaltensweisen junger Menschen. Das schließt mit ein, dass entsprechende Entwicklungsprozesse eine positive Einstellung zu Gewalt oder sogar aktive Gewaltbereitschaft fördern können.

Identitätsprobleme werden häufig dadurch provoziert, dass der gesellschaftliche „Einforderungsdruck" zu stark wird und gleichzeitig keine „Rückenstärkung" aus dem sozialen Milieu und den Familienbeziehungen erwartet werden kann.

Schulischer Misserfolg wurde beispielsweise in früheren Generationen nicht als persönliches Versagen bewertet; teilweise wurde nicht einmal schulischer Erfolg angestrebt (was sicherlich auch nicht unproblematisch war). Überdies bedeutete vor noch wenigen Jahrzehnten schulischer Misserfolg keineswegs auch zwingend Chancenlosigkeit auf dem Arbeitsmarkt. Wenn dann noch hinzukommt, dass nicht mehr sichere Beziehungen über Familien oder Freundeskreise oder Nachbarschaften helfen können, Erfahrungen von „Niederlagen" auszuhalten oder zu verarbeiten, werden die „Lasten" solcher Niederlagen für die Betroffenen zunehmend schwerer ertragbar.

Identitätsprobleme können aber auch in familiären Konstellationen entstehen. In wohlhabenden Familien erleben Kinder und Jugendliche manchmal Gleichgültigkeit ihnen gegenüber. Gewalt kann ein Mittel werden, überhaupt Aufmerksamkeit zu finden. Manchmal haben auch widersprüchliche Erziehungsstile die Folge, dass Jugendliche für sich kaum Normen entwickeln. In einer Welt des Wertepluralismus findet in nicht wenigen Familien eine Diskussion über Werte, die gelten sollen, überhaupt nicht mehr statt. Das wiederum kann damit zusammenhängen, dass die berufstätigen Eltern mit ihren Kindern nur noch wenig „freie Zeit" verbringen.

Wie Hurrelmann unterstellt auch Heitmeyer ein „produktiv realitätsverarbeitendes Subjekt", wie dieser will er die interpersonale und die intrapsychische Ebene berücksichtigen und erst auf der Basis einer solchen komplexen Sichtweise das Handeln von Jugendlichen zu erklären versuchen. So fragt er nicht nur nach dem sozialen Status eines Menschen, sondern auch, **welchen Gruppen** sich ein Mensch zugehörig fühlt und **welche Bindungen** er in seiner Familie oder im Freundeskreis erleben kann. Er bedenkt, **welche „Fähigkeiten"** – auch Fähigkeiten, Erfahrungen zu verarbeiten – ein Mensch ausbilden konnte und wie er sich emotional entwickelt hat (Selbstwertgefühl, Impulskontrolle, Frustrationstoleranz, ...). Konkrete Erfahrungen in bestimmten Handlungsfeldern der Realität werden dann von einem Menschen auf der Basis seiner Lebensgeschichte „produktiv" – in seinem Sinne – „verarbeitet". So bildet dieser Mensch dann bestimmte Normen- und Werteorientierungen und auch Handlungsbereitschaften aus. Ob und unter welchen Bedingungen dann ein spezifisches Handeln erfolgt, wäre dann wieder eine neue Frage.

Heitmeyer erkennt so an, dass menschliches Verhalten immer nur innerhalb einer komplexen Problemperspektive beschrieben und gedeutet werden kann.

Im Hinblick auf Erklärungsversuche für menschenfeindliche oder gewaltbejahende Einstellung hat Heitmeyer an anderer Stelle sein Analysegerüst anders gewichtet, er unterscheidet hier diese drei Ebenen:
- Die Struktur-Kultur-Ebene: Individualisierung, Milieu und Ungleichheit
- Die sozial-interaktive, interpersonale Ebene: Freisetzungen, Auflösungen, Gewissheitsverluste
- Die personelle, intrapsychische Ebene: Identität

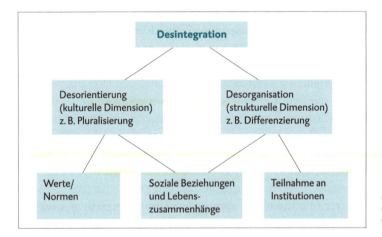

Abb. 15: Folgen der Desintegration

Damit hebt er mehr heraus, wie sehr strukturell-kulturelle Veränderungen sich auf soziale Interaktionen oder auch auf die Identitätsbildung von Menschen auswirken.

Heitmeyer hat in aufwendigen Studien unterschiedliche Sozialmilieus untersucht. Er konnte in diesen Studien nachweisen, wie ungleich die Chancen von Jugendlichen für eine a) **individuell-funktionale Systemintegration**, eine b) **kommunikativ-interaktive Sozialintegration** und eine c) **kulturell-expressive Sozialintegration** sind. Die erste der genannten Dimensionen bezieht sich primär auf Zugänge zum Arbeitsmarkt und damit verbunden auf Möglichkeiten einer sozialen Absicherung. Die zweite Dimension betrifft Möglichkeiten und Fähigkeiten zu einer politischen Partizipation, die dritte Dimension bezieht sich auf Möglichkeiten, einen sozial-emotionalen Rückhalt in der eigenen Alltagswelt bzw. sozialer Unterstützung durch z. B. Freundes- oder Bekanntenkreise zu erfahren.

Heitmeyer hat in diesem Rahmen verschiedene soziale Gruppen unterschieden. Er hat mit dieser Unterscheidung dargelegt, dass Denk- und Verhaltensweisen von Menschen niemals monokausal erklärt werden können. So finden sich Menschen mit hoher Bildung, sozialer Absicherung und politischen Einflussmöglichkeiten, die die bestehende Gesellschaft für gerecht halten, oder Menschen, die ebenfalls in allen Dimensionen gut eingebunden sind, aber politisch desinteressiert bleiben, während wieder andere Menschen zwar ebenfalls weithin zufrieden mit ihrer beruflichen und sozialen Lage sind, aber gesellschaftliche Entwicklungen z. B. mit Blick auf Grundnormen wie Solidarität und Chancengleichheit kritisch beurteilen. Menschen, die ihre eigene Lebenssituation auf unterschiedliche Weise als prekär wahrnehmen, halten sich nicht alle für politisch machtlos; sie streben teilweise politischen Einfluss an; eine Gruppe unter ihnen erlebt eigene soziale Beziehungen als stabil, eine andere Gruppe wiederum erlebt eigene Beziehungen als instabil.

Heitmeyers Gruppeneinteilungen, die er im Laufe der Jahre immer wieder verändert und überarbeitet hat, können zeigen, dass nicht einfach aus prekären Lebensverhältnissen Ablehnung von Menschengruppen oder Gewaltbereitschaft abgeleitet werden kann. Umgekehrt darf aber auch bei ökonomisch sichereren Verhältnissen nicht gefolgert werden, dass in diesen Kontexten eher hohe politische oder moralische Verantwortung ausgebildet würden.

Problematische Denk- und Verhaltensweisen von Menschen sind somit niemals allein denen zuzuschreiben, welche sie faktisch an den Tag legen. Auch Menschen mit höherer Bildung und sicherem Sozialstatus, welche desinteressiert an problematischen gesellschaftlichen Entwicklungen bleiben, tragen mit zu Entwicklungen bei, die dann zu fragwürdigen Verhaltensweisen von Menschen führen können. Dennoch lässt sich untersuchen, welche besonderen Lebensbedingungen die Gefahr der Ausbildung einer positiven Einstellung zur Gewalt erhöhen. Heitmeyer sieht dann eine besondere Gefahr, wenn drei unterschiedliche Prozesse miteinander verbunden sind:

- Menschen ohne Arbeitsstelle und ohne soziale Anerkennung erleben individuell Desintegration.
- Menschen mit Integrationsproblemen und mit Zugangsproblemen zu Arbeit und Bildung leben unter sich verdichtet in bestimmten Stadtteilen.
- Menschen mit Integrationsproblemen stellen in bestimmten Stadtteilen die Mehrheit.

Wenn Menschen ohnehin erleben müssen, gesellschaftlich weithin keine Anerkennung zu finden, zugleich auch ausgegrenzt in entsprechenden Stadtteilen ohne Bindungen, die ihnen Sicherheiten geben könnten, leben müssen, **verstärkt sich ihr Gefühl der Desintegration**. Sie haben kaum Beziehungen zu Menschen, welchen „Integration" gelingt und an welchen sie sich orientieren könnten. Sie erleben stattdessen Menschen, die auf unterschiedliche Weise und aufgrund unterschiedlicher Bedingungen desorientiert bleiben, sodass unter ihnen keine Solidarität entstehen kann, sondern eher wiederum Ab- und Ausgrenzung stattfindet.

### Die Entstehung gruppenbezogener Menschenfeindlichkeit und von Gewaltbereitschaft – Das Desintegrations-Verunsicherungs-Gewalt-Konzept

Um eine eigene „Unterlegenheit" in „Überlegenheit" zu transformieren, bieten sich „gruppenbezogene Menschenfeindlichkeit" und Gewalt als zunächst attraktive Möglichkeiten an. Heitmeyer hat Menschen und Menschengruppen beschrieben, die ein „Syndrom der **gruppenbezogenen Menschenfeindlichkeit**" erkennen lassen. Diese Menschen wenden sich gegen Menschen und Menschengruppen, die sie für minderwertiger erklären können, als sie sich selbst erfahren. Heitmeyer sieht unterschiedliche Muster:

- Obdachlose und Behinderte werden für nutzlos erklärt.
- Migranten werden als kulturell rückständig oder als nutzlos diffamiert.
- Juden wird Verlogenheit, eine ausbeuterische Mentalität oder eine fragwürdige Raffinesse unterstellt.
- Menschen vertreten dogmatisch eigene kulturelle als auch religiöse Überzeugungen und werten Menschen mit anderen Auffassungen ab.
- Homosexuelle werden als Menschen, die „wider die Natur" leben, eingestuft.
- Menschen anderer Rassen werden als kognitiv unterlegen aufgefasst.
- Die Frau wird als dem Mann unterlegen angesehen.

Entsprechende Einstellungen zeigen sich in mangelnder Anerkennung, Missachtung, Verachtung, Diskriminierung oder zuletzt in Gewalt. Menschen, die sich selbst als minderwertig wahrnehmen, finden so Wege, die **eigene Minderwertigkeit ertragen** zu können.

Die Aufzählung Heitmeyers führt vor Augen, dass solche aus seiner Sicht fragwürdigen Einstellungen keineswegs nur unter Menschen zu finden sind, die über offenes gewalttätiges Verhalten auffällig werden.

Er hat weiter erläutert, dass sich gerade unter Vertretern einer gruppenbezogenen Menschenfeindlichkeit eine grundsätzlich eher positive Einstellung zur

Gewalt finden lässt. Die Einstellung zur Gewalt kann in unterschiedlichen Graden Ausdruck finden. Menschen können davon ausgehen, dass **Gewalt unvermeidbarer Bestandteil des menschlichen und sozialen Lebens** sei, sie können **Gewalt** – ob privat oder staatlich – **akzeptieren**, sie können selbst eine **grundsätzliche Gewaltbereitschaft** dokumentieren und sie können zuletzt faktisch **gewalttätig werden**. Menschen, die Gewalt akzeptieren und das auch verbal äußern, ohne selbst jemals aktiv gewalttätig zu werden, fördern unweigerlich die Gewaltbereitschaft derer, die dann faktisch Gewalt ausüben. Heitmeyer weist hier unter dem Stichwort „gewaltaffine Einstellungen" auf Haltungen wie **Machiavellismus** (Bestrebung, sich rücksichtslos durchzusetzen), **Autoritarismus** (kritikloses Anerkennen von „Mächtigen") oder eine **„Law and Order"-Einstellung** (dogmatisches Verteidigen einer Ordnung oder bestimmter Regeln) hin. Solche Einstellungen finden sich vielfach in den Erwachsenengenerationen. Jugendliche lernen somit diese Einstellungen von ihnen. Jugendliche handeln anders als Erwachsene häufig eher impulsiv, sie reflektieren weniger die Folgen ihres Tuns in vollem Ausmaß. Darum verhalten sich diese eher unmittelbar gewalttätig als Erwachsene. Dieses Phänomen ist allerdings nicht neu. Auch in früheren Jahren war jugendliche Gewaltbereitschaft kein ungewöhnliches Phänomen, nicht zufällig sprach man in den Fünfziger- und Sechzigerjahren von „Halbstarken". Häufig endete die Bereitschaft der jungen Männer zu gewalttätigen Auseinandersetzungen mit dem Eingehen von festen Partnerschaften.

Jugendgewalt nimmt aber zu, wenn die Jugendlichen zuvor „gelernt" haben, Gewalt als legitimes Mittel der Selbstdurchsetzung zu verwenden. Auch solche Einstellungen bilden sich in Interaktionskontexten heraus.

Heitmeyer nennt **fünf mögliche Legitimationen für Gewalt:**
- Gewalt als Gegengewalt (womit der Täter sich selbst zum „Opfer" erklärt)
- Gewalt als „Ultima Ratio", also als letztmöglicher Weg
- Gewalt als Ordnungsfaktor (womit auch staatliche Gewalt gerechtfertigt wird)
- Gewalt als normales Handlungsmuster (womit eigenes gewalttätiges Handeln nur „normal" wäre)
- Gewalt als Klärung und Vollstreckung (als „Alternative" zu einem für folgenlos gehaltenen Weg des „Nur-Redens")

Auf der Grundlage der Einstellung einer „gruppenbezogenen Menschenfeindlichkeit" können bestimmte Gruppen leicht zu Objekten von psychischen oder auch physischen Bedrohungen und Angriffen werden. Eine innerlich ausgebildete gruppenbezogene Menschenfeindlichkeit führt dann dazu, dass mögliche Gewalthemmungen zumindest massiv reduziert werden. So kann dann umgekehrt das „positive" Erleben im Umgang mit Gewalt in der Selbsterfahrung dominieren.

- Gewalt verschafft Eindeutigkeit, Ambivalenz scheint so „bearbeitbar".
- Gewalt ist eine Demonstration der Überwindung der eigenen Ohnmacht.
- Gewalt garantiert Fremdwahrnehmung, womit Selbstwirksamkeit erfahren werden kann.
- Gewalt ermöglicht in Gruppenzusammenhängen das Erleben von Solidarität.
- Gewalt verschafft körperlich sinnliche Erfahrungen.
- Gewalt überwindet Unterlegenheit – insbesondere in Milieus, in welchen primär sprachlich vermittelte Kompetenzen gelten.

Gewalt kann somit subjektiv als hochgradig attraktiv erlebt werden. Dies kann auf unterschiedliche Arten realisiert werden. Heitmeyer unterscheidet vier Varianten:

- **Expressive Gewalt:** Auf diese Weise können Jugendliche z. B. durch Tabubrüche Aufmerksamkeit gewinnen und so ihre „Einzigartigkeit" unterstreichen. Die Opfer bleiben beliebig und zweitrangig.

- **Instrumentelle Gewalt:** Diese Gewalt erfolgt in Ausrichtung an „antizipierbaren Kalkülen" und wird als Mittel zur (angestrebten) Problemlösung eingesetzt.

- **Regressive Gewalt:** Diese Form der Gewalt ist an nationalen und ethnischen Kategorien ausgerichtet, um durch eine „kollektiv einbindende Gewalt" eigene berufliche, soziale oder politische Desintegrationsprozesse (vermeintlich) aufheben zu können.

- **Autoaggressive Gewalt** wird dann ausgeübt, wenn andere Wege oder Auswege sich nicht eröffnen.

Gewalt wird somit für Jugendliche in bestimmten sozialen Milieus und auf der Basis bestimmter Lebenserfahrungen attraktiv. Sie vermittelt den „Tätern" ein Gefühl der eigenen Wertigkeit und verschafft ihnen in bestimmten sozialen Kontexten Anerkennung.

### Pädagogische Würdigung von Heitmeyers Erklärungsansatz

Heitmeyers differenzierte Analysen zur Entstehung von Gewalt legen offen, dass singuläre – auch pädagogische – Maßnahmen die Problematik nicht grundsätzlich lösen können. Seine Analysen zeigen so auch die Grenzen der Mög-

**lichkeiten pädagogischen Handels** auf. Darüber hinaus lassen seine Überlegungen deutlich werden, dass auch pädagogisches Handeln **gesellschaftlichen Paradoxien** nicht ausweichen kann.

Das pädagogische Propagieren von Solidarität als Erziehungs- und Bildungsziel kann nicht verhindern, dass man Kinder und Jugendliche auf eine Welt der Konkurrenz vorbereiten muss, in der sie sich durchsetzen müssen. Der pädagogische Anspruch einer Erziehung und Bildung zur Mündigkeit sieht sich gesellschaftlichen Erwartungen gegenüber, die bestimmte flexible Haltungen und Fähigkeiten einfordern. Die Tatsache, dass soziale, gesellschaftliche und soziale Anerkennung nahezu nur über das Bewältigen bestimmter Anforderungen im beruflichen wie außerberuflichen Leben gefunden werden kann, können Pädagoginnen und Pädagogen nicht ausblenden.

Heitmeyer gesteht ein, dass er selbst keine weitreichende Lösung der Problematik sieht. Obwohl er wie Hurrelmann den **Jugendlichen als Konstrukteur und Produzenten seiner Identität** betrachtet, weist er auf die Fülle der Einflussnahmen hin, die massiv dazu beitragen, wie Jugendliche sich entwickeln.

Gesellschaftliche Paradoxien können nicht ausschließlich pädagogisch gelöst werden. Gegenwärtig verschärft sich die Problematik noch, weil Bildung einseitig als primär berufsqualifizierende Aufgabe begriffen wird. Dies erweitert zwar einerseits die Möglichkeiten einer gesellschaftlichen Partizipation, andererseits wird dabei aber niemals problematisiert, in welcher Weise gesellschaftliche Partizipation überhaupt stattfinden kann und soll. In diesem Sinne kann **nicht angenommen werden, durch singuläre Maßnahmen** wie Streitschlichter-Programme in Schulen oder durch Erweiterung der pädagogischen Betreuung in (Ganztags-)Schulen **die Problematik der Jugendgewalt bewältigen zu können**. Das darf allerdings nicht bedeuten, auf alle pädagogischen Wege, der Problematik der Jugendgewalt zu begegnen, zu verzichten.

Pädagogisch wäre wichtig, dass in entsprechenden Institutionen eine **Kultur der Anerkennung** realisiert werden kann. Es müsste erstrebt werden, alle Kinder und Jugendlichen bedingungslos als gleichwertig anzusehen – ungeachtet ihres Leistungsvermögens, ihrer Einstellungen und Überzeugungen, ihres sozialen Status', ihrer Herkunft oder ihres Aussehens. Auch Pädagoginnen und Pädagogen müssen eine solche Vorgehensweise erst lernen. Das schließt Auseinandersetzungen um Sachverhalte nicht aus.

Pädagogisch wäre es weiter wichtig, Jugendlichen bewusst zu machen, welche „Erfolge" oder Folgen Gewalt tatsächlich nach sich zieht. Dabei müsste man auch problematisieren, warum bestimmte Menschengruppen für Täter zu „Objekten" ihrer Aggressionen werden können. Das wiederum setzt voraus, dass Jugendliche Formen des solidarischen Miteinanders erleben könnten, sodass sie sich folgenreich für eigene Rechte, Interessen oder auch (unbewusste) Wünsche einsetzen könnten.

Weiter bleibt die Aufgabe von Bildung, die Frage gesellschaftlicher Ungleichheit immer neu zu problematisieren. Wie legitim sind welche Formen von Ungleichheit? Dies bezieht die Aufforderung zu politischem Engagement mit ein. In diesem Kontext sollte auch immer kritisch bedacht werden, auf welchen Wegen Stigmatisierungen zu Minderwertigen stattfinden. In diesem Rahmen wäre aufzudecken, dass solche Stigmatisierungen in allen gesellschaftlichen Schichten – und fast immer mit fragwürdigen Motiven – stattfinden.

## 9.2 Aggressionen aus der Sicht der Psychoanalyse

Wie bereits ausführlich erläutert, hat Freud ein sehr umfängliches Modell zur Beschreibung der menschlichen Psyche entwickelt. Freud und weitere Psychoanalytiker haben auch das Entstehen und Auftauchen aggressiven Verhaltens untersucht.

Laut dem Instanzenmodell muss das ICH die beiden anderen Instanzen, das ES (Lustprinzip) und das Über-ICH (Moralitätsprinzip) im Gleichgewicht halten, um sozial handeln zu können. Hierbei kommt es häufig zu „Triebunterdrückung": Wünsche und Triebe, die nicht sofort befriedigt werden können, müssen kontrolliert werden. Freud beschreibt dies als einen dauerhaften seelischen Konflikt.

Wenn das Individuum nun eine sogenannte ICH-Schwäche entwickelt hat, da sein Über-ICH immer wieder „triumphiert", werden aggressive Neigungen und Wutgefühle verdrängt. Diese permanente Verdrängung ist für den psychischen Apparat ein kräfteraubender Prozess. Somit kann es vorkommen, dass plötzlich, beispielsweise durch ein traumatisches Erlebnis oder eine neue Lebensphase, diese aggressiven Gefühle vehement ausbrechen. Dabei kann sich die Aggression gewaltsam auf andere Menschen beziehen oder aber auch gegen die Person selbst richten (Autoaggression, z. B. Nägelkauen, Ritzen).

Weiter kann Aggression auch durch den Abwehrmechanismus der Verschiebung entstehen. Wenn eine Person ihre Wut nicht am „Hassobjekt" abreagieren kann, beispielsweise an den Eltern oder den Lehrern, verschiebt sie die Aggressionen auf andere Menschen, beispielsweise jüngere Geschwister oder zufällige Begegnungen. Menschen, die aus sehr strengen Erziehungskontexten kommen, können so häufig außerhalb dieser Kontexte durch ein äußerst aggressives Verhalten auffallen.

In einem weiteren Erklärungsansatz sieht Freud **Aggressionen als Äußerungen** des Individuums **gegen die ständigen Anforderungen seiner sozialen Umwelt**, sich diesen zu fügen. Durch den Abwehrmechanismus der Verschiebung richtet sich Aggression nun gegen die Umwelt, dabei kommt es z. B. zu sinnlosen Zerstörungen (Vandalismus) oder spontanen Gewaltakten gegenüber unbeteiligten Personen, um sozusagen die Wut abzuladen.

Wenn Kinder in einem **Laisser-faire-Stil** erzogen werden, kann Aggression als ungehemmte Äußerung des ES interpretiert werden. Wünsche werden jederzeit, auch durch den Einsatz von Gewalt, durchgesetzt, um einen sofortigen Lustgewinn zu gewährleisten. In diesem Fall spricht man von einer **ICH-Schwäche** aufgrund eines **überstarken ES**.

Insgesamt verstehen Freud und andere Psychoanalytiker aggressive Gefühle als integralen Bestandteil der menschlichen Psyche. Freud interpretiert dies so, dass der Mensch seine aggressiven Energien und Triebe in gesellschaftlich angesehene Tätigkeiten sublimiert. Beispielsweise werden Aggressionen in künstlerische Schöpfungen umgeleitet: Musik oder Malerei, auch Sport kann hier der spielerische Ausdruck von Aggression sein. (Vgl. Freud 1972, S. 115 ff.)

Freuds Erkenntnisse finden auch heute Eingang in Therapiemaßnahmen, wie sie z. B. der Psychologe und Psychotherapeut Udo Rauchfleisch bei seiner Arbeit mit dissozialen und insbesondere straffällig gewordenen Menschen praktiziert. Er geht von der Beobachtung aus, dass viele Menschen, die später straffällig werden, **in der frühen Kindheit** oder auch zu späteren Zeitpunkten „**schwerste Verlust- und Mangelerfahrungen**" hätten machen müssen. Nach seiner Auffassung mussten diese Menschen tatsächlich gravierende Beeinträchtigungen erleben, die sich dann zumeist innerpsychisch als **Traumatisierungen** ausgewirkt hätten. Rauchfleisch kann diese Auffassung nicht nur mit therapeutisch gewonnenen Einsichten belegen, sondern auch mit „harten" Daten aus offiziellen Akten unterschiedlicher Institutionen, die mit solchen Menschen befasst waren. Er spricht von „psychischen Verletzungen", die sich als **Schädigungen in Funktionen des ICH** niederschlagen würden.

Aufgabe 37   Fassen Sie die vorgestellten Merkmale eines Traditionslosen Arbeitermilieus in der Beschreibung Heitmeyers zusammen und erörtern Sie, warum ein Leben unter solchen Bedingungen Menschenfeindlichkeit und Gewaltbereitschaft fördern kann. Prüfen Sie die Möglichkeiten für ein konstruktives pädagogisches Handeln innerhalb eines solchen Milieus.

Das Traditionslose Arbeitermilieu böte sich in nahezu idealer Weise als Projektionsfläche für eine alltagstheoretische und vorurteilsbehaftete Erklärung von Gewalt an. Die Angehörigen des Traditionslosen Arbeitermilieus weisen milieuvergleichend erhöhte gewaltaffine wie auch eindeutig gewaltbefürwortende Einstellungen auf als auch ein statistisch gesehen überdurchschnittlich häufiges Gewaltverhalten im Sinne körperlicher Gewaltausübung. Häufig sind Angehörige dieses Milieus Hauptschüler und aufgrund ihrer relativ geringen formalen Bildung auf der Skala des sozialen Ansehens eher niedrig angesiedelt. Hinzu kommt eine relativ große Statusunsicherheit bei den Angehörigen des Traditionslosen Arbeitermilieus und ein geringes Vertrauen in die eigene Leistungsfähigkeit. Im Sinne einer am sozialen Prestige orientierten Vorurteilsstruktur sind die hedonistischen Einstellungen, die gegenwartsbezogene Lebensorientierung, die relativ hohe Unzufriedenheit bei eher überdurchschnittlichen finanziellen Ressourcen ausreichende Hinweise auf die Ursachen für erhöhte Gewaltwerte und die deutliche Affinität zu rechtsextremen Parteien in diesem Milieu. Der Struktur von Vorurteilen entspricht es, tiefer liegende Ursachenzusammenhänge für gewalttätiges Verhalten nicht mehr in Betracht zu ziehen. Denn die Angehörigen des Traditionslosen Arbeitermilieus haben häufiger als die meisten Angehörigen anderer Milieus biografisch belastende Erfahrungen gemacht. Wenn dies, wie im Traditionslosen Arbeitermilieu, mit einer geringen sozialen Unterstützung durch die Familie und einer allgemein geringen Qualität von sozialen Beziehungen einhergeht, dann ist damit auf ein Desintegrationspotenzial verwiesen, das wiederum eine Fülle von Folgen zeitigt. Nicht nur die gewaltbefürwortenden Einstellungen nehmen mit sinkender Beziehungsqualität zu. Es ist zu vermuten, dass die bei den Angehörigen des Traditionslosen Arbeitermilieus vorfindbare geringe soziale Orientierung und hohe Rücksichtslosigkeit in sozialen Interaktionen mit einem hohen Grad an Verunsicherung einhergeht. Ein hoher Grad an Misstrauen gegenüber anderen und die mangelnde Fähigkeit, Kritik anzunehmen, sind dann wiederum Aspekte, die zusammen mit erhöhten Werten in der Einstellung zur Gewalt auftreten. Das hohe Maß an Ängsten, verbunden mit einem geringen Selbstvertrauen und der Meinung, auf den eigenen Lebenslauf und die sozialen Beziehungen einen geringen Einfluss zu haben bzw. in vielen Bereichen fremdgesteuert zu werden, dürften psychosozial eher destabilisierend wirken. Der enorme Problemdruck im Traditionslosen Arbeitermilieu entlädt sich dann in gewalttätigem Verhalten.

Neben einer milieuvergleichend hohen gewalttätigen Bewältigungsstrategie findet sich ferner eine ausgeprägt autoaggressive und in vielen Fällen abwartende Problembearbeitung. Einzig die hilfesuchende Problembearbeitung findet sich im Traditionslosen Arbeitermilieu selten. Im Sinne von Prävention und Intervention im Gewaltbereich wäre es demnach besonders dringlich, die bestehenden Hilfsangebote attraktiver zu machen und neue zielgerichtet zu schaffen. Erschwerend kommt hinzu, dass die Angehörigen des Traditionslosen Arbeitermilieus ungeachtet des hohen Problemdrucks bemüht sind, ihre Probleme, aber auch ihre Unsicherheiten nach außen hin zu verbergen.

*(Vgl. Heitmeyer 1995, S. 234 f.)*

152 Entwicklung, Sozialisation und Erziehung

**Aufgabe 38**   Prüfen Sie, ob und inwiefern die Möglichkeiten der Moralerziehung, die sich aus dem Ansatz von Kohlberg ergeben, dazu beitragen können, der Entstehung von Gewalt im „Traditionslosen Arbeitermilieu" entgegenzuwirken.

**Aufgabe 39**   Erläutern Sie, wie es aufgrund einer ICH-Schwäche zu Aggressionen kommen kann und wie diese sich äußern.

**Aufgabe 40**   In vielen Anti-Aggressions-Maßnahmen wird u. a. mit künstlerischen Mitteln gearbeitet. Beispielsweise werden in solchen Trainingseinheiten Hip-Hop bzw. Rap, aber auch Graffiti eingesetzt.
Erläutern Sie mithilfe der Psychoanalyse, warum diese Methoden verwendet werden.

# Entstehung und pädagogische Förderung von Identität und Mündigkeit

Der lateinische Begriff „Identitas" lässt sich mit „Wesenseinheit" übersetzen. Er enthält auch das Wort „idem", das mit „derselbe" übertragen werden kann. Die Frage nach Identität beschäftigt sich somit u. a. damit, wie ein Mensch eine **„Einheit seines Wesens"** herstellen kann oder wie er sich selbst als **unverwechselbarer und einmaliger Mensch** erfahren und definieren kann.

Seine Identität muss der Mensch sich erarbeiten. Insbesondere die Pubertätsphase gewinnt für diese **„Lebensaufgabe"** besondere Bedeutung (vgl. Erikson und Hurrelmann). Die Identität eines Menschen kann sich nicht außerhalb von Kulturen entwickeln (vgl. Nieke). Die Identität eines Menschen bietet dem Menschen nicht nur mit Blick auf sich selbst Orientierung, sondern auch mit Blick auf seine kulturellen, sozialen oder moralischen Einstellungen (vgl. Kohlberg).

Im 20. Jahrhundert wurde eine umfassende und kontroverse Diskussion darüber geführt, in welchem Ausmaß die Identität des Menschen gesellschaftlich geprägt oder sogar determiniert sei und inwieweit ein Mensch überhaupt „frei" auf seine Identität selbst Einfluss nehmen könne.

Im 21. Jahrhundert hat sich die Perspektive auf Identität gewandelt. In einer multikulturellen, multimedialen und in vielerlei Hinsicht „entgrenzten" Welt entsteht die Frage, ob Identität im „klassischen Sinne" überhaupt noch möglich oder erstrebenswert ist. In der postmodernen Welt der Gegenwart finden sich immer weniger feste Orientierungen, Werte gelten nur relativ oder relational, d. h. im Kontext bestimmter und konkreter Beziehungen. Für Jugendliche auf dem Weg zu einer eigenen „Identität" **nehmen somit die Anforderungen unvermeidbar zu**. Damit wird die **Frage nach Identität auch zu einer zentralen Frage der Pädagogik.**

# 1 Das Rollenkonzept des soziologischen Interaktionismus nach Lothar Krappmann

Lothar Krappmann, geb. 1936, studierte zunächst Philosophie und katholische Theologie, im Anschluss daran belegte er die Fächer Neuere Geschichte und Soziologie. Seine Doktorarbeit „Soziologische Dimensionen der Identität" gilt als soziologisches Standardwerk. Krappmann entwickelt in dieser Arbeit ein offeneres Verständnis von Rolle oder von Identität. Er nimmt so in seinen theoretischen Überlegungen Entwicklungen in den Blick, die sich dann faktisch gesellschaftlich mehr und mehr durchsetzen. Ab 1969 arbeitete er am Max-Planck-Institut für Bildungsforschung in Berlin, 1975 wurde er Forschungsgruppenleiter und 1982 Honorarprofessor für Soziologie der Erziehung an der Freien Universität Berlin. Seit 2003 engagiert sich Krappmann im UN-Ausschuss für die Rechte des Kindes.

## 1.1 Krappmanns Kritik traditioneller Rollenkonzepte – am Beispiel Meads

Krappmann begreift die Thesen Meads als Grundlage für weitere Forschungen zum Identitätsbegriff, obwohl Mead selbst den Begriff „Identität" noch nicht verwendete. Nach Mead ist ein Individuum bei seiner Entwicklung auf soziale Beziehungen angewiesen. Krappmann ist der Meinung, dass soziale Beziehungen immer auch „prekär", also schwierig sein können. Zudem kann sich **Individualität ohne Gesellschaft nicht herausbilden**. Im Sozialisationsprozess wird die Fähigkeit vermittelt, sich aktiv und passiv an Interaktionen zu beteiligen. Dieses soziale Geschehen ist ein dynamischer Prozess, an den sich das Individuum ständig anpassen muss. Nach Krappmann erklärt der Interaktionismus Verhalten nicht einfach im Schema von „stimulus" und „response" (Reiz und Reaktion), sondern betrachtet Menschen in ihrer „symbolischen Umwelt", in der alle Gegenstände, Personen, Verhaltensweisen und Strukturen soziale Bedeutung haben: **Soziales Handeln** ist demnach **stets intentional**.

Das Individuum kann auf Anpassungsanforderungen selbsttätig reagieren. Krappmann unterstreicht Meads Einsicht, dass das „I" und „Me" nicht als prinzipiell gegensätzlich angesehen werden müssen, sondern dass „Me" dem „I" besondere Möglichkeiten eröffnet, sich auszudrücken. Perfekt ist nach Mead der Baseball-Spieler, der spielt, wie es die Mitglieder seiner Mannschaft erwarten, d. h. dass „I" und „Me" im Einklang sind. Krappmann kritisiert, Mead habe die Bedeutung des „I" in der Beteiligung des Individuums am sozialen Prozess nicht eindeutig geklärt. Er strebt eine umfassendere Beschreibung des Problems an, indem er nach Wegen, Möglichkeiten und Schwierigkeiten der Identitätsbildung fragt.

Krappmann weiß, dass ein (theoretisches) Identitätskonzept keine ausgeglichene Identitätsfindung versprechen kann. Er erklärt unmissverständlich, dass in einer Gesellschaft, die eine „totale Institution" ist, eine Identitätsentwicklung unmöglich bleiben muss. Solange aber gesellschaftlich keine totale Institution vorherrscht, ist eine Identitätsfindung möglich. Der nationalsozialistische Staat und auch der sozialistische DDR-Staat können als totale Institutionen begriffen werden. Krappmann hält die Entstehung totaler Institutionen in westlichen Demokratien für unwahrscheinlich.

Krappmann problematisiert, dass gesellschaftliche Erwartungen und Anforderungen keineswegs immer eindeutig und widerspruchsfrei sind. Darum benötigen die Individuen besondere Fähigkeiten. Nur kommunikative Interaktionen können zur Lösung von Problemen führen: Daran könne aber niemand erfolgreich mitwirken, der Situationen nicht kreativ interpretieren könne. Menschen müssen Situationen oder auch Beziehungen, die sie erleben, sinnvoll deuten können, um konstruktiv in solchen Situationen und in Beziehungen handeln zu können. Wollen diese Menschen als Individuen oder Persönlichkeiten in Interaktionen agieren, müssen sie Situationen auf ihre Weise verstehen, ohne die Interaktionen mit Mitmenschen zu gefährden.

Krappmann spricht nicht einfach von Identität, sondern von „balancierender Identität": Diese ist nicht die Folge biologischer Anlagen oder der Sehnsüchte nach einer „heilen Welt"; sie gewinnt ihre Kraft aus der Erfahrung von Diskrepanzen in Interaktionen. Erst innerhalb von sich widersprechenden Erfahrungen müssen Menschen lernen zu „balancieren".

Seiner Meinung nach müsste ein Modell des Sozialisationsprozesses entwickelt werden, das den Zusammenhang zwischen strukturellen Bedingungen sozialer Milieus, dem familiären Interaktionssystem und den Sozialisationsvorgängen im engeren Sinne herstellt. Krappmann hat an entsprechenden Fragen gearbeitet, ohne aber letztlich selbst ein vollständiges Modell, das diesem Anspruch entsprechen könnte, vorzulegen. Es kann bezweifelt werden, ob ein

**156** Entstehung und pädagogische Förderung von Identität und Mündigkeit

solches Modell sinnvoll ist. Verallgemeinerbare kausale Beziehungen zwischen sozialen Milieus und familiären Interaktionssystemen (z. B. unterschiedlicher sozialer Schichten) können nicht einfach hergestellt werden.

## 1.2 Krappmanns kritische Einstellung zu konventionellen Rollenkonzepten

Krappmann definiert das „Rollenspiel" als einen Interaktionsvorgang von mindestens zwei Personen, die sich mithilfe des gleichen Symbolsystems (meist der Sprache) verständigen. Das Handeln der Rollenpartner orientiert sich an Normen, die Verhaltenserwartungen formulieren. Sanktionen sollen Normverhalten sichern. Ein System sozialer Rollen kann nur funktionieren, wenn es Gleichgewichtsbedingungen erfüllen und selbstregulativ sein kann.

**Konventionelle Rollenkonzepte** stellen eher einfach strukturierte Modelle optimaler Interaktionen in Rollen dar. Da diese Konzepte den Idealfall angeben, lassen sie sich kaum auf die soziale Wirklichkeit übertragen. Nach traditionellem Rollenverständnis findet ein erfolgreiches Rollenhandeln statt, wenn Rollennormen und ihre Interpretationen durch Betroffene weitreichend übereinstimmen. Krappmann bezweifelt aber, dass es überhaupt eindeutige Verhaltensanweisungen für Rollenverhalten gibt. Orientieren sich Menschen tatsächlich in ihrem alltäglichen Verhalten an nur einer Rolle? Lassen sich zwei unterschiedliche Rollen für einen Menschen kombinieren? Rollenerwartungen lassen sich – bezogen auf die soziale Wirklichkeit – kaum statisch beschreiben. Die Rollenerwartungen, z. B. an einen Schüler, sind allein deshalb schon nicht eindeutig beschreibbar, weil unterschiedliche Menschen in unterschiedlichen Rollen – Lehrer, Mitschüler, Eltern, mögliche spätere Arbeitgeber – verschiedene Erwartungen an diese Rolle stellen.

Wenn **erfolgreiches Rollenhandeln** an der Übereinstimmung der gegenseitigen Erwartungen der Rollenpartner gemessen würde, müssten differierende Interpretationen immer als „Störung" begriffen werden. Wenn erfolgreiches Rollenhandeln voraussetzen würde, dass individuelle Bedürfnisse mit den institutionalisierten Normen übereinstimmen, was würde dann mit und aus nicht integrierten Antriebspotenzialen werden? Können Menschen tatsächlich alle ihre Bedürfnisse mit dem Erfüllen von Rollenerwartungen befriedigen? Wenn innerhalb eines Rollenhandelns eine Orientierung an vorgegebenen Rollennormen eine gegenseitige Bedürfnisbefriedigung in einem Wertesystem gewährleisten soll, bleibt die Frage offen, welchen Stellenwert andere

Das Rollenkonzept des soziologischen Interaktionismus nach Lothar Krappmann 157

Handlungsmotive gewinnen können. Sind immer menschliche Bedürfnisse die Motive für bestimmte Entscheidungen oder bestimmtes Tun?

Wenn Individuen innerhalb von Institutionen **Rollennormen** erfüllen müssen, folgt daraus noch nicht, dass die Rollen von „Ego" und „Alter" („Ich" und „der Andere") identisch sind. Vielmehr erweisen sie sich faktisch als komplementär. Werte werden unterschiedlich in persönliche Motivationen umgesetzt. Damit lässt das traditionelle Rollenkonzept, in welchem eine interaktionistische Perspektive noch keine Berücksichtigung findet, viele Fragen offen und erfasst die Dynamik tatsächlichen Rollenhandelns und tatsächlicher Identitätsbildung nur unzureichend.

## 1.3 Das Rollenkonzept des Interaktionismus

Ausgangspunkt Krappmanns ist der **soziologische Interaktionismus**. Dass die tägliche Interaktion von Menschen innerhalb von Rollen stattfindet, bestreitet auch der Interaktionismus nicht. Allerdings wird nicht von eindeutigen Rollenerwartungen ausgegangen. Charakteristisch ist vielmehr, dass „Rollenspieler" auf unklare Erwartungen stoßen, die sich überdies nicht mit den individuellen Bedürfnissen decken. Ein Schulleiter sieht sich vielfältigen Erwartungen ausgesetzt. Wenn er diesen ansatzweise gerecht zu werden versucht, muss er erleben, dass er in diesen Kontexten vielfach seine eigenen Wünsche und Bedürfnisse zurückstellen muss. Demzufolge kann Interaktion in einer Situation nur bei (vorläufiger) Absprache über Normen durch die Rollenpartner und Wahrung der Bedürfnisse aller Beteiligten gelingen.

Das **interaktionistische Rollenmodell** geht davon aus, dass sich menschliche Identität über Sprache, Gestik und Mimik entwickelt: Menschen tauschen sich so über Ansprüche, Wünsche und Bedürfnisse aus. Das setzt aber Folgendes voraus:

- Rollennormen lassen Platz für Interpretationen;
- die Rollenpartner müssen alle Rollen verdeutlichen, die sie innehaben;
- ein Konsens über die Interpretation von Rollen kann und darf tentativ (versuchsweise), vorläufig und kompromisshaft sein;
- der Fortgang der Kommunikation zwischen Menschen lässt sich nur durch partiellen Verzicht auf die Befriedigung eigener Bedürfnisse und zugleich das Zugestehen der Bedürfnisbefriedigung anderer sichern.

Demzufolge **gewinnen Institutionen dadurch Stabilität, dass sie in der Interaktion Spielräume für Bedürfnisbefriedigung lassen**. Krappmann fasst seine Folgerung in Anlehnung an den Soziologen R. H. Turner mit dem Satz „Role-taking muss durch Role-making ergänzt werden!" zusammen.

Rollennormen sind grundsätzlich interpretationsbedürftig. Darüber hinaus kann der „Rollenspieler" seine anderen Rollen nicht außer Acht lassen, sondern muss sie wie auch künftige und vergangene Rollen mit in seine Entscheidungen einbeziehen. Menschen sind nicht nur „Rollenspieler", sondern auch „Rollennehmer", da sie ihre „Rollen" vielfach nicht frei wählen können, sondern ihnen diese in interaktiven Prozessen übertragen werden. Menschen sind z. B. nicht nur beruflich tätig, sie sind zugleich Eltern, engagiert in Vereinen, bewegen sich in bestimmten Freundeskreisen, pflegen bestimmte Hobbys. Sie können ihre unterschiedlichen Rollen nie ganz voneinander trennen.

### Der Begriff der Ich-Identität bei Krappmann

Die Erwartungen, mit denen sich das Individuum bei der Interaktion auseinandersetzen muss, lassen sich in zwei Dimensionen einordnen:
- die vertikale Zeitdimension, in der Ereignisse zu einer „personal identity" zusammengefasst werden (Individuen sollen sein wie kein anderer);
- und die horizontale Dimension, in der die nebeneinander aktualisierbaren Rollen zu einer „social identity" vereint werden (Individuen sollen sich an Normen anpassen).

Balance zu halten ist nach Krappmann die Leistung, die als Ich-Identität bezeichnet wird. Diese lässt sich auch als Balance zwischen einer „phantom normalcy" und einer „phantom uniqueness" begreifen: Das Individuum verhält sich, „als ob" es einzigartig sei und „als ob" es sei, wie alle anderen, wie der amerikanische Soziologe Erving Goffman konstatierte.

Ich-Identität ist demnach ein strukturelles Erfordernis des Interaktionsprozesses. Wer sich durch seine Einzigartigkeit, durch kontinuierlich konträres und abweichendes Verhalten, am Ende selbst stigmatisiert, wird in Interaktionsprozessen bald nicht mehr anerkannt, während ein Mensch, der immer voll die sozialen Erwartungen erfüllen will, sich selbst verdinglichen und so verlieren muss. Wird die Balance gewährleistet, erhält das Individuum eine gewisse Handlungsfreiheit. Identität ist die Herstellung von Gleichgewicht zwischen widersprüchlichen Erwartungen, eigenen Bedürfnissen und Anforderungen anderer: die Fähigkeit, sich als einmalig darzustellen und trotzdem Anerkennung zu finden. Nach Krappmann ist Ziel der Sozialisation der „autonome Mensch", der auch für die Autonomie anderer eintritt.

Das interaktionistische Modell versucht die Entstehung von kognitiven Leistungen (Abstraktionsfähigkeit und Differenzierungsleistungen) als Verinnerlichung von Strukturen in einem Rollensystem zu deuten. Dieses System gilt allgemein im Hinblick auf die Voraussetzungen, um sich adäquat zu Rollen zu verhalten und auch handlungsbereit zu bleiben, obwohl Widersprüche in der Rolle auftauchen. Der Interaktionismus will klären, wie bestimmte kognitive Leistungen, z. B. im familiären Sozialisationsprozess, entstehen können.

In allen Sozialisationsphasen treten Balanceprobleme auf. Nachdem das Kind die Differenzierung von Vater- und Mutterrolle vollzogen hat, hat jedes Mitglied der Familie zwei Rollen, die das gesamte System erhalten: z. B. Mutter-Kind vs. Mutter-Vater. Dieses Beziehungsmuster kann auf zwei Personen wie eine große Gruppe bezogen werden.

**Erzieherisch ist wichtig:** Zu geringe mütterliche Zuwendung verhindert wichtige Lernprozesse, zu enges mütterliches Bindungsverhalten verhindert den stufenweise erfolgenden Ablösungsprozess des Kindes. Wichtig ist, dass das Kind auch die Beziehung der Mutter zum Vater wahrnimmt (Konfrontieren mit „Balanceproblem"). Ein balanciertes Interaktionssystem ist fähig, sich an Autonomie anzupassen, da in diesem System keine symbiotischen Beziehungen bestehen und es so Entwicklungen fördern kann. Ein starres Interaktionssystem kann Autonomie nicht zulassen, es kommt zu einengenden Beziehungen, sodass Entwicklung gehemmt oder verhindert wird.

Menschen müssen lernen, ein **Gleichgewicht** herzustellen zwischen:
- widersprüchlichen Rollenerwartungen,
- Anforderungen anderer und eigenen Bedürfnissen,
- zwischen dem Bedürfnis, sich als einmalig darzustellen, und der Notwendigkeit, die Anerkennung der anderen zu finden.

Sie müssen deshalb folgende **Anforderungen** bewältigen können:
- Selbstdarstellung,
- Interpretation des Gegenübers,
- Verhandeln.

**Vier fundamentale „identitätsfördernde Fähigkeiten"** sind nach Krappmann die Voraussetzung dafür, diese Anforderungen bewältigen zu können:
- **Rollendistanz:** eigene Rollen und damit verbundene Erwartungen aus der Außenperspektive betrachten können;
- **Ambiguitätstoleranz:** konkurrierende Erwartungen aushalten und in die eigene Handlungsstrategie einbeziehen können;
- **Identitätsdarstellung:** nicht nur eine soziale Rolle optimal spielen, sondern innerhalb einer Interaktion die eigene Identität/Persönlichkeit gegenüber den anderen Interaktionsteilnehmern behaupten;

- **Empathie** bzw. **Role-taking:** die Erwartungen des Partners erkennen oder sogar vorwegnehmen.

Rollendistanz und Ambiguitätstoleranz stellen kognitive Fähigkeiten dar, sie befähigen zur Differenzierung, Kategorisierung und zur Wahrnehmung von Bedürfnissen. Identitätsdarstellung und Empathie sind soziale Kompetenzen, die nicht nur das Denken, sondern auch das Fühlen eines Menschen betreffen.

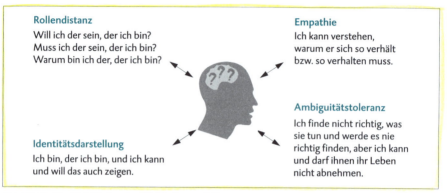

Abb. 16: Die identitätsfördernden Fähigkeiten nach Krappmann

**Die Ausbildung von Rollenfähigkeiten im Sozialisationsprozess**

Die Ausbildung der Empathie korreliert positiv mit der Intelligenzentwicklung. Sprachliche Kompetenz als (unverzichtbares) Mittel zur Selbstdarstellung entwickelt sich nur in der Interaktion im sozialen Rahmen zwischen Gleichberechtigten. Nach dem Soziologen und Philosophen Jürgen Habermas hilft „analytischer Sprachgebrauch", Aussagen im zweckrationalen Kontext zu übermitteln; dagegen mache „reflexiver Sprachgebrauch" die Differenz zwischen inhaltlichen Aussagen und subjektiven Intentionen sichtbar. Analytischer Sprachgebrauch hilft dem Sprecher, seine Absichten gezielt in Worten ausdrücken zu können, reflexiver Sprachgebrauch hilft, darüber aufzuklären, wie Menschen mit ihren Lebenseinstellungen oder auch Gefühlen zu Aussagen stehen. Folglich ist die Ausbildung sprachlicher Kompetenzen unverzichtbar für den Prozess der Identitätsbildung.

Folgende **Störfaktoren** können nach Krappmann einer Identitätsbildung im Weg stehen:
- Eine erste Gruppe von Störfaktoren stellen alle Belastungen dar, die aus äußeren Existenzbedingungen resultieren (z. B. materielle Armut).

- Eine zweite Gruppe erwächst aus zu engen Voraussetzungen für die Unterscheidung von Generations- und Geschlechtsrollen in der Familie (übertriebene Generationsschranke, z. B. autoritäres Durchsetzen von Erwartungen bzw. verwischte Generationsschranken, z. B. symbiotische Beziehungen). In Unterschichtfamilien wird häufig erwartet, dass Kinder früh einen Beruf ergreifen, wodurch eine weiterführende Schulbildung behindert wird.

Häufig gibt es gerade in der sozialen Unterschicht zahlreiche Faktoren, die einem ausbalancierten familiären Interaktionssystem entgegenstehen. Neben den Familien haben nach Krappmann aber insbesondere auch die Gleichaltrigen im Prozess der Sozialisation als Rollenlernen unverzichtbare Bedeutung. So entwickeln sich gleichaltrige Kinder durch Streitigkeiten untereinander zu sozialen Wesen. Anders als ihre Beziehung zu Erwachsenen ist die Interaktion unter Kindern von Gleichheit und Wechselseitigkeit geprägt, sodass sie lernen, Einigung in Konfliktfällen zu suchen.

Infolge dieser Erfahrung lehnen sie sich mit zunehmendem Alter gegen Bevormundung auf. Sie entwickeln in der mittleren Kindheit (6–10 Jahre) die Auffassung von **Autorität als einer temporär zugestandenen Vollmacht** (z. B. der Lehrer), die gruppendienlich ausgeübt wird.

Mit der Ausbildung engerer Beziehungen verlieren Rangordnungen, die durch soziale Rollen geprägt sind, an Bedeutung und die Kinder erkennen, dass ihr Handeln auf wechselseitige Unterstützung angewiesen ist. Auch wenn Gleichheit keine Realität in der Kindergruppe ist, so ist sie dennoch regulatives Prinzip, welches direkt oder indirekt alle Interaktionen prägt.

Während die **Erwachsenen-Kind-Beziehung** notwendig **komplementär** sein muss, kann die **Kind-Kind-Beziehung reziprok und kooperativ** gestaltet und erfahren werden. Die Kind-Kind-Beziehung spielt in allen Sozialisationsmodellen eine entscheidende Rolle: Kinder „emergieren" so eigene soziale Kompetenzen, d. h., sie entwickeln aus sich selbst heraus neue und höhere Fähigkeiten. Das Eingreifen Erwachsener in solchen Prozessen ist demnach kontraproduktiv. Indem sich Kinder selbst um eine gemeinsame Handlungslinie bemühen, finden sie heraus, welche Vorgehensweisen im Prozess von Situationsdefinition und Handlungskoordination taugen. Darum wäre es wichtig, dass Kinder immer auch Zeiten erleben, wo sie unbeaufsichtigt von Erwachsenen miteinander spielen können.

## 1.4 Kritische pädagogische Würdigung von Krappmanns Identitätskonzept

Krappmanns Identitätskonzept hat in den Sozialwissenschaften und in der Erziehungswissenschaft Anerkennung gefunden: Sozialisation folgt demnach keinen statischen Gesetzen, sondern ist ein dynamischer Vorgang. Im Prozess der Sozialisation bestehen ihm zufolge weitreichende Möglichkeiten der individuellen Identitätsbildung. Allerdings setzt er eine nicht-totalitäre Gesellschaft voraus. Außerdem vernachlässigt er fragwürdige gesellschaftliche Einflüsse auf die Identitätsbildung von Kindern und Jugendlichen, z. B. durch mediale Einflüsse (Fernsehen, Internet). Solche Gefahren hat Krappmann bei der Entwicklung seines Modells kaum berücksichtigt.

Grundsätzlich nahm er **keine gesellschaftskritische Perspektive** ein. Ob ein Mensch seine eigene Identität individuell ausbildet, indem er besonders originelle Formen der gesellschaftlichen Anpassung entwickelt oder sich kritisch und distanziert mit gesellschaftlichen Prozessen auseinandersetzt, lässt sich auf der Basis dieses Modells nicht bewerten.

Krappmanns Modell liefert trotz der Einwände gerade für pädagogisches Denken und Handeln wichtige Anregungen. Es benennt nicht nur den Stellenwert der Familie für Erziehung und Sozialisation, sondern auch **wichtige Aufgaben der Familie**. Die Wege und Formen der familiären Kommunikation prägen weitreichend die Identitätsbildung von Kindern; auch das Bindungsverhalten der Familienmitglieder untereinander hat fundamentale Bedeutung.

Zugleich erinnert Krappmann an die **hohe Bedeutung der Gleichaltrigengruppe**, wobei er ausdrücklich selbstregulierte Handlungsprozesse für diese fordert. Er würde sich sicherlich gegen ausschließlich von Erwachsenen kontrollierte und pädagogisch betreute Kindergruppen aussprechen.

Maßgebliche Bedeutung kommt den „**identitätsfördernden Fähigkeiten**" zu, die sich junge Menschen im Sozialisationsprozess aneignen müssen. Die Berücksichtigung dieser Fähigkeiten kann tatsächlich helfen, kommunikative Krisen oder soziale Konflikte zu bewältigen, ohne die eigene „Autonomie" zu verlieren oder die der Mitmenschen anzugreifen.

Krappmanns Bestimmung dieser „identitätsfördernden Fähigkeiten" beruht auch auf seiner Einsicht, dass vielfach bildungspolitische Bemühungen ihre Adressaten nicht erreichten. So musste in den Sechziger- und frühen Siebzigerjahren konstatiert werden, dass das „katholische Arbeitermädchen vom Lande" die erweiterten schulischen Bildungsangebote nicht nutzen konnte. Laut Krappmann verhindert eine starre Rollenorientierung in vielen Familien, dass Kinder und Jugendliche bzw. ihre Familien sich für neue Bildungswege öffnen konnten und wollten. Er zeigte somit, dass Angebote zur Steigerung der Kompetenzen nur dann konstruktiv wahrgenommen werden, wenn Menschen sich durch solche Angebote nicht in ihrer „Identität" gefährdet erleben müssen. Das aber kann nur gelingen, wenn diese Menschen starre Identitätsorientierungen auch selbst überwinden können und wollen.

Pädagogisch relevant bleibt die Frage, wie das Ausbilden von Empathie, Ambiguitätstoleranz, Role-taking und Identitätsdarstellung gelernt bzw. solches Lernen sinnvoll gefördert werden kann. Hierzu finden sich bei Krappmann nur Andeutungen.

## 2 Hurrelmanns Aussagen zur Identitätsentwicklung

Auch der Sozialwissenschaftler und Jugendforscher Klaus Hurrelmann beschäftigt sich mit der Identitätsentwicklung. Nach seinem Modell der „produktiven Realitätsverarbeitung" wird die Persönlichkeit durch die aktive Auseinandersetzung mit der inneren und der äußeren Realität entwickelt. Die innere Realität umfasst körperliche und psychische Einflüsse, die physikalischen und sozialen bilden die äußere Realität. Das Verhältnis zwischen innerer und äußerer Realität muss vom Individuum im Laufe seines Entwicklungsprozesses immer wieder neu in ein vorübergehendes Gleichgewicht gebracht werden. Hurrelmann beschreibt die Bildung der Persönlichkeit als einen aktiven, dynamischen Prozess. Ferner konstatiert er, dass die Art und Weise, wie ein Mensch mit den inneren Anlagen umgehe und wie er sie an die äußeren Bedingungen anpasse, von der Kompetenz abhänge, die innere Realität realistisch einzuschätzen und ihr Potenzial für eigene Handlungen und Entwicklungen zu nutzen. (Vgl. Hurrelmann 2002, S. 27)

Bis zum Ende des Jugendalters hat der gesunde Mensch „[...] feste Grundstrukturen der Abstimmung zwischen inneren Bedürfnissen und äußeren Erwartungen und baut ein System von Erfahrungen und Kompetenzen auf [...]", die in den folgenden Lebensabschnitten weiterentwickelt werden. (Vgl. Hurrelmann 2002, S. 37) Hurrelmann geht also nicht davon aus, dass die Persönlichkeitsentwicklung am Ende des Jugendalters abgeschlossen ist. Gerade in hoch entwickelten Industriegesellschaften verändere sich die Persönlichkeit bis ins hohe Alter. Die Spannung zwischen Individuation und Integration halte ein Leben lang an. Hurrelmann zufolge gibt es jugendtypische Verhaltensweisen, die z. B. durch die selbstsuchende und sondierende Haltung gekennzeichnet sind, auch im frühen und sogar späten Erwachsenenalter. (Vgl. Hurrelmann 2002, S. 37)

Ein reflektiertes positives Selbstbild ist die Voraussetzung für die Identität. Um dieses zu entwickeln, muss ein Mensch seine innere Realität, also seine genetischen und biologischen Voraussetzungen, realistisch wahrnehmen. Dieses Selbstbild, dieses Erleben des Sich-gleich-Seins, ist nach Hurrelmann eine gute Basis für die Persönlichkeitsentwicklung. Von Identität kann im Sinne Hurrelmanns schließlich gesprochen werden, „[…] wenn ein Mensch über verschiedene Entwicklungs- und Lebensphasen hinweg eine Kontinuität des Selbsterlebens auf der Grundlage des positiv gefärbten Selbstbildes wahrt." (Vgl. Hurrelmann 2002, S. 38 f.) Hurrelmann bezeichnet diese auch als Ich-Identität und sieht sie als den Hauptpfeiler einer gesunden Persönlichkeitsentwicklung. Aufgabe des Individuums ist es, trotz ständiger Veränderungsprozesse aufgrund von spezifischen Anlage- und Umweltbedingungen, sich als „sich selbst gleich" wahrzunehmen. (Vgl. Hurrelmann 2002, S. 39) Entscheidungs- und Handlungssicherheit, Bewältigungsstrategien psychischer und sozialer Probleme sowie gute soziale Beziehungsstrukturen sind die Voraussetzungen für eine autonome Handlungsfähigkeit, durch die sich, so Hurrelmann, die Identität auszeichnet. (Vgl. Hurrelmann 2002, S. 39)

## 3 Neue Formen der Identität im 21. Jahrhundert?

Weitere Konzepte zum Identitätsbegriff werfen die Frage auf, ob Menschen in der Gegenwart überhaupt noch eine Identität in dem Sinne, dass „eine Antwort auf die Frage: ‚Wer bin ich?'" gefunden werden könne, ausbilden. (Vgl. Oerter/Dreher 2002, S. 292)

So schreibt Helga Bilden über einen jungen Mann, der diszipliniert als Altenpfleger arbeitet, aber zugleich erlebnisorientierter Freizeitmensch ist und beide Bereiche – beide „Selbste" – trennt. Dieses „Jonglieren mit möglichen Selbsten" sei besonders bei Jugendlichen beliebt. Da traditionelle Sinnzusammenhänge immer mehr zerfallen würden, gebe es für diese Jugendlichen keine vorgezeichneten Lebensläufe mehr. Entsprechend hielten sie „ihr Ich nach vorne hin offen". Laut Bilden ist dies angesichts des beschleunigten gesellschaftlichen Wandels angemessen. (Vgl. Bilden 1997, S. 229–243)

Bilden plädiert für „offene Identitäten". Als Beispiel führt sie Ernst Jantsch an, der mit knapp 50 Jahren bereits neun Berufe ausgeübt habe wie z. B. Astrophysiker, Musikkritiker und Stadtplaner. Dabei habe er sich in allen Berufen durch sein „humanistisches Selbstverständnis" ausgezeichnet, sich von den „Werten des Lebens" leiten lassen und in sehr unterschiedlichen außerberuflichen Bereichen intensive Selbstorganisationserfahrungen gemacht.

Hier ließe sich gegen Bilden einwenden, dass Jantschs **„humanistisches Selbstverständnis"** und seine Bereitschaft, sich mit allen relevanten Bereichen des gesellschaftlichen Lebens auseinanderzusetzen, vielleicht doch ein identitätsstiftendes Fundament für ihn bedeutet haben könnte. Möglicherweise findet sich in diesem humanistischen Selbstverständnis ein belastbarer Identitätskern – ungeachtet aller Veränderungen in der eigenen Biografie.

Nach Nicola Döring werden die Möglichkeiten des Individuums, vielfältige Identitäten zu erleben, in der multimedialen und virtuellen Welt der Gegenwart immer mehr erweitert:

> *„Gerade in spät- oder postmodernen Gesellschaften, in denen universale Lebenskonzepte abgedankt haben und Menschen mit diversifizierten und individualisierten Umwelten und Lebenswegen konfrontiert sind, bietet der Umgang mit virtuellen Identitäten ein ideales Lern- und Entwicklungsfeld für Selbsterkundung und Identitätsarbeit. [...]"* (Vgl. Döring 2000, S. 65–75)

Döring ist der Meinung, dass man die Bildung virtueller Identitäten nicht als „Verlust wahrer Identität" betrachten sollte. Stattdessen könne man dadurch lernen, die **„soziale Konstruktion und Konstruiertheit unserer Identitäten"** besser zu verstehen.

Aus Bildens und Dörings Überlegungen lässt sich die Anfrage an die Pädagogik ableiten, ob in pädagogischen Institutionen Jugendliche nicht immer auch darauf vorbereitet werden müssten, die Vielfalt ihrer Selbste oder auch Identitäten nutzen zu können. Döring wie Bilden fragen somit nicht nach Möglichkeiten einer „Kohärenz" angesichts unterschiedlicher Erfahrenswelten.

Der Erziehungswissenschaftler Armin Bernhard hat mit Blick auf solche Überlegungen und Forderungen „auf die **Unsinnigkeit einer Kombination der Kategorie der Identität mit den Adjektiven ‚multiplex', ‚multipel', ‚ambivalent', ‚vielfältig', ‚plural'** hingewiesen [...]." Wort- und begriffsgeschichtlich deute der Begriff „Identität" auf eine Wesenseinheit hin. Diese Wesenseinheit könne sich unter anderem auf eine Persönlichkeit beziehen, die „in ihrem Kern [...] ein- und dieselbe bleibt und sich als solche wahrnimmt und erkennt". Bernhard kritisiert an der Formulierung „multiple Identität", dass diese beiden Begriffe nicht zusammenpassen, da sie sich eigentlich gegenseitig ausschließen:

> *„Die postmodernen Ansätze müssen sich also entscheiden: Entweder unterstellen sie generell, dass Persönlichkeiten sich in unserer Gesellschaft nur noch als multiple, plurale Subjekte entwerfen können, dass die Einheit der Person also nur eine Fiktion der Moderne ist – dann sollten sie sich vom Identitätsbegriff schleunigst verabschieden. Oder sie nehmen an, dass der Prozess der*

*ständig neu zu organisierenden Sicherung der Identität [...] durchführbar ist, dann sollten sie Abstand nehmen von ihren adjektivischen Zuschreibungen: Die Formulierung ‚multiple Identität‘ ist blanker Unsinn.“*
(Vgl. Bernhard 2001, S. 159 ff.)

Bernhard hält also entschieden fest am Ziel der Förderung von Persönlichkeiten, welche sich als einzigartige erkennen können sollen und sich entsprechend auch ihrer „**Verantwortungsfähigkeit**“ bewusst werden können.

Die Tatsache, dass unterdessen unterschiedliche Lebens- und Handlungsmöglichkeiten – im realen wie im virtuellen Leben – aufzufinden sind, hat sicherlich die Konsequenz, dass eine Identitätsfindung insbesondere für Jugendliche keine leichte Lebensaufgabe darstellt. Das sollte hingegen nicht dazu führen, dass diese Lebensaufgabe für Jugendliche verdrängt oder sogar geleugnet wird. Nur ein Mensch, der sich als sich selbst erkennen kann, kann auch bewusst und verantwortungsvoll Lebensentscheidungen treffen. **Lebensentscheidungen lassen sich kaum an Teilidentitäten des eigenen Ich delegieren.** Das „Ich“ muss entscheiden, was es in unterschiedlichen Erfahrens- und Erlebniswelten tun oder nicht tun soll oder darf.

In diesem Sinne zeigt sich, dass aus einer pädagogischen Sichtweise der **Begriff der „Identität“ nicht abgelöst vom Begriff der „Mündigkeit“ betrachtet werden kann**. Zumindest sollte gefragt werden, ob nicht letztlich nur der Mensch sich selbst finden kann, der sich und sein Handeln selbst bestimmen und verantworten kann. Man kann sogar fragen, ob aus einer pädagogischen Problemperspektive vor dem Hintergrund des Bildungs- und Erziehungsziels der Mündigkeit der Identitätsbegriff nicht eher Verwirrung stiftet, als Orientierung zu bieten. Volker Ladenthin und Gabriele Schulp-Hirsch lehnen Identität als pädagogisches „Lernziel“ ab: „Zuerst einmal stehen Lernen und Identitätsbildung in keinem vorab harmonischen Verhältnis. Es könnte sein, dass wir Dinge lernen, die unser bisheriges Leben – also unsere Identität – in den Grundfesten erschüttern. [...] Die Schülerinnen und Schüler sollen lernen, richtig zu denken und gut zu handeln: Unter Umständen kann dies zum Bruch mit ihrer bisherigen Identität führen.“ Ladenthin und Schulp-Hirsch wenden sich somit gegen einen primär psychologisch – und wohl auch soziologisch – orientierten Identitätsbegriff:

*„Das psychologische Identitätsgebot enthebt nicht der Aufgabe, Irrtümer einzusehen, auch wenn man auf diesen Irrtümern sein ganzes Leben aufgebaut hat. Das psychologische Identitätsgebot enthebt auch nicht der Aufgabe, aus Gründen der Sittlichkeit auch so zu handeln, dass die psychische Identität gefährdet ist. Wer nicht angesichts von schrecklichen Dingen auch fähig ist,*

*seinen Verstand zu verlieren, der hat nichts zu verlieren, sagte Lessing. Das gilt gleichermaßen für die Identität."* (Vgl. Ladenthin/Schulp-Hirsch 2009, S. 2–7)

Ladenthin und Schulp-Hirsch erinnern daran, dass der pädagogische Begriff der Mündigkeit den Gesichtspunkt der menschlichen Moralität nicht ausblendet. Tatsächlich laufen Identitätskonzepte Gefahr, die Frage nach „gutem" und „richtigem" Handeln aus dem Blickfeld zu verlieren.

Der Erziehungswissenschaftler Helmut Peukert hat versucht, einen pädagogisch kritischen Begriff von Identität zu bestimmen. Er fragt nach „Strukturen und Voraussetzungen einer kommunikativen Welt [...], in der **Menschen mit unantastbarer Würde** nicht nur gemeinsam leben, sondern aufwachsen und überhaupt **zu eigenem Bewusstsein aufwachen** können. [...] Damit aber geht es auch um eine Bildungstheorie, die nach notwendigen Handlungskompetenzen und der Identität von Individuen in einer dramatisch sich verändernden geschichtlichen Lage fragt". (Vgl. Peukert 1990, S. 345–354) Ausdrücklich postuliert Peukert damit eine Pädagogik, in der Solidarität, Moralität und eine gesellschaftskritische Haltung zentrale Bedeutung haben: „Pädagogisch sensibel zu sein hieße also, eine Ahnung davon zu haben, was es bedeutet, verletzbarer Mensch zu sein und **in verletzbaren kommunikativen Strukturen Mensch zu werden**, ... und zwar in einer Gesellschaft, in der es Tendenzen gibt, solche Strukturen zu stören und zu zerstören." (Vgl. Peukert 1992, S. 122) Die Ahnung der Verletzbarkeit der eigenen Person bzw. des eigenen Menschseins wie auch der Verletzbarkeit aller Menschen auf der Welt sollte nach Peukert Bestandteil der Identität jedes Menschen sein. Peukert glaubt, dass ohne diese Ahnung niemals alle Menschen zu „eigenem Bewusstsein" würden aufwachen können.

Pädagogisch geht es demnach darum, dass Menschen lernen können, sich zu einmaligen Menschen zu entfalten. Sie sollen sich ihrer Einmaligkeit bewusst werden und einmalig leben, ohne dabei sich selbst oder Mitmenschen „verletzen" zu müssen.

### Erziehung, Bildung, Personalisation, Partizipation, Anerkennung, Identität und Mündigkeit

Identität entsteht erst am Ende des Erziehungsprozesses. Auch Mündigkeit sprechen wir Menschen erst zu, wenn wir sie für „erwachsen" erklären und sie somit den Erziehern „entwachsen" sind. Jeder Mensch ist „Person" von Beginn seines Lebens an, dennoch kann er sich seiner Personalität erst in späteren Jahren bewusst werden.

**Identität oder auch Mündigkeit entstehen auf dem Fundament von vorausgegangenen Erziehungs- und Bildungsprozessen.** Allerdings kann „Identität" nicht pädagogisch hergestellt werden. **Seine „Identität" muss sich jeder Mensch selbst „erarbeiten".** Pädagogisch können Menschen darin unterstützt werden, dass sie solche Fähigkeiten oder auch solches Wissen erwerben können, dass ihre Identitätsbildung gelingen kann.

Identitätsbildung setzt kognitive, emotive, soziale, moralische Entwicklungs- und Bildungsprozesse sowie das Bewältigen von inneren wie äußeren Krisen voraus.

Soziologische und psychologische Konzepte suggerieren häufig, man könne über technologisch organisierte Veränderungen in Institutionen oder Systemen wirksam auch menschliche Einstellungen, Verhaltensweisen, Bereitschaften oder Überzeugungen beeinflussen. Pädagogen wissen, dass **Menschen niemals technologisch steuerbar sind**; Pädagogen wissen um die Schwierigkeiten und Widrigkeiten und auch um Enttäuschungen und „Niederlagen" im pädagogischen Alltag. Gerade weil sie dies wissen, können sie immer wieder neue Wege schaffen, dass Menschen ihre eigenen Wege zu Identität und Mündigkeit finden können.

Die Begriffe Identität, Personalisation oder auch Mündigkeit beschreiben die Ziele, aber auch die Grenzen des pädagogischen Handelns. Pädagogisches Tun muss immer darauf abzielen, Wege zu ebnen, sodass junge Menschen mündige Personen mit eigener und besonderer Identität werden können. Das zu erreichen bleibt Lebensaufgabe jedes Menschen selbst – über den Zeitraum seines gesamten Lebens hinweg.

**Aufgabe 41**  Beschreiben Sie an einem selbst gewählten Beispiel, zwischen welchen Anforderungen oder auch Wünschen und Interessen ein Jugendlicher die Balance finden muss.

**Aufgabe 42**  Setzen Sie sich mit der Fragestellung auseinander, wie die Entwicklung der von Krappmann beschriebenen vier identitätsfördernden Fähigkeiten unterstützt werden kann.
Reflektieren Sie dabei, in welchem Alter die spezifische Förderung beginnen sollte.

**Aufgabe 43**  Erörtern Sie, ob zwischen Krappmanns Vorstellung der vier identitätsfördernden Fähigkeiten und den vier Forderungen Kants an die Erziehung eine konstruktive Verbindung geknüpft werden kann.

# 4 Unzureichende Identitätsentwicklung

## 4.1 Eriksons Begriff der Identitätsdiffusion

Sie haben in dem Kapitel zu Entwicklung, Sozialisation und Erziehung schon die Entwicklungstheorie Eriksons kennengelernt. Wie bereits erwähnt, durchläuft das Individuum nach seiner Theorie in unterschiedlichen Altersstufen Krisen, die es im positiven Sinne zu überwinden gilt. Während Sigmund und Anna Freud die Phasen der psychosexuellen Entwicklung in der Kindheit als wesentlich entscheidend ansehen, richtet Erikson das Augenmerk auf die Krise des Jugendalters: Identität versus Identitätsdiffusion. Im folgenden Kapitel wird diese Krise noch einmal vertieft betrachtet und es wird ausgeführt, welche Gefahren und Chancen Erikson im Hinblick auf die Identitätsentwicklung sieht. In seinem 1968 veröffentlichten Buch „Identity. Youth and Crisis" („Jugend und Krise") geht Erikson sehr genau auf die Lebensphase Jugend ein. Dabei erläutert er insbesondere, welche Probleme bei einem negativen Verlauf der Jugendphase entstehen.

Generell beschreibt Erikson die Jugendphase als ein „Moratorium"; dies ist eine „Aufschubperiode". In dieser Zeit sollen die Jugendlichen durch Ausbildung und Erziehungsprozesse darauf vorbereitet werden, ihren vollwertigen Platz in der Erwachsenengesellschaft einzunehmen. Dabei geht es darum, dass sie sich in die gesamtgesellschaftlichen Werte- und Rollensysteme einfügen. Ob und inwieweit dies gelingt, hängt von der Integration in eine Peergroup ab und auch davon, dass gesellschaftliche Verpflichtungen zunehmend eingeübt und übernommen werden (z. B. regelmäßiger Schulbesuch, Übernahme häuslicher Pflichten).

Ist dies nicht der Fall, so gleiten die Jugendlichen in den Bereich des sozial abweichenden Verhaltens ab. Gelingt es dem Individuum nicht, die Krisen der Adoleszenz positiv zu überwinden, dann führt dies in extremen Fällen zu deviantem Verhalten. Unter Devianz versteht man ein von der sozialen Norm abweichendes Verhalten. Man spricht von einem devianten Verhalten, wenn ein starkes und auch zeitlich kontinuierliches Missverhältnis zwischen sozialen Erwartungen und individuellem Handeln besteht (z. B. extreme Leistungsverweigerung oder Schulschwänzen sowie maßloses und übermäßiges Spielen mit PC- und Videospielen, gewalttätiges Verhalten).

Die Phase „Identität vs. Identitätsdiffusion" hat laut Erikson unterschiedliche, unter Umständen krankhafte Ausprägungen, die folgendermaßen zusammengefasst werden können:

- Diffusion der biografischen bzw. zeitlichen Perspektive (Wo stehe ich in meinem Leben?)
- Diffusion der Arbeitsfähigkeit (Was kann ich leisten?)
- Diffusion der Intimität (Inwieweit kann ich mich öffnen?)
- Flucht in die negative Identität (Wie zeige ich meine Ablehnung?)

Erikson fasst zusammen, dass es zu einer Identitätsverwirrung kommen kann, wenn ein Jugendlicher gleichzeitig körperliche Intimität zulassen, seine Berufswahl treffen, die Konkurrenz durch Mitstreiter aushalten und sich in psychosozialer Hinsicht selbst definieren muss. (Vgl. Erikson 1988, S. 161 f.) Damit meint Erikson, dass Jugendliche in dieser Lebensphase durch das Zusammentreffen verschiedener Ereignisse – z. B. Leistungserwartungen in der Schule und bei der Berufswahl – unter besonderem Druck stehen. In dieser Lebensphase ist es also entscheidend, ob der Jugendliche es schafft, diesen Druck kreativ umzusetzen und so sein Leben zu gestalten. Andernfalls kann er in eine lähmende „Schockstarre" (**Apathie**) verfallen. Erikson beschreibt dies im Anschluss an Freud als „regressive Tendenz". (Vgl. Erikson 1988, S. 162) Unter **Regression** versteht man den Rückfall in eine bereits überwundene Phase der psychosozialen bzw. psychosexuellen Entwicklung. So könnte der Jugendliche beispielsweise in die psychosoziale Krise „Werksinn vs. Minderwertigkeitsgefühl" zurückfallen, da diese nicht überwunden wurde. Dies wird unter den einzelnen Begriffen nun näher ausgeführt.

### Das Problem der Intimität

Die Jugendlichen sind nicht in der Lage, sich auf andere einzulassen. Damit meint Erikson sowohl körperliche, aber wesentlich auch emotionale Beziehungen. Hier entsteht der Zwiespalt zwischen „Sicheinlassen" und Selbstabgrenzung: „Das Ich verliert seine elastische Fähigkeit, sich in der Verschmelzung mit einem anderen Individuum sexuellen und affektiven Gefühlen zu überlassen". (Vgl. Erikson 1988, S. 163) In diesem Fall entsteht ein Gefühl der **sozialen Isolierung**, einer **Desintegration**. Erikson beschreibt hier einen Teufelskreis, der mit allmächtiger Selbstverliebtheit, dem „omnipotenten Narzißmus" (vgl. Erikson 1988, S. 164) einsetzt; dem folgt ein Gefühl tiefer, innerer Leere; diese Spannung führt auf Dauer zu einem tiefen **Misstrauen** allen anderen gegenüber.

### Die Auflösung der zeitlichen Perspektive

Erikson beschreibt hier, dass die Jugendlichen ein **gestörtes Erleben ihres Zeitgefühls** haben. Dies drückt sich beispielsweise darin aus, dass der Adoleszente sich einerseits als sehr jung empfindet, andererseits aber als zu alt, um sich noch verändern zu können. Es tritt das Gefühl einer Art **Stagnation**, eines Stehenbleibens, auf. In dieser Phase gelingt es Jugendlichen nicht, gestalterisch auf die eigene Lebensplanung einzuwirken und somit die Jugendphase zu überwinden. (Vgl. Erikson 1988, S. 165)

### Auflösung der Arbeitsfähigkeit

Erikson spricht weiter davon, dass Identitätsverwirrung in der Adoleszenz bzw. an deren Ende oft von einem Gefühl **ungenügender Leistungsfähigkeit** begleitet wird. (Vgl. Erikson 1988, S. 166) Dabei fällt es dem Individuum sehr schwer, sich auf die eingeforderten Aufgaben (z. B. in der Schule oder Ausbildung) zu konzentrieren. Das andere Extrem, das Erikson in dieser Lebensphase als Problem beschreibt, ist die ausschließliche Beschäftigung mit einer einzigen Tätigkeit. Diese **einseitige Betätigung** wird **maßlos** ausgeübt; Erikson nennt als Beispiel exzessives Lesen. (Vgl. Erikson 1988, S. 166) In der heutigen Zeit könnte man an dieser Stelle z. B. auch Computer- und Internetspiele nennen. Das vorangegangene Stadium „Werksinn vs. Minderwertigkeitsgefühl" kommt auch an dieser Stelle wieder zum Tragen: Wenn es den Jugendlichen in der vorangegangenen Phase bereits wenig gelungen ist, konstruktive Tätigkeiten in der Gemeinschaft auszuüben, hat dieses Krisenerleben auch jetzt seine Folgen. Das Individuum verliert sozusagen seine Konzentrationsfähigkeit, die es durch kindliche Fantasien ersetzt, wodurch widersprüchliche Gefühle entstehen können: entweder ein übertriebener Wettbewerbsanspruch, der aber nicht durchgehalten wird, also zum Scheitern verurteilt ist, oder eine Ablehnung jedes Wettbewerbes.

Insgesamt kann es bei einem negativen, krisenhaften Erleben dieses psychosozialen Stadiums zu einer krankhaften Antriebsschwäche kommen, die sozialen Kontakt oder Tätigkeiten und Wettstreit unmöglich macht. (Vgl. Erikson 1988, S. 167)

### Flucht in die negative Identität

Erikson beschreibt diese Form der Identitätsdiffusion als **strikte Zurückweisung der geforderten Rolle**: Die Jugendlichen lehnen die von ihrer Familie und ihren unmittelbaren Sozialisationsinstanzen wie Schule oder Universität geforderten Rollenerwartungen radikal ab. Dies kann sogar soweit führen, dass beispielsweise die eigene Herkunft infrage gestellt wird: Man konstruiert seine eigene Familie durch Fantasien „neu". (Vgl. Erikson 1988, S. 169) Dabei handelt es sich um den Abwehrmechanismus der „Identifizierung": Man übernimmt eine Rolle, die einem bereits in der Kindheit eine Hilfskonstruktion in schwierigen Situationen war (z. B. Identifizierung mit Superhelden, Fußball- oder TV-Stars).

Weiter kann sich eine negative Identität auch in einer **Abgrenzung von den Werten** der Eltern und der Umgebung zeigen. Erikson begründet diese Abwehrhaltung mit dem Bedürfnis des Jugendlichen bzw. jungen Erwachsenen, gegen die „übertriebenen Ideale" zu protestieren, die von Eltern und auch Lehrkräften eingefordert werden. (Vgl. Erikson 1988, S. 170) Diese Flucht in die negative Identität muss aber als der Versuch des Individuums gedeutet werden, wieder einigermaßen die Herrschaft über sich selbst zu gewinnen. Denn, da sich der Jugendliche bzw. junge Erwachsene einer totalen **Fremdbestimmung** durch Elternhaus, Schule oder Universität ausgesetzt fühlt, greift er zu extremen Mitteln der **Selbstdarstellung** innerhalb dieser negativen Identität. Erikson weist darauf hin, dass es unter diesen Umständen auch zu sogar **kriminellen Lebensentwürfen** kommen kann. (Vgl. Erikson 1988, S. 170 f.)

Das Individuum gewinnt nur ein Identitätsgefühl dadurch, dass es genau das Gegenteil von dem tut, was von ihm erwartet wird. Beispielsweise nennt Erikson den Fall einer Tochter eines einflussreichen Pfarrers und Predigers aus den Südstaaten der USA, die unter Drogenabhängigen in Chicago gefunden wurde. (Vgl. Erikson 1988, S. 170) Diese negative Identität kann sich auch in extremen Äußerlichkeiten manifestieren: beispielsweise übertriebene Piercings oder Tätowierungen. Die Emo- oder Punk-Szene kann hier als weiteres Beispiel angeführt werden.

## 4.2 Deviantes Verhalten aufgrund der Identitätsdiffusion

Erikson beschreibt sehr plausibel, dass insbesondere die **Differenz** zwischen **individueller Verwirrung** und der **sozialen Ordnung** zu deviantem Verhalten führen kann. Dabei verweist er noch einmal auf den Faktor der Zeit, der Jugendlichen und Post-Adoleszenten immer wieder Schwierigkeiten bereitet. Die individuelle Einordnung in einen gesellschaftlichen „Zeitstrahl" setzt einige Jugendliche extrem unter Druck und ruft in diesem Fall starke Abwehrmechanismen hervor. Weiter hindern die oben genannten Gefahren der Identitätsdiffusion das Individuum daran, relativ **stabile Handlungsmuster** zu entwickeln. Diese werden im psychoanalytischen Sinn durch eine ICH-starke Persönlichkeit hervorgebracht. Jugendliche, die diese Stärke nicht entwickeln, neigen eher zu deviantem Verhalten. Dies kann beispielsweise daran liegen, dass das Ablehnen gesellschaftlicher Werte ein unbewusster Protest gegen die soziale Ordnung ist: Kleinere kriminelle Delikte eines Jugendlichen, z. B. Taschendiebstahl, stellen den Wert des Eigentums infrage. (Vgl. Thomas/Feldmann 1989, S. 146) Insbesondere der Peergroup kommt hier eine Bedeutung zu: Jugendliche und junge Erwachsene finden sich in gleichgesinnten Cliquen zusammen, in denen unkritisch eine Art Massenidentität vorherrscht. Diese Massenidentität führt bei ICH-schwachen Persönlichkeiten zu einer **Überidentifikation** mit den Werten der Gruppe und deren Anführern. Als Beispiel kann hier die **Bandenkriminalität** von Jugendlichen und jungen Erwachsenen erwähnt werden, die sich in Großstädten mit Taschendiebstählen und kleineren Einbrüchen „durchschlagen".

Eine weitere Form devianten Verhaltens ist der (verbotene) Alkohol- und Nikotinkonsum. Hierzu ist die Hemmschwelle recht gering: Ungefähr ein Viertel der Jugendlichen raucht täglich und trinkt einmal pro Woche Alkohol. (Vgl. Baier 2005, S. 382)

Generell ist festzuhalten, dass in Deutschland nur bei einem geringen Prozentsatz der Jugendlichen und jungen Erwachsenen deviantes Verhalten vorkommt. Es bleibt die „wiederholte Abweichung im Jugendalter in jedem Fall die **Ausnahme und nicht die Regel**; die Mehrheit der Jugendlichen verhält sich konform." (Vgl. Baier 2005, S. 382) Junge Menschen unter 21 zeigen delinquentes Verhalten „fast ausschließlich temporär, episodenhaft." (Vgl. Harrig 2008, S. 70) Es handelt sich wesentlich um Bagatellkriminalität, Diebstähle, oft Ladendiebstähle, deren Schäden vorwiegend unter 50 Euro liegen. (Vgl. Harrig 2008, S. 70) Interessant im Zusammenhang mit den Äußerungen Eriksons ist, dass tatsächlich zwei Drittel aller registrierten **Straftaten** Jugendlicher **in der Clique** verübt werden. (Vgl. Harrig 2008, S. 71) Vielen Jugendlichen ist ihr Status und ihre Zugehörigkeit zu einer Gruppe von Gleichaltrigen sehr wichtig. Dazu zählt dann u. U. auch ein demonstrativer Konsum von Statusgütern, die es dem Jugendlichen ermöglichen, aus der Masse hervorzustechen, zumindest aber dazuzugehören. Beispielsweise besitzen inzwischen 96 % der Jugendlichen ein Smartphone. (Vgl. JIM-Studie 2014, S. 6) In den Gleichaltrigengruppen herrscht zwar nicht zwingend ein starker Gruppendruck vor, bestimmte Konsumgüter zu besitzen, dennoch fühlen sich Jugendliche, die aufgrund mangelnder finanzieller Mittel nicht „mithalten" können, desintegriert und minderwertig. (Vgl. Friess/Hofmeir 2008, S. 48 f.)

Deviantes Verhalten taucht dann auf, um sich beispielsweise Statussymbole wie ein iPhone gesetzeswidrig zu beschaffen. Wichtig ist aber, dass es weniger um den Besitz dieses Geräts geht, als vielmehr um den „Abbau eines psychosozialen Drucks sowie der damit einhergehenden Akzeptanz unter Gleichaltrigen." (Vgl. Harrig 2008, S. 71)

**Aggression als deviantes Verhalten**

Eine weitere Form von Devianz ist bei Jugendlichen und jungen Erwachsenen aggressiv-gewalttätiges Verhalten. Ein Problem bei diesem Bereich des Verhaltens ist, dass männlichen Jugendlichen und Post-Adoleszenten gesellschaftlich ein Rollenbild zugeschrieben wird, das einerseits als **sportlich** und **durchsetzungsfähig** benannt wird und andererseits zugleich als **aggressiv** und **gewaltbereit** wahrgenommen wird. (Vgl. Hafeneger 2011, S. 124) Für männliche Jugendliche wird **Gewalt** eine **Ausdrucksform** ihrer diffusen Identität. Gewalt ist die Folge eines Abwehrmechanismus: Beispielsweise wird der ohnmächtige und oft unbewusste Hass auf die Leistungserwartungen von Schule und gesellschaftlichen Stellen wie Arbeitgebern usw. durch Verschiebung zu konkreten Gewalthandlungen gegen andere Jugendliche oder auch Erwachsene.

Insbesondere Jugendliche und junge Erwachsene mit einem aufgrund schulischen Versagens beschädigten Selbstwertgefühl neigen zu einer Identitätsdiffusion: Identität soll nun durch Gewalthandlung wiederhergestellt werden. Das Individuum versucht durch eine körperliche Auseinandersetzung, seine beschädigte Identität zu stärken und in diese diffuse Gefühlslage Klarheit zu bringen. Für den in seiner Identitätsentwicklung verunsicherten Jugendlichen stellt nun die Gewalttat sozusagen wieder Klarheit her: Die Diffusion wird für einen Moment aufgelöst. (Vgl. Liebsch 2012, S. 196)

Weiter kann **Gewaltausübung** in der Clique eine **sinnstiftende Funktion** haben: Durch die gemeinsame Gewalttat innerhalb der Gruppe findet eine Art ritueller „Selbstbestätigung" statt. Das heißt, dass der Einzelne sich innerhalb der Gemeinschaft in seinem Handeln anerkannt und integriert fühlt, was häufig im krassen Gegensatz zu den sonstigen Erfahrungen des Jugendlichen steht.

**Exkurs: Jugendliche in sozialen Netzwerken**

Laut der JIM-Studie 2014 nutzen 81 % der 12- bis 19-Jährigen täglich das Internet, dafür verwenden 86 % das Smartphone. 76 % besitzen einen Computer. (Vgl. JIM-Studie 2014, S. 23 f.) Dabei wird das Internet zu einem großen Teil, nämlich zu 44 %, zur Kommunikation über soziale Netzwerke verwendet; beispielsweise nutzen 69 % Facebook regelmäßig, 11 % WhatsApp. 18 % der Jugendlichen spielen im Internet. (Vgl. JIM-Studie 2014, S. 36, 25) Diese Nutzungsdaten sind über einen längeren Zeitraum stabil, d. h. Jugendliche verändern kaum ihre Kommunikationsformen. Chatten ist dabei die meist genutzte Tätigkeit im Netz. (Vgl. JIM-Studie 2014, S. 25 ff.)

Die mit der Jugendphase einhergehende zunehmende Unabhängigkeit von den Eltern wird durch diese Form der Kommunikation unterstützt, da die jungen Erwachsen bzw. Jugendlichen durch Messenger oder soziale Netzwerke

Unzureichende Identitätsentwicklung ✦ 175

(z. B. WhatsApp oder Facebook) mit der **Gleichaltrigengruppe Kontakt halten** können – und zwar orts- und zeitunabhängig. (Vgl. Döring 2013, S. 74) Zum Teil gelingt diese Interaktion auch **ohne elterliche Kontrolle** oder über deren Verbote hinweg, da Erziehungsberechtigte heute kaum noch sämtliche Nachrichten ihrer Kinder kontrollieren können.

Drei Viertel aller 13- bis 19-Jährigen besuchen täglich bzw. mehrmals wöchentlich soziale Netzwerke. Meist werden die sozialen Netzwerke verwendet, um zu chatten bzw. Nachrichten zu verschicken oder Postings zu „liken". Ein Drittel der Nutzer liest regelmäßig die Profile anderer Nutzer. Eigene Beiträge zu verfassen oder andere Postings zu kommentieren ist eher eine seltenere Tätigkeit: Nur noch 7 % der männlichen und 12 % der weiblichen Jugendlichen teilen mit, was sie momentan erleben bzw. bewegt. Die Nutzung sozialer Netzwerke ist seit dem Jahr 2012 leicht rückläufig. Zunehmend geht der Trend dahin, sich weniger in sozialen Netzwerken aufzuhalten bzw. sein Profil zu löschen. Dennoch ist immer noch ein beachtlicher Teil der Jugendlichen dort aktiv. (Vgl. JIM-Studie 2014, S. 35 ff.)

Soziale Netzwerke und deren Möglichkeiten sind ein charakteristischer Bestandteil des sogenannten **Web 2.0**. Gemeint ist damit, dass sich vernetzte Dienste anbieten, um Suchanfragen beispielsweise mit Facebook-Kommentaren zu verbinden. Wenn man vor einigen Jahren z. B. bei der Suche nach einer Smartphone-Werkstatt auf schlichte „Telefonbucheinträge" angewiesen war, wird in Zeiten des Web 2.0 die Suche zugleich mit Nutzerkommentaren und Bewertungen sowie der Region in Verbindung gebracht.

Das **Web 3.0** wird auch als „semantisches Web" bezeichnet und ist gerade erst im Entstehen. Der Begriff meint z. B. die Funktion von Suchmaschinen, selbstständig ein Ranking besonders guter Smartphone-Werkstätten vorzunehmen, also Bewertungen anderer Nutzer und Kommentare in sozialen Netzwerken nach Stichworten auszuwerten und einzubeziehen. Das Ergebnis dieses Prozesses könnte so aussehen, dass der Nutzer sein Smartphone mittels Sprachsteuerung nach einer „guten Smart-Phone-Werkstatt" fragt und die am besten bewertete in seiner Nähe mitgeteilt bekommt, inklusive Öffnungszeiten und Route. Diese **intelligenten Suchmaschinen** bieten für die Nutzer Chancen und Risiken. So führt diese Technik auch dazu, dass Informationen über Nutzer immer besser verknüpft werden und die Nutzer damit zu „gläsernen" Menschen werden. Außerdem wird das Verhalten von Menschen damit quasi von – uns unbekannten – Suchalgorithmen gesteuert.

Viele Jugendliche haben, wie beschrieben, ein Profil bei einem oder mehreren sozialen Netzwerken. Dadurch hinterlassen sie ihren „digitalen Fingerabdruck" im Internet. Kommentare und Postings bleiben gespeichert und für Suchmaschinen auffindbar. Dies hat zur Folge, dass auch **unerwünschte Kommentare** u. U. **sichtbar bleiben**. Nutzer sozialer Netzwerke sind durchschnittlich mit ungefähr 250 Personen vernetzt („befreundet"). Wirklich eng befreundet sind die Jugendlichen auf diesen Plattformen mit maximal 13 Personen, mit denen sie auch Geheimnisse teilen. (Vgl. JIM-Studie 2014, S. 37 f.) Insbesondere jüngere Nutzer sozialer Netzwerke, die 12- bis 13-Jährigen, gehen mit ihren persönlichen Daten mangels Erfahrung recht offen um bzw. glauben, ihre Daten seien dort sicher. (Vgl. JIM-Studie 2014, S. 39) Die unvorsichtige Veröffentlichung persönlicher Daten ist sicher auch der Tatsache geschuldet, dass die Einstellungen zur Privatsphäre sich z. B. bei Facebook sehr häufig verändern und für den Nutzer immer unübersichtlicher werden. Auch die Datenrichtlinien sind meist schwer verständlich und allein aufgrund ihres Umfangs kaum zu überblicken.

Die Nutzung der sozialen Netzwerke und der Kommunikationsplattformen kann positive oder aber negative Auswirkungen auf das Individuum haben:

- Jugendliche, die aus einem **bildungsnahen Umfeld** kommen und von ihren Eltern in ihren sozialen Kompetenzen unterstützt werden, können diese Netzwerke gut nutzen, indem sie Kontakte aufrechterhalten und neue knüpfen. Dadurch wird die soziale Bindungsfähigkeit der Jugendlichen gefördert und sie verwenden die jeweilige soziale Plattform, um sich neue Informationen zu beschaffen bzw. sich neuen Themen zu öffnen.
- Jugendliche aus einem **bildungsbenachteiligten Milieu** mit geringeren sozialen Kompetenzen und häuslichen Problemen neigen eher dazu, das Internet und die sozialen Netzwerke als Flucht vor der Realität zu nutzen. Wie bereits bei Erikson beschrieben, kommt es hier zu einer Verweigerung der Realität. Die Jugendlichen verdrängen die Wirklichkeit mithilfe der virtuellen Welt. (Vgl. Döring 2013, S. 75)

Die Teilnahme an sozialen Netzwerken, aber auch an „WhatsApp-Gruppen", ist für die meisten Jugendlichen zur Selbstverständlichkeit geworden. Die Netzwerke und Gruppen haben positive Seiten: Sie bieten gute Kommunikationsmöglichkeiten und ermöglichen es, sich selbst zu präsentieren (z. B. für einen potenziellen Arbeitgeber). Daneben gibt es auch eine Reihe von negativen Begleiterscheinungen, die im Folgenden thematisiert werden sollen.

### Negative Folgen sozialer Netzwerke und Onlineplattformen

Mehr als ein Drittel der 12- bis 19-Jährigen geben an, dass in ihrem Bekanntenkreis jemand mittels Internet oder Handy „fertig gemacht" wurde. In unterschiedlichen sozialen Netzwerken oder Online-Gemeinschaften haben 20 % der Jugendlichen erlebt, dass jemand gemobbt wurde. (Vgl. JIM-Studie 2014, S. 40) Damit zeigt sich die deutliche Zwiespältigkeit dieser Online-Gemeinschaften: Während einerseits sehr viele Jugendliche Teil der sozialen Netzwerke sind und dort Anschluss finden, machen andererseits über ein Fünftel **Mobbing-Erfahrungen** in dieser virtuellen Welt.

Für die Entwicklung einer stabilen und handlungssicheren Identität stellen soziale Netzwerke eine gewisse Herausforderung dar. Generell ist Jugendlichen die Teilhabe an diesen Online-Gemeinschaften wichtig. Ein Großteil der Kommunikation findet über diese Netzwerke statt. Jemand, der dort keinen Zugang hat, bleibt von wichtigen Peer-Nachrichten ausgeschlossen. So ist die Teilnahme an Online-Gemeinschaften auch wichtig für den **sozialen Status**, man möchte „dazugehören". Deshalb können sich viele Jugendliche, aber auch Erwachsene, kaum diesen Medien entziehen. Die wichtigsten Apps auf den Smartphones der Jugendlichen sind folgerichtig Instant-Messenger (z. B. WhatsApp) und Online-Gemeinschaften (z. B. Facebook). WhatsApp wird von den meisten jugendlichen Nutzern mehr als 20 Mal, teilweise von 20 % mehr als 50 Mal am Tag genutzt. (Vgl. JIM-Studie 2014, S. 49 / 50)

**Negative Folgen** kann die hohe Attraktivität dieser Dienste in mehrerlei Hinsicht haben:

- Jugendliche sind durch diese sozialen Plattformen überfordert und „**verlieren sich**" in einer virtuellen Welt.
- Die jugendlichen Nutzer sozialer Netzwerke veröffentlichen in ihren Profilen zu viele Informationen über sich, sodass es ggf. zu **fragwürdigen Selbstdarstellungen** kommt (z. B. Fotos von Trinkspielen, freizügige Fotos). Diese übertriebene oder unvorsichtige Selbstdarstellung lässt sich nicht mehr rückgängig machen, sie bleibt im „digitalen Gedächtnis" der Netzwerke.
- Die jungen Erwachsenen und Jugendlichen werden in Online-Gemeinschaften bloßgestellt und **gemobbt** (beispielsweise durch kompromittierende Fotos oder beleidigende Kommentare).
- Insbesondere männliche Jugendliche verbringen viel Zeit mit Online-Spielen, die fester Bestandteil vieler Jugendcliquen sind. Teilweise kann hier auch um Geld gespielt werden, was zu **finanziellen Problemen** führen kann. Weiter wird **sehr viel Zeit auf Spiele-Plattformen** verbracht, was immer wieder zu Konflikten mit Eltern und eventuell der Schule führt.
- Jugendlichen wird (durch andere Jugendliche) der **Zugang zu bestimmten Gruppen** z. B. bei WhatsApp oder Facebook **verwehrt**. Dadurch fehlt diesen „ausgesperrten" Jugendlichen ein entscheidender Bereich ihrer Peer-Kommunikation.

Im Folgenden sollen zwei mögliche Folgen auf die Identitätsentwicklung weiter ausgeführt werden: ausufernde Selbstdarstellung auf sozialen Plattformen und exzessives OnlineGaming.

*Selbstdarstellung in sozialen Netzwerken*

Grundsätzlich geben mehr als zwei Drittel der Jugendlichen zu, dass sie durch ihre Aktivitäten in Online-Communitys schon manchmal viel Zeit verschwendet haben. (Vgl. JIM-Studie 2014, S. 54) Als Beispiel für ein soziales Netzwerk soll hier im Folgenden Facebook dienen, da es die größte Verbreitung hat. Die 12- bis 19-Jährigen machen bei Facebook die drittgrößte Nutzergruppe aus. Facebook ist für viele Jugendliche ein Zeitvertreib, sie nutzen dieses Medium aus Langeweile. (Vgl. Knoll et al. 2013, S. 17)

Insgesamt verändert sich der Trend dahingehend, dass bei Facebook zunehmend weniger gepostet wird. Jugendliche geben an, weniger mitzuteilen und mehr zu lesen, was andere posten. Eine unmittelbare Kommunikation läuft bei Facebook eher in Gruppen ab.

**Selbstdarstellung** findet z. B. durch das Posten von **Fotos** statt. Titelbild und Profilbild sind von besonderer Bedeutung für die Selbstpräsentation der Jugendlichen. Bei der Auswahl der Fotos besteht das größte Risiko, dass die Heranwachsenden sich negativ darstellen. Besonders weiblichen Nutzern ist es wichtig, sich zu präsentieren und dadurch Aufmerksamkeit zu erhalten. Dabei kann es auch passieren, dass besonders freizügige Fotos unvorteilhafte Folgen haben. Mädchen werden, wenn sie sich allzu privat zeigen – z. B. durch ein hochgezogenes T-Shirt –, durchaus als „Schlampen" bezeichnet, wohingegen Jungen, die ihren Oberkörper zeigen, eher als „Angeber" gelten. (Vgl. Knoll et al. 2013, S. 41 ff.) Mädchen zeigen sich hier gerne bei gemeinsamen freundschaftlichen Aktivitäten, während Jungen eher Fotos posten, auf denen sie bei sportlichen Wettkämpfen zu sehen sind. (Vgl. Knoll et al. 2013, S. 25 f.) Ein größeres Problem in der Identitätsentwicklung wird aber deutlich, wenn Jugendliche sich sehr freizügig und sexualisiert auf Facebook präsentieren, weil sie innerhalb ihrer Familie und ihres Umfeldes **Liebe und Aufmerksamkeit vermissen**. (Vgl. Döring 2013, S. 75) Jugendliche aus schwierigen häuslichen Verhältnissen, in denen sie wenig Wertschätzung erfahren haben, suchen durch diese extremen Formen der Selbstdarstellung einen **Ausgleich für ihre beschädigten Identitäten**. Diejenigen, die aufgrund mangelnder familialer Bindungserfahrungen **kein Urvertrauen** aufbauen konnten, knüpfen beispielsweise bei Facebook wahllos Kontakte, denen sie viel Intimes per Foto und Posting oder in Gruppenbeiträgen preisgeben. Dies kann man als die **Un-**

**fähigkeit** deuten, sich **abzugrenzen**, da man in der Kindheit nie eine stabile und verlässliche Beziehung zu seinen Bezugspersonen aufbauen konnte.

Die US-amerikanischen Sozialpsychologen Wicklung und Gollwitzer führen für das Jugendalter und das „Ringen um Identität" das Konzept der **symbolischen Selbstergänzung** ein. Wenn der Jugendliche bzw. junge Erwachsene Defizite in seiner Identitätsentwicklung feststellt, versucht er, diese „Lücken" durch Symbole zu füllen. Solche Defizite können z. B. schlechte schulische oder berufliche Leistungen sowie mangelnde Akzeptanz im sozialen Umfeld sein. (Vgl. Oerter/Dreher 2008, S. 355 f.) **Symbole** können hier einerseits beispielsweise auffällige **Körperpraktiken** wie Tätowierungen sein, andererseits aber auch eine **übertriebene Selbstdarstellung** in sozialen Netzwerken.

Somit bieten soziale Netzwerke durch ihre Nutzerprofile den idealen Rahmen, eine Identitätsdiffusion zu kompensieren. Mithilfe einer extremen Darstellung können Jugendliche ihre **Identität in eine Form bringen**, die zumindest von anderen bemerkt wird, was im realen Leben offenbar nicht der Fall ist. So werden die Bereiche der Selbstdarstellung betont, die den Usern **Aufmerksamkeit** bescheren. Die Selbstdarstellung in sozialen Netzwerken wird somit zum Kristallisationspunkt einer beschädigten Identität. Das heißt, dass das Individuum versucht, durch seine Selbstdarstellung ein Gefühl der **Selbstsicherheit** herzustellen.

*Exzessives Online-Gaming*

Ein anderes Phänomen im Kontext von Internet und sozialen Netzwerken sind die sogenannten „Onlinespiele". Grundsätzlich beschäftigen sich ungefähr zwei Drittel aller Jugendlichen täglich bzw. mehrmals pro Woche mit digitalen Spielen. Dabei nutzen männliche Jugendliche diese Art der digitalen Unterhaltung deutlich häufiger als weibliche Jugendliche. (Vgl. JIM-Studie 2014, S. 41) Mehr als 57 % der männlichen Jugendlichen spielen besonders gewalthaltige und brutale Spiele. (Vgl. JIM-Studie 2014, S. 44)

In diesem Zusammenhang entstehen durch die sehr intensiven Spielerlebnisse, auch beispielsweise innerhalb sozialer Netzwerke, sogenannte „Flow-Erlebnisse": Dies meint die besonders **intensive gefühlsmäßige Erfahrung** innerhalb digitaler Spiele. Erikson weist in seiner Erläuterung zur Lebensphase Jugend auch auf ein „Verschwimmen" zeitlicher Perspektiven hin: Jugendliche **verlieren sich** beispielsweise **in digitalen Spielen**. Zu einer Identitätsdiffusion kann es besonders dann kommen, wenn Jugendliche exzessiv, also undiszipliniert und ausschweifend, diese Spiele betreiben. Mithilfe des Internets ist es Jugendlichen hier auch möglich, nicht nur alleine, sondern gegeneinander zu spielen. In diesen **virtuellen Welten verlieren** einige Jugendliche ihren **Bezug zu der Wirklichkeit:** Beispielsweise werden schulische Anforderungen kaum noch wahrgenommen und die Bezugspersonen treten nur noch „online" auf. Hier findet eine „Realitätsflucht" statt, die Erikson als Flucht in eine „**negative Identität**" bezeichnet. Die erhöhte Interaktivität vieler Online-spiele, bei denen über ein Headset miteinander kommuniziert wird, man aber räumlich voneinander entfernt ist, täuscht „Wirklichkeit" vor. Wenn Jugendliche übermäßig im Internet spielen, kann dies auch als ein Abwehrmechanismus gegen überhöhte Leistungserwartungen verstanden werden. Es folgt der **Verlust der Leistungsfähigkeit** aufgrund der „Flucht" in eine virtuelle (negative) Identität.

Zusammenfassend lässt sich sagen, dass sowohl die Nutzung von sozialen Netzwerken als auch Online-Spiele die **Identitätsentwicklung** in der Lebensphase Jugend **beeinträchtigen** können. Übertriebene Selbstdarstellung in Online-Communitys oder übergroße Vertrauensseligkeit gegenüber sozialen Netzwerken haben einen negativen Einfluss auf die Identitätsbildung der Jugendlichen, sie führen eher zur Identitätsdiffusion. Auch ein übermäßiger Konsum von Online-Spielen verhindert eine stabile Identitätsbildung. Durch **Überforderung** in der Anwendung neuer Medien werden Jugendliche in ihrer Handlungsfähigkeit zunehmend blockiert: Immerhin fühlt sich mehr als die Hälfte aller Jugendlichen durch die vielen Nachrichten über soziale Netzwerke o.ä. „total genervt". 14 % der Jugendlichen haben bereits Porno- oder Gewaltvideos via Netzwerk oder WhatsApp ungefragt zugesendet bekommen. (Vgl. JIM-Studie 2014, S. 54, 52)

Diejenigen Jugendlichen, die bereits die vorangehenden Krisen in Eriksons Modell „produktiv" überwunden haben, können mit den Herausforderungen des Internets, besonders der sozialen Netzwerke und interaktiven Online-Spiele, umgehen. Bei jenen Jugendlichen aber, die bereits in den krisenhaften Momenten ihrer Entwicklung Rückschläge hinnehmen mussten, besteht die Gefahr einer Identitätsdiffusion, die durch diese Medien verstärkt werden kann.

**Aufgabe 44**    Erläutern Sie die unterschiedlichen Dimensionen einer Identitätsdiffusion. Stellen Sie dabei auch einen Bezug zu sozialen Netzwerken im Internet her.

**Aufgabe 45**    Setzen Sie sich mit der Nutzung sozialer Netzwerke und den daraus resultierenden Chancen und Risiken für Jugendliche auseinander.

# 5 Erziehung durch Medien und Medienerziehung

Im folgenden Kapitel soll es um die Zusammenhänge zwischen Sozialisation durch Medien und pädagogische Konzepte zum Umgang mit Medien gehen.

Eine „Erziehung durch Medien" im eigentlichen Sinn meint hier insbesondere die sozialisatorischen Einflüsse der Medien speziell auf Kinder und Jugendliche, aber auch auf Erwachsene. Dem gegenüber stehen erzieherische Konzepte, die versuchen, den Medienkonsum und den Mediengebrauch bewusst zu steuern. Dabei sollen den Kindern schon früh, spätestens ab der Grundschule, Kompetenzen vermittelt werden, mit den Medien unterschiedlichster Art sinnvoll umzugehen. So ist es beispielsweise im Schulgesetz Nordrhein-Westfalens verankert, dass Kinder und Jugendliche lernen sollen, Medien verantwortungsbewusst und sicher zu verwenden. (Vgl. Schulgesetz NRW, §2) Ähnliche Formulierungen finden sich im gesamten deutschsprachigen Raum. (Vgl. z. B. Erlass des Bundesministeriums für Unterricht, Kunst und Kultur GZ 48.223/6 –B/7/2011, Rundschreiben Nr. 4/2012, Österreich)

Weiter gehören in diesen medienpädagogischen Bereich auch die Theorien, die sich mit der Wirkungsweise und Einflussnahme von unterschiedlichsten Medien befassen, die sogenannten Rezeptionstheorien.

Zuvor wird das Mediennutzungsverhalten der Kinder und Jugendlichen in Deutschland kurz dargestellt. Dabei muss zwischen analogen Medien, wie Büchern und Zeitschriften, und digitalen Medien, wie Fernsehen, PC oder Spielekonsolen, unterschieden werden.

### Freizeitaktivität von Kindern und Jugendlichen

Kinder und Jugendliche verbringen, je nach Alter und Geschlecht, unterschiedlich viel Zeit mit Medien. Insgesamt erscheint es sinnvoll, zwischen Kindern und Jugendlichen zu unterscheiden:

Kinder von sechs bis dreizehn Jahren nennen als tägliche Hauptfreizeitaktivitäten: 1. Fernsehen, 2. Hausaufgaben/Lernen, 3. Spielen (drinnen und draußen, ohne digitale Spiele), 4. Musik hören, 5. Handy/Smartphone nutzen, 6. Freunde treffen, 7. Internet nutzen und 8. Radio hören, Computer-/Konsolen-/Onlinespiele sowie 9. ein Buch lesen, wobei ein Drittel der Kinder angibt, zumindest mehrmals pro Woche in einem Buch zu lesen. (Vgl. KIM-Studie 2014, S. 10) Damit fällt ein großer Bereich der Aktivitäten in den medialen, davon gilt der meiste Anteil den digitalen Medien.

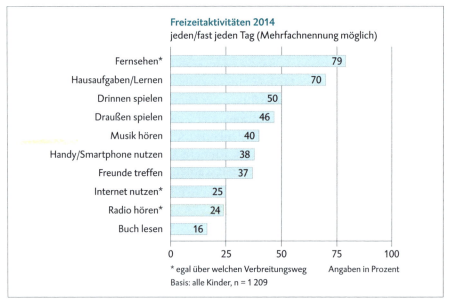

Abb. 17: Mediale Freizeitaktivitäten von Kindern (Vgl. KIM-Studie 2014, S. 10)

Mit steigendem Alter treffen sich die Kinder und dann auch Jugendlichen (14 bis 19 Jahre) häufiger in ihrer Freizeit mit Freundinnen und Freunden, außerdem werden mehr Bücher gelesen. Knapp 90 % der Jugendlichen haben immer ein Smartphone dabei und über 80 % nutzen die digitalen Medien, also das Internet, täglich. Die Tageszeitung oder Bücher werden hingegen nur von rund 20 % täglich gelesen. Das Fernsehen wird an dritter Stelle der genutzten Medien genannt. (Vgl. JIM-Studie 2014, S. 11)

Zusammenfassend lässt sich also festhalten: Mit zunehmendem Alter nutzen Kinder und Jugendliche fast nur noch digitale Medien, wobei hier die Smartphone- und Internetnutzung überwiegen, direkt gefolgt vom Fernsehen. Spiele an Konsolen, PCs oder online werden mit einer bedeutsamen Mehrheit von männlichen Jugendlichen gespielt (70 % Nutzung bei den Jungen, 17 % Nutzung bei den Mädchen). (Vgl. JIM-Studie 2014, S. 11/12)

Aus diesen Nutzungsdaten ergeben sich nun weitere Konsequenzen für die Einschätzung der Medieneinflüsse auf Kinder und Jugendliche: Im Grundschulalter ist das Fernsehen das „Hauptmedium", das dann im Jugendalter von PC und Smartphone abgelöst wird, aber trotzdem wichtig bleibt. Eine eher geringere Bedeutung haben Bücher für Kinder und auch für männliche Jugendliche, wohingegen gut die Hälfte der weiblichen Jugendlichen mehrmals pro Woche ein Buch liest. (Vgl. JIM-Studie 2014, S. 12, KIM-Studie 2014, S. 10)

Erziehung durch Medien und Medienerziehung ▶ 183

In einem weiteren Schritt wäre noch zu klären, was die Kinder genau im TV ansehen: Die Lieblingssender der Kinder sind in der aufgezählten Reihenfolge KiKa, Super RTL, RTL, Pro7, Disney-Channel und NICK. Diese Tatsache ist nicht unwichtig, da es auch von Interesse ist, welche konkreten Sendungen die Kinder gerne sehen. Fragt man Kinder nach ihren Lieblingssendungen, zeigt sich ein sehr breites Spektrum, genannt wird u. a.: Simpsons, SpongeBob, Schloss Einstein, GZSZ, Cosmo und Wanda, DSDS und Germany's Next Top-model. (Vgl. KIM-Studie 2014, S. 21/22) Hier wird deutlich, dass Kinder nicht nur Sendungen schauen, die speziell für ihre Altersgruppe konzipiert wurden, sondern auch klassische „Erwachsenensendungen". Aus diesem Phänomen zieht die Medienpädagogik Konsequenzen, um die es später in diesem Kapitel gehen wird. Mindestens die Hälfte aller Kinder sieht alleine fern, d. h. ohne erwachsene Begleitung. (Vgl. KIM-Studie 2014, S. 15)

## 5.1 Theorien zu medialen Einflüssen

Nach dieser vorläufigen Bestandsaufnahme, welche Medien und Inhalte wesentlich konsumiert werden, soll es nun kurz darum gehen, wie die Einflüsse durch Medien wissenschaftlich untersucht und belegt werden.

### Ältere Theorien

Bereits im 19. und später im 20. Jahrhundert wurde die These aufgestellt, dass Medien insbesondere Kinder und Jugendliche bzw. junge Erwachsene einseitig beeinflussen: Berühmte und viel zitierte Beispiele sind die Nachahmungen des Selbstmordes nach der Lektüre von den „Leiden des jungen Werther" durch junge Männer oder der Ausbruch einer Massenpanik in den USA nach einer Radiosendung in den 1930er-Jahren über eine Invasion von Außerirdischen nach einem Roman von H. G. Wells. Insgesamt kann aber eine **einfache und zugleich problematische Wirkung von Medien** auf das Individuum **nicht wissenschaftlich nachgewiesen** werden. (Vgl. Schorb/Mohn/Theunert 1991, S. 493)

Um den Einfluss von Medien auf das Individuum zu erklären, wurden in der Vergangenheit mehrere Theorien entwickelt, die sogenannten Rezeptionstheorien oder Medienrezeptionstheorien.

Anfangs wurden in der Medienwirkungsforschung **eindimensionale** bzw. **monokausale Erklärungsansätze** verfolgt. Monokausal meint, dass nur ein einfacher Ursache-Wirkungs-Zusammenhang angenommen wird. Hier wurde auf das Modell des operanten Konditionierens Bezug genommen, das davon ausgeht, dass ein Reiz eine bestimmte Reaktion auslöst. (Vgl. Schorb/Mohn/ Theunert 1991, S. 495) Einerseits lassen sich diese Reize in Experimenten verhältnismäßig einfach herausstellen, andererseits sind aber die Ergebnisse dieser Forschungen sehr begrenzt. Diese Begrenztheit der Aussagen des monokausalen Reiz-Reaktions-Ansatzes lässt sich deutlich anhand der Gewaltwirkungsforschung darstellen. Bei dieser Forschung geht es um die Frage, ob das Ansehen von Gewalthandlungen in Filmen Auswirkungen auf das Handeln und Erleben der Zuschauer (Rezipienten) hat. Dazu entstanden verschiedene Hypothesen:

| Name der Theorie | Erklärung |
| --- | --- |
| Imitationshypothese | Der Rezipient ahmt das gewaltsame Handeln nach, er wird zur Gewalttätigkeit stimuliert. |
| Habitualisierungshypothese | Der Zuschauer gewöhnt sich an die vielen Gewaltdarstellungen in Filmen und stumpft ab. Seine Hemmschwelle, selbst Gewalt anzuwenden, sinkt. |
| Katharsishypothese | Durch das Ansehen von Gewalthandlungen werden diese sozusagen für den Rezipienten vorgenommen. Eigene Aggressionen werden durch filmisches Erleben von Gewalthandlungen abgebaut. |

Abb. 18: Ältere Theorien zur Medienwirkung (Vgl. Schorb/Mohn/Theunert 1991, S. 495 ff.)

Diese teils gegenteiligen Aussagen versuchen, die Folgen medialer Gewaltdarstellungen aufgrund eines einfachen Reiz-Reaktions-Mechanismus zu erläutern. Sie stellen recht anschaulich dar, dass monokausale Erklärungen einerseits zu völlig unterschiedlichen Ergebnissen führen können und andererseits eine sehr begrenzte Aussagekraft haben.

Daher wurden daraufhin multiperspektivische Ansätze entwickelt. Multiperspektivisch meint, dass mehrere unterschiedliche Ursache-Wirkungs-Zusammenhänge untersucht werden. Kernfragen der Mediensozialisationsforschung sind somit: Wie werden durch die Medien allgemeine Sozialisationsbedingungen verändert? Sind diese medialen Einflüsse für die Identitätsentwicklung positiv oder eher risikobehaftet? (Vgl. Süss/Lampert/ Wijnen 2010, S. 21)

### Neuere Erkenntnisse der Medienwirkungsforschung

Insgesamt betonen die neueren Ansätze der Medienwirkungsforschung die Annahme, dass die Rezeption medialer Inhalte kein passiver Vorgang ist, sondern dass das Individuum sich aktiv-verstehend mit den jeweiligen Medienereignissen auseinandersetzt: Auf Kinder und Jugendliche „prasseln" mediale Einflüsse nicht widerstandslos ein, denn für den Einzelnen liegt hier jeweils eine **individuelle Verstehensleistung** vor. Der Empfänger ist einer medialen Botschaft also nicht teilnahmslos ausgesetzt, sondern bestimmt wesentlich die Botschaft: Ob z. B. gewaltverherrlichende Videos zur Gewalttätigkeit führen, hängt nun davon ab, wie derjenige, der diese Videos sieht, die Inhalte verarbeitet und bewertet. Der Inhalt gewinnt seinen Sinn erst im Zuge der Aneignung durch das Individuum; z. B. kann ein gewaltverherrlichendes Video bei Kindern, die in einer behüteten Umgebung aufwachsen, eher Ekel als Nachahmung hervorrufen. (Vgl. Schorb/Mohn/Theunert 1991, S. 503 ff.)

Die wissenschaftliche Erkenntnis, dass Medienwirkung ein Ergebnis eines aktiven Interaktionsprozesses ist, wurde aus Studien gewonnen, bei denen nicht mehr repräsentativ vorgegangen, also eine Vielzahl von Personen befragt wurde, sondern vielmehr umfangreichere Forschungsfragen anhand von kleineren Gruppen untersucht wurden. Ein Beispiel hierfür ist die Auswertung der Mimik von 6- und 7-jährigen beim Fernsehen mithilfe von Fotos.

Hinzu kommt bei dieser „subjektbezogenen Medienwirkungsforschung", dass auch immer das unmittelbare Umfeld mit im Fokus der Untersuchungen steht. Der Alltag von Kindern findet in erster Linie innerhalb der eigenen Familie statt und der Medienkonsum in dieser Familie beeinflusst somit auch das Medienverhalten der Kinder. (Vgl. Schorb/Mohn/Theunert 1991, S. 505) So kann beispielsweise das Fernsehprogramm in einer Familie u. U. den Tagesablauf bestimmen: Nach GZSZ werden die Kinder ins Bett geschickt.

Innerhalb dieser Aneignungsprozesse medialer Ereignisse ordnen Kinder und Jugendliche, also die Rezipienten, den jeweiligen Inhalten erst persönliche Bedeutung zu. Dabei zeigte sich, dass Kinder Medieninhalte nach ihren Wünschen und Bedürfnissen wahrnehmen. Die eigenen Entwicklungsthemen der Kinder und Jugendlichen werden den Medienerlebnissen zugeschrieben. (Vgl. Moser 2010, S. 179–183)

So werden beispielsweise **kindliche Ohnmachtserlebnisse** im Alltag durch fiktionale Serienhelden, die zaubern können oder mit Superkräften ausgestattet sind, **kompensiert**. Interessant in diesem Zusammenhang ist auch, dass die Initiative zum Mediengebrauch fast immer vom Kind ausgeht.

Fernsehkonsum liefert Kindern die Möglichkeit, sich mit TV-Figuren zu identifizieren und dann eigene Allmachtsfantasien für sie stellvertretend zu durchleben. Solche TV-Figuren sind offenbar besonders in der Grundschulzeit sehr wichtig für die Kinder, weil sie in dieser Phase zunehmend auch außerhalb der Familie agieren. (Vgl. Moser 2010, S. 187)

## 5.2 Mediennutzung und -wirkung

**Wie Kinder mit Medien umgehen**

In der Öffentlichkeit herrscht häufig die Meinung vor, dass Kinder – und auch Jugendliche – durch Medien zu Aggression und Gewalt animiert werden. Grundsätzlich lässt sich diese Aussage nicht wissenschaftlich belegen. Eltern schätzen die medialen Einflüsse auf ihre Kinder insgesamt eher negativ ein, wobei digitale Spiele besonders negativ bewertet werden, das Fernsehen hingegen eher unkritisch wahrgenommen wird. (Vgl. Wagner/Gebel/Lampert 2013, S. 80 ff.)

Erstens kann festgehalten werden, dass Kinder sich durchaus Medieninhalte aussuchen, die zu ihrer persönlichen Lebenssituation passen. Somit werden Fernsehprogramme ausgewählt, die Kinder in ihren Sehnsüchten und Vorstellungen entsprechend unterstützen, auch solche, in denen beispielsweise aggressives und gewalttätiges Verhalten Konflikte erfolgreich löst. (Vgl. Moser 2010, S. 214–217)

Hierbei kann es dazu kommen, dass Kinder oder Jugendliche problematische Modelle zur Lösung von Konflikten übernehmen, beispielsweise Gewalthandlungen. Dabei sind aber auch die Bedingungen der konkreten sozialen Umwelt, also der Familie und Peergroup, von Bedeutung: Die Inhaltsmuster der medialen Erlebnisse (Fernsehserien usw.) müssen sich mit den Alltagserfahrungen der Kinder und Jugendlichen decken. D. h., wer beispielsweise Gewalt als Lösungsmittel aus Medienereignissen übernimmt, findet dies auch in seiner Umwelt bereits als adäquates Handlungsmuster vor. (Vgl. Schorb/Mohn/Theunert 1991, S. 507)

Wenn Kinder „gruselige" oder „aggressive" Medieninhalte konsumieren, liegt dies auch an deren „Angstlust", die ähnlich einer Geisterbahnfahrt der emotionalen Stimulation dient. Dabei kann das Abenteuer eines Serienhelden tatsächlich für Kinder in ihrem vertrauten Rahmen stattfinden und die Kinder wissen auch, dass das Serienformat ein „gutes" Ende hat.

Untersucht man die Medienrezeption von Kindern, kann man den Trend erkennen, dass immer häufiger reale Spielwelten mit TV-Serien und digitalen Medien wie Konsolenspielen verbunden werden. So gibt es beispielsweise von der Firma Lego auf Super-RTL eine Serie zu einer Spielzeugreihe, die dann auch noch als digitales Spiel erhältlich ist. Insbesondere Jungen nutzen solche Kombinations-Produkte und sind auf entsprechenden Spieleseiten stark vertreten. (Vgl. KIM-Studie 2014, S. 35 f.)

## Mediennutzung und -wirkung bei Jugendlichen

Wie bereits angesprochen, verändert sich das Mediennutzungsverhalten im Jugendalter, indem das Fernsehen als Hauptmedium hinter Smartphone und Internet zurückfällt, aber weiterhin ein bedeutendes Leitmedium darstellt. Fast jeder Jugendliche verfügt über ein Smartphone, ebenso über einen Computer. (Vgl. JIM-Studie 2014, S. 6) Interessant für die Medienwirkungsforschung ist die Tatsache, dass digitale Medien die ganz wesentliche Rolle im Leben der Jugendlichen spielen. Am meisten genutzt werden diese Medien einerseits zur Kommunikation (Chat, soziale Netzwerke usw.) und andererseits zu Unterhaltungszwecken (Videos ansehen, Musik hören usw.).

Für die Medienrezeption gilt nun, genauso wie in der Kindheit, dass sich der Jugendliche als aktiv-realitätsverarbeitendes Subjekt mit den Medienerlebnissen auseinandersetzt.

Für männliche Jugendliche stehen digitale Spielwelten im Zentrum ihrer medialen Aktivitäten: Mehr als 80 % aller männlichen Jugendlichen spielen digital. Hierbei sind die Unterschiede im Bildungsniveau relativ unerheblich: Gymnasiasten spielen ähnlich viel wie Hauptschüler. (Vgl. JIM-Studie 2014, S. 41) Weibliche Jugendliche sind eher in sozialen Netzwerken aktiv oder „surfen" im Internet, insbesondere, um Klatsch und Tratsch über Stars zu lesen, was vor allem im Alter zwischen 14 bis 19 Jahren wichtig ist.

Es ist für die Medienwirkungsforschung von besonderem Interesse, dass insgesamt 57 % der männlichen Jugendlichen angeben, dass sie besonders brutale und gewalthaltige digitale Spiele konsumieren. Damit sind solche Spiele gemeint, die aufgrund ihrer Alterseinstufung in Deutschland nicht frei verkäuflich sind, also keine Jugendfreigabe haben. Dabei sind wieder keine Unterschiede zwischen Gymnasiasten und Hauptschülern auszumachen. (Vgl. JIM-Studie 2014, S. 44) Anhand dieser hohen Zahl der männlichen Konsumenten besonders brutaler Gewaltspiele muss noch einmal auf die bereits erklärten Zusammenhänge zwischen sozialer Umwelt und Medieninhalten verwiesen werden. Die Verarbeitung dieser besonders brutalen Digitalspiele führt eben nicht einfach zu einer Übernahme der gespielten Verhaltensmuster, sondern wird von männlichen Jugendlichen in ihrer Persönlichkeitsentwicklung zumeist kompetent verarbeitet. An dieser Stelle sei noch einmal darauf verwiesen, dass Eltern den (nicht bewiesenen) negativen Einfluss von digitalen Spielen am meisten fürchten.

## 5.3 Medienpädagogik

Welche Kompetenzen sollen Kinder und Jugendliche für den Umgang mit Medien erwerben? Wie eingangs erwähnt, soll Medienkompetenz den Kindern und Jugendlichen frühzeitig vermittelt werden.

Medienkompetenz bezeichnet die Fähigkeit, sich den Medien seiner Umwelt als aktiv Handelnder bedienen zu können. Kinder und Jugendliche sollen also altersgemäß in die Lage versetzt werden, Medien bewusst zu konsumieren und ihren Medienalltag aktiv zu gestalten. In der erziehungswissenschaftlichen Fachliteratur gibt es noch den Begriff der „Medienbildung", die zwar eine Medienkompetenz voraussetzt, darüber aber noch weiter hinausgeht. Medienbildung meint die Fähigkeit, die Bedeutung der Medien für die eigene Persönlichkeit reflektieren zu können. Aus einer ähnlichen Perspektive stammt der Begriff der Medienmündigkeit, der umfasst, dass das Individuum nicht nur kompetent mit Medien umgehen kann, sondern selbstbestimmt und mündig Medien und Medienkonsum beurteilen und reflektieren kann. In letzter Konsequenz hat sich der Begriff der Medienkompetenz durchgesetzt, der auch Aspekte der Medienkritik und Mediengestaltung beinhaltet. Somit meint Medienkompetenz nicht nur den gekonnten Umgang mit diesen, sondern auch die Reflexion des Umgangs und der Produktion medialer Produkte. Dazu gehören natürlich auch ethische Aspekte wie die Frage, inwieweit Medienereignisse gesellschaftlich vertretbar sind. (Vgl. Süss/Lampert/Wijnen 2010, S. 123–128)

Die Geschichte der Medienpädagogik war anfangs von Verboten und Einschränkungen bestimmt. Ein immer wiederkehrendes Motiv ist die sogenannte „Bewahrpädagogik": Kinder und Jugendliche – und im 19. Jahrhundert auch Frauen – sollten vor schädlichen medialen Einflüssen bewahrt werden. Diese Bewahrpädagogik wird bis heute mithilfe von Verboten durchgesetzt. Beispielsweise forderten Lehrer und Pastoren gegen Ende des 19. Jahrhunderts das Verbot von „Schund- und Schmutzliteratur", damit der Geist der Jugendlichen und jungen Erwachsenen nicht verwirrt wird. Gleichzeitig sollten Kinder, Jugendliche und junge Erwachsene auch an Literatur und Filme herangeführt werden, die der Persönlichkeitsentwicklung nach Ansicht der Pädagogen zuträglich waren. So gab es bereits in den 1920er-Jahren Reformpädagogen, die sich bemühten, Filme für Kinder und Jugendliche zu fördern und zu empfehlen, die sie als hochwertig einstuften.

Die bewahrpädagogischen Bestrebungen standen auch immer unter einem politischen Einfluss, denn bestimmte Kräfte, wie Parteien, Kirchen oder Verbände, waren an der Durchsetzung ihrer eigenen Ziele interessiert und wollten

Medieninhalte verboten sehen, die diesen widersprachen. (Vgl. Süss/ Lampert/ Wijnen 2010, S. 63 ff.)

Ein gutes Beispiel für diese frühe Tendenz, Filme zu verbieten bzw. zu zensieren, stellt die Rezeption des Films „Metropolis" von Fritz Lang dar. Der Film aus dem Jahr 1927 erzählt von der Stadt Metropolis, in der Arbeiter unter der Erde hart schuften müssen, damit die Elite oberhalb in Luxus leben kann. Er wurde von Anfang an scharf kritisiert und politisch bekämpft, weil er die sozialen Ungleichheiten drastisch thematisierte. Viele Politiker und Kirchenvertreter hatten Angst, dass der Film der leicht verführbaren Jugend ein „falsches" Bild der sozialen Wirklichkeit offenbare. Deshalb wurde der Film auch in den zeitgenössischen Kritiken ungerechtfertigt negativ rezensiert.

In der Zeit der **nationalsozialistischen Diktatur** wurden Medien für die **ideologischen Zwecke** der Nationalsozialisten genutzt. Der diktatorische Staat machte mit aller Macht deutlich, welche Medieninhalte unerwünscht waren, z. B. durch öffentliche **Bücherverbrennungen**. In der Hitlerjugend wurden sogenannte Jugendfilmstunden eingeführt, in denen **Propagandafilme** gezeigt wurden. Ein bedeutendes Beispiel dafür ist der Film „Jud Süß", in dem der jüdische Hofrat Süß Oppenheimer im Württemberg des 18. Jahrhunderts seinem Herzog eine luxuriöse Hofhaltung finanziert, während das gemeine Volk immer mehr leidet und aufgebracht wird. Oppenheimer wird als verschlagener Verführer und Vergewaltiger dargestellt, der nur seinen eigenen Vorteil sucht. Bereits in den ersten Wochen nach seiner Premiere 1940 sahen mehr als 20 Millionen Menschen diesen Film, der auch den Soldaten an der Front gezeigt wurde. Der Film diente dem Reichspropagandaminister, Joseph Goebbels, zur **Rassenhetze** und sollte bereits bestehende **Vorurteile** gegenüber der jüdischen Bevölkerung **verstärken und aufstacheln**.

Die Medienpädagogik in der **Bundesrepublik Deutschland der 1950er- und 1960er-Jahre** kann als **bewahrpädagogisch** beschrieben werden. Dies lässt sich insbesondere durch die **Einführung von Kontrollorganen** belegen, die den Medienkonsum reglementieren sollten: Die FSK **(Freiwillige Selbstkontrolle der Filmwirtschaft)** wurde 1947 gegründet, bereits 1951 trat das **Jugendschutzgesetz** in Kraft und 1953 wurde das **Gesetz über die Verbreitung jugendgefährdender Schriften** verabschiedet. (Vgl. Süss/Lampert/ Wijnen 2010, S. 67) Die Absichten waren hier nicht die Schulung eines kompetenten Umgangs mit Medien, sondern vielmehr das rigorose **Verbot von Inhalten**, die nach Ansicht konservativer politischer Kräfte nicht wünschenswert waren. Jugendliche gingen in dieser Zeit häufig ins Kino – es war eine der wenigen Möglichkeiten, bestimmte Musik zu hören oder US-amerikanische Kultur kennenzulernen. Die ältere Generation war in den 1950er- und 1960er-Jahren damit beschäftigt, sich emotional von den Folgen des 2. Weltkrieges zu erholen, die Jugendlichen hingegen suchten „Abenteuer" in der Kultur der US-amerikanischen Besatzer: „Während die deutschen Ausdrucksmittel [in Film und Fotografie] eher restaurativ und konservativ sind, bringen die US-amerikanischen Filme und die Musikszene aus den USA neue Themen, neue Impulse, neue Provokationen." (Vgl. Baacke/Schäfer 1994, S. 59) Die noch junge Bundesrepublik wollte diese **jugendkulturellen Erscheinungen** möglichst noch **unterdrücken**.

Erst ab den späten 1960er-Jahren wechselte die Medienpädagogik ihre Ausrichtung von einer reinen Bewahrpädagogik hin zu einer **kritisch-emanzipatorischen**. Damit ist gemeint, dass das Individuum zu einem selbstbestimmten und mündigen Rezipienten werden soll, der insbesondere über Manipulationen durch Medien aufgeklärt werden musste.

Ab den 1970er-Jahren prägt insbesondere der Bielefelder Pädagoge Dieter Baacke das bis heute vorherrschende Konzept einer **handlungsorientierten Medienpädagogik**, die das Individuum zum kompetenten Handeln in einer Mediengesellschaft befähigt. Kinder und Jugendliche werden seitdem als **aktive Medienkonsumenten und -gestalter** wahrgenommen.

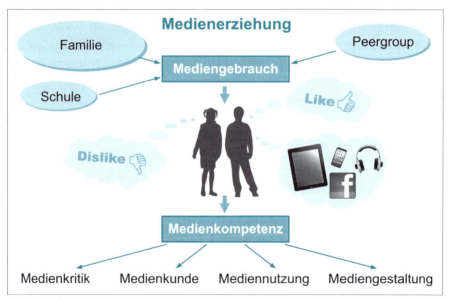

Abb. 19: Medienpädagogik nach Baacke

Baacke stellt folgende Dimensionen der Medienkompetenz heraus:

- **Medienkritik**, die befähigt, Medien zu analysieren und ethisch zu beurteilen
- **Medienkunde**, durch die man Medien bedienen kann
- **Mediennutzung** als Rezipient, aber auch Produzent
- **Mediengestaltung** durch Aktivität in den Medien

*(Vgl. Baacke 1999, S. 8)*

Diese Kompetenzen gelten auch insbesondere beim Umgang mit digitalen Medien. Hieran anschließend sollen Kinder und Jugendliche einen ressourcenorientierten Umgang mit Medien frühzeitig erlernen. Sie sollen somit mediale Möglichkeiten ausnutzen und beurteilen können. Damit soll grundsätzlich von den einschränkenden bewahrpädagogischen Konzepten Abstand genommen werden.

Fragt man jedoch Eltern, welche Sorgen sie sich bezüglich des Medienkonsums ihrer Kinder machen, schätzen vier Fünftel der Eltern das Internet als gefährlich für Kinder ein und wollen die Nutzung einschränken. Somit sind auch die meisten Eltern der Ansicht, dass der Internetumgang der Kinder zumindest bis zum 15. Lebensjahr genau kontrolliert werden soll. In mehr als der Hälfte der Familien gibt es mit dem Kind täglich oder häufiger im Laufe der Woche Konflikte bezüglich des Medienkonsums. Häufig geht es dabei beispielsweise um die Nutzungsdauer von digitalen Spielen und Fernsehen. Informationen, wie mit Medien umzugehen ist, beziehen Eltern wesentlich von Bekannten, auf Elternabenden oder aus Zeitschriften. Fast alle Eltern stellen für die Kinder im Vor- und Grundschulalter Regeln zur Mediennutzung auf, wobei es fast immer um die Nutzungsdauer geht. Eingehalten werden diese innerfamiliären Regeln speziell bei der Handy- und Internetnutzung, am wenigsten jedoch bei Computer- und Videospielen sowie beim Fernsehen. Nur gut ein Drittel der Eltern nutzt Sperrprogramme für jugendgefährdende Inhalte. (Vgl. Wagner/Gebel/Lampert 2013, S. 83 f., 87, 103, 105–112)

Insgesamt schätzen Eltern den medialen Einfluss kritisch bis pessimistisch ein. Ein Teil der Eltern weiß speziell über die Computerspiele ihrer Kinder wenig. (Vgl. Wagner/Gebel/Lampert 2013, S. 127–133) Im Überblick lässt das Verhalten der Eltern darauf schließen, dass sie sich überwiegend mit dem Medienkonsum ihrer Kinder im Alter bis 14 Jahren intensiv auseinandersetzen. Medienerzieherisches Handeln im Elternhaus findet recht häufig intuitiv statt. Dies stellt insofern ein Problem dar, als diffuse Ängste der Erwachsenen erziehungsleitend sind – z. B. „Mein Kind lernt im Internet die falschen Leute kennen." (Vgl. Wagner/Gebel/Lampert 2013, S. 84). Auch die ungenaue Wahrnehmung digitaler Spiele (Konsole, Computer, Smartphone) zeigt deutliche Unsicherheit, sodass Eltern beispielsweise kaum wissen, was in diesen Spielen vorgeht. Viele Eltern wissen zwar um die Notwendigkeit einer medienpädagogischen Förderung bzw. Medienerziehung ihrer Kinder, fühlen sich aber unsicher. Übereinstimmung besteht lediglich in den Zielen, „gefährliche" Kontakte im Internet zu verhindern und stark gewalthaltige Medienerlebnisse zu unterbinden. (Vgl. Wagner/Gebel/Lampert 2013, S. 215–219) Insgesamt **fehlen** hier aber noch **einheitliche Konzepte** dazu, wie man Kinder zu bewussten Medienrezipienten erziehen kann.

Im Jugendalter achten die Eltern verhältnismäßig wenig auf den Medienkonsum. Nach dem 14. Lebensjahr sinkt der elterliche Kontrollaufwand rapide. So ist es auch zu erklären, wie insbesondere männliche Jugendliche zu einem großen Teil sehr gewalthaltige digitale Spiele konsumieren können.

Zusammenfassend lässt sich sagen, dass Kinder und Jugendliche Medien sehr intensiv nutzen. Die elterliche und erzieherische Kontrolle sinkt mit zunehmendem Alter der Heranwachsenden. Die Medienwirkungsforschung nimmt Kinder und Jugendliche als aktive Rezipienten wahr, die mediale Einflüsse in ihr soziales Handeln integrieren. Speziell hier setzen professionelle medienpädagogische Konzepte an, die eine breitgefächerte Medienkompetenz als Ziel verfolgen: einen selbstbestimmten und sachkundigen Umgang mit Medien.

Baacke beschreibt in seinem Konzept der Medienpädagogik, wie bereits erwähnt, vier Dimensionen der Medienkompetenz. In Anschluss an Baacke lassen sich diese Dimensionen der Medienkompetenz mit pädagogischen Praxisbezügen für Schule und Elternhaus füllen:

| Dimensionen nach Baacke | Beispiele für die medienpädagogische Praxis |
| --- | --- |
| Medienkritik | **Grundschule:** kritischer Umgang mit dem Internet als Quelle, Kennenlernen grundlegender Werbestrategien, elementare Kenntnisse über die Herausgabe persönlicher Daten |
| | **Sekundarstufe I:** Analyse massenmedialer Prozesse (z. B. Druckerzeugnisse vs. Internetmedien), konkrete Einübung eines „datenschützenden" Verhaltens bei der Preisgabe persönlicher Inhalte, „Facebook-Führerschein" (Schüler lernen frühzeitig den Umgang mit sozialen Netzwerken), kritische Netzrecherche |
| | **Sekundarstufe II:** Kommunikation über Massenmedien und mithilfe sozialer Netzwerke wird auf einer „Metaebene" ausgeforscht: Inwieweit können z. B. Sozialisationstheorien den Wandel der Kommunikationsverhältnisse erklären, wie werden digitale Medien zur Manipulation und Kontrolle des Individuums genutzt? Werden Medien ethisch eingesetzt und welche Rolle spielen ethische Grundsätze in Medien? |
| | **Elternhaus:** kritisch-konstruktive Begleitung medialer Aktivitäten (z. B. gemeinsame Recherchen) |

Erziehung durch Medien und Medienerziehung ✏ 193

| Medienkunde | **Grundschule:** Computerkurse, elementare Einführung in die Bedienung z. B. kindgerechter Suchmaschinen (KiKa, „Seitenstark.de" u. a.) |
| | **Sekundarstufe I:** Kenntnisse redaktioneller Abläufe (z. B. Kooperationen mit regionalen Tageszeitungen), instrumentelle Fähigkeiten: mit Hardware umgehen, sichere Verbindung herstellen, Passwortschutz u. ä., Grundlagen des Urheberrechtes, sachgerechte Verwendung von Online-Communitys (z. B. Xing als Berufsplattform), Nutzungsstrategien von digitalen Spielewelten |
| | **Sekundarstufe II:** Medienrecht und Urheberrecht vertieft diskutieren, Strukturen der zunehmenden Vernetzung erarbeiten (Smart-TV, Online-Streaming, individualisierte Medienplattformen usw.) |
| Mediennutzung | **schulformübergreifend:** Nutzung digitaler Medien didaktisch aufbereiten, z. B. Open-Office-Kurse, Suchstrategien in Online-Bibliotheken |
| Mediengestaltung | **schulformübergreifend:** Gestaltung insbesondere digitaler Medien: Web-Design, Erstellung von Seiten für soziale Netzwerke, Marketing-Kenntnisse, Präsentations-Workshops (z. B. für Power-Point-Präsentationen), Video-Herstellung und Bearbeitung von Musikaufnahmen (z. B. für Schulband-Wettbewerbe) |
| | **Sekundarstufe II:** Programmierkenntnisse, „Hacker-Kurse" zur Netzsicherheit u. ä. |

Abb. 20: Förderungsmöglichkeiten der Medienkompetenz

**Aufgabe 46** Erläutern Sie mögliche Maßnahmen zur Förderung der Medienkompetenz bei Kindern.

**Aufgabe 47** Sollten 10-jährige Kinder bereits über einen eigenen PC mit Internetzugang verfügen? Nehmen Sie begründet Stellung, wie Eltern sich in diesem Fall verhalten sollten, insbesondere, wenn sie dem Kind einen internetfähigen PC zur Verfügung stellen.

**Aufgabe 48** Erörtern Sie, ab welchem Alter Kinder bzw. Jugendliche ein Smartphone besitzen sollten. Welche medienpädagogischen Chancen und Risiken sehen Sie?

# Lösungen

**Aufgabe 1**  **Beispiel 1:** Ein Vater sieht, dass sein Sohn seine jüngere Schwester schlägt, und gibt dem Jungen als Strafe eine Ohrfeige. Das Erziehungsziel, der Junge soll seine Schwester nicht mehr schlagen, ist grundsätzlich wertvoll und erreichbar. Fragwürdig ist das Mittel: Der Sohn lernt körperliche Gewalt als legitimes Mittel der Sanktionierung kennen und nutzt es möglicherweise als Erwachsener selbst. Schlagen als Mittel zur Zielerreichung kommt aus axiologischer Sicht nicht infrage, ist aber auch aus technologischer Perspektive nicht zwingend Erfolg versprechend. Der Junge entwickelt ja keine Einsicht. Er würde möglicherweise seine Schwester wieder schlagen, müsste er nicht befürchten, erneut geohrfeigt zu werden. Ein pädagogisch wertvolles und erreichbares Ziel rechtfertigt folglich keineswegs alle erzieherischen Mittel.

**Beispiel 2:** Eltern wollen, dass ihre Tochter ein großer Tennisstar wird. Sie lassen sie täglich mehrere Stunden trainieren und nehmen hin, dass sie deshalb das Gymnasium nicht besuchen kann. Sie legen damit den Tagesablauf des Kindes strikt fest. Ob ihr Ziel erreichbar ist, lässt sich schwer prognostizieren. Es ist aber eher unwahrscheinlich, dass die Tochter eine zweite Steffi Graf wird. Immerhin wäre das Ziel, technologisch betrachtet, nicht unerreichbar. Axiologisch gesehen bleibt es auf jeden Fall problematisch, auch wenn es zumindest theoretisch erreichbar ist. Die Tochter wird zur Einseitigkeit erzogen und kann kaum eigene Interessen ausbilden. Sie muss sich den Wünschen der Eltern unterwerfen, ihre eigenen Träume bleiben unberücksichtigt. Auch das Mittel der Eltern, Zwang zu täglichem mehrstündigen Training, ist fragwürdig. Ob es zum Erfolg führt, ist nicht sicher. Zudem könnte das einseitige Training für die Gesundheit des Mädchens nicht gut sein. Ihr wird viel Zeit für selbstbestimmtes Tun vorenthalten; das könnte sich auf ihre psychische Gesundheit auswirken.

**Aufgabe 2**  **Mündigkeit** und auch **Freiheit** sind Begriffe, die vielerorts Verwendung finden, aber in verschiedenen Kontexten unterschiedlich akzentuierte Bedeutungen gewinnen.

**Politisch gesehen** ist „Freiheit" seit der Französischen Revolution ein menschliches Grundrecht. Die Menschen sind vor dem Gesetz „frei" und auch grundsätzlich „gleich", niemand darf ihnen vorschreiben, wie sie zu leben haben. Freiheit setzt in gewisser Weise auch aus politischer Perspektive Mündigkeit voraus. Darum dürfen Jugendliche erst ab 16 Jahren Alkohol trinken, erst ab 18 Jahren den Bundestag wählen, während sie wiederum schon mit 14 Jahren als religionsmündig gelten. Auch politisch wird somit – über Altersbestimmungen – festgelegt, wann Menschen im Rahmen von Gesetzen frei entscheiden und handeln dürfen. Das betrifft auch die Gestaltung des politischen Lebens. In der Demokratie dürfen erwachsene Menschen frei wählen und so die Politik mitgestalten. Im demokratischen Staat können Menschen frei über ihren Beruf, über ihre Religion, ihre sexuellen Ausrichtungen, über die Art und Weise eines Zusammenlebens mit Mitmenschen, über die Art, wie und wo sie wohnen wollen, und über vieles andere mehr entscheiden. Politisch wird vorausgesetzt, dass sie als mündige Menschen das für sie Richtige tun. Handeln Menschen wiederholt in einer Weise, dass sie sich selbst oder Mitmenschen massiv gefährden, kann man sie gesetzlich entmündigen lassen.

**Pädagogisch betrachtet** sind „Freiheit" und „Mündigkeit" paradoxe Begriffe. Die zu Erziehenden sollen von Beginn an als mündige und freie Menschen anerkannt werden, obwohl sie es noch nicht sind. Kinder müssen noch lernen, mit ihren Trieben und Bedürfnissen so umzugehen, dass sie sich und anderen nicht schaden. Kinder müssen außerdem die tatsächliche Welt – auch ihre Gefahren – zunächst kennen und begreifen lernen. Kinder werden in ihrer unmittelbaren Freiheit eingeschränkt, damit sie tatsächlich „frei" werden können; sie werden ggf. zu Lernleistungen gezwungen, weil sie ohne solche Lernleistungen „unfrei" bleiben müssten. Wenn Kant postuliert, der Mensch müsse „Mut" haben, sich seines Verstandes zu bedienen, so folgt daraus aus pädagogischer Perspektive, dass der Mensch über Erziehung und Bildung erst lernen können muss, sich seines Verstandes zu bedienen. Mündigkeit ist somit das Ziel aller Erziehung. Dieses Ziel besteht vom ersten Tag an. Alle erzieherischen Maßnahmen lassen sich nur dann rechtfertigen, wenn sie auf Mündigkeit abzielen.

Aufgabe 3   Wenn Menschen gelernt haben, nicht mit den Fingern, sondern mit Messer und Gabel zu essen, sind sie kultiviert. Wenn sie beim Essen in einem gehobenen Restaurant wissen, welches Besteck sie wann wählen müssen, sind sie zivilisiert. Moralisierung würde sich darin zeigen, wenn sie etwa beim Gespräch bei Tisch – höflich und mit gewählten Worten – widersprechen, wenn Menschen z. B. aufgrund ihrer Religion oder Herkunft diffamiert werden. Zivilisiertheit ist demnach die Voraussetzung dafür, die eigenen moralischen Überzeugungen klug vertreten zu können.

**Lösungen** 197

**Aufgabe 4** Ladenthin hat ausführlich dargelegt, dass Menschen **nicht „Werte", sondern „werten" lernen** müssten. Darum ist wichtig, dass Kinder von früh an erleben können, dass Sach- und Wertorientierungen begründet werden. Eltern sollten somit ihre Entscheidungen gegenüber Kindern immer auch begründen. So lernen Kinder zumindest, dass Handlungen oder Haltungen auf dem Fundament von Urteilen stehen.

Werten lernen kann und muss auch in der Schule stattfinden. Die Schule muss die Schülerinnen und Schüler in allen Fächern immer wieder zu eigenen Werturteilen auffordern, in Diskursen müssen diese Werturteile dann verteidigt, begründet, ggf. auch korrigiert oder verworfen werden. Schülerinnen und Schüler sollen gerade nicht die Werturteile ihrer Lehrerinnen und Lehrer übernehmen, sondern sich argumentativ mit Thesen und Auffassungen auseinandersetzen. Allerdings gilt im Hinblick auf Werturteile der Grundsatz der Conditio humana. Was wird den Menschen als Menschen gerecht? Möglicherweise findet ein Mensch für sich gute Argumente, dass er trotz des Wissens um die Gesundheitsrisiken weiter rauchen möchte (Sachurteil). Ob aber ein Mensch begründen könnte, dass er Mitmenschen für eigene materielle Vorteile vernichten dürfte, darf bezweifelt werden (Werturteil).

Die Familie behält lange Zeit hohen Stellenwert im Hinblick auf die kindliche und jugendliche Urteilsbildung. Bedeutend ist, inwieweit die Familienkultur einen Austausch über Sach- und Werturteile ermöglicht. Welche Fragen werden in Familien diskutiert? Wie findet der Austausch über Entscheidungen statt?

**Aufgabe 5** **ES:** Da vorne steht Michael, der mich gestern vor Annette so schlecht gemacht hat. Jetzt schlage ich ihm so richtig ins Gesicht!

**Über-ICH:** Lass das auf jeden Fall sein! Wenn du ihn schlägst, wirst du bestraft. Du wirst nur Ärger haben!

**ES:** Das ist mir egal. Ich kann diesen widerlichen Kerl nun einmal nicht leiden.

**Über-ICH:** Schlagen ist Körperverletzung. Du kannst richtig Schwierigkeiten bekommen. Man wird dich anzeigen und du kannst vor Gericht kommen.

**ES:** Aber ich habe doch so eine Wut auf ihn!

**ICH:** Vielleicht muss ich mir doch etwas anderes einfallen lassen, als ihn einfach zu schlagen.

**ES:** Trotzdem, ich muss ihn nur sehen, dann kann ich mich kaum zurückhalten!

**Über-ICH:** Verboten bleibt verboten!

198 / Lösungen

**ICH:** Also gut, aber ich lasse mir noch etwas einfallen. Jedenfalls wird er mir nicht ganz ungeschoren davonkommen.

**ES:** Und es muss ihm richtig wehtun!

**Über-ICH:** Hauptsache, du schlägst jetzt erst einmal nicht zu!

**ICH:** Ja, es gibt noch andere Möglichkeiten, mich zu wehren. Mir fällt bestimmt noch etwas Gutes ein.

**Aufgabe 6** Der Mensch, der unbewusst von Verdrängungen und Projektionen dominiert wird, kann nicht frei sein. Die Psychoanalyse hat die Quellen psychischer Unfreiheit offengelegt. Erziehung muss anstreben, dass Kinder so aufwachsen, dass sie nicht psychisch unfrei werden.

Kinder orientieren sich keineswegs allein an ihren Triebbedürfnissen und erleben die Erwachsenen nicht nur als Objekte oder Quellen der Lust. Sie finden bei ihnen auch Geborgenheit. Sie idealisieren sie und identifizieren sich mit ihnen. Das kindliche Über-ICH, das sie nach und nach ausbilden, ist zunächst stark von den Erwachsenen, insbesondere den Eltern geprägt. Daraus erwächst eine pädagogische Verantwortung. Empathie und Rücksichtnahme lernen Kinder zunächst über Vorbilder.

Eine psychische Loslösung von den Eltern findet in der Pubertät statt. Die Triebbedürfnisse der Kinder verändern sich, hormonelle Veränderungen kommen hinzu, auch kognitive Entwicklungsschritte spielen in dieser Zeit eine bedeutende Rolle.

Diese Lebensphase stellt für die Eltern auch aus psychologischer Perspektive eine schwierige Zeit dar. Sie müssen Kindern zunehmend Freiheiten einräumen, Loslösung zulassen und Auseinandersetzungen akzeptieren, da so die Selbstständigkeit der Heranwachsenden gefördert wird. Die Jugendlichen müssen jetzt lernen, ihre Triebbedürfnisse – und in gewisser Weise ihre Persönlichkeitsstruktur – selbst zu regulieren. Sie müssen sich auch neu an Vorbildern und Idealen orientieren. Eltern bleiben aber wichtige Ansprechpartner und müssen manchmal noch Grenzen setzen. Gerade für diese Lebensphase kann man keine allgemein geltenden erzieherischen Vorschläge formulieren. Generell gilt, dass „Freiheit" von Jugendlichen in gewisser Weise ein „Freilassen" seitens ihrer Eltern erfordert. Wie dies realisiert wird, müssen immer alle Betroffenen selbst im konkreten Miteinander herausfinden. Freiheit muss immer auch durch die Bewältigung von Konflikten erarbeitet werden. Erst mit dem Bewältigen und Bestehen von Konflikten wird die „Seele" wirklich „frei".

Das gilt auch für die Entwicklung des Über-ICH. Das kindliche Über-ICH ist noch stark durch die Eltern bzw. andere Erwachsene geprägt. Erschütterungen des kindlichen Über-ICH sind nötig, damit der Jugendliche sein eigenes Über-ICH ausbilden kann. Er muss jetzt selbst herausfinden, was ihm wichtig ist und was für ihn gelten soll. Diese Suche muss er im Kontext starker Triebregungen durchlaufen. Deshalb braucht er weiterhin glaubwürdige Vorbilder, die mit Geradlinigkeit und Konsequenz beeindrucken, auch wenn nicht alle moralischen Auffassungen geteilt werden. Auch erlebte Partnerschaften können dem Jugendlichen dabei helfen, eigene Werte zu finden. Aber diese Prozesse sind nicht planbar und steuerbar. Darum bleiben Menschen wichtig, die Jugendliche ernst nehmen, ihnen beratend zur Seite stehen, konkret mitmenschliche Rücksicht leben und ihnen bei Krisen helfen: Sie tragen dazu bei, dass Jugendliche nicht nur eigene, sondern auch (moralisch) gute Orientierungen suchen können.

**Aufgabe 7** Kinder brauchen in den ersten beiden Lebensjahren sichere und stabile Beziehungen zu festen Bezugspersonen. Die Mutter-Kind-Beziehung ist sicherlich die intensivste Form davon. Insofern ist wichtig, dass ein Säugling oder Kleinkind seine Mutter als ihm zugewandt erlebt.

Auch Kinder, die in den ersten Lebensjahren nicht kontinuierlich von einer festen Bezugsperson umsorgt werden, können sich gesund entwickeln. Allerdings müssen sie kontinuierlich von Betreuerinnen bzw. Betreuern nicht nur ver-, sondern auch umsorgt wurden. Kindertagesstätten müssen sich nicht negativ auf die kindliche Entwicklung auswirken. Eine intensive Betreuung durch – nicht ständig wechselnde – Bezugspersonen und in kleinen Gruppen sollte gewährleistet sein.

**Aufgabe 8** Nach Erikson befinden sich Kinder in der Grundschulzeit in der Phase „**Werksinn vs. Minderwertigkeitsgefühl**". Diese Kinder wollen Leistungen zeigen und nützliche Fähigkeiten unter Beweis stellen. Darum sind Kinder stolz auf schulische Leistungen. Wenn sie Leistungen nicht ausreichend erbringen, erleben sie dies auch immer als Bedrohung ihres Selbstwertgefühls. Pädagogisch betrachtet ist dies aber nicht nur problematisch. Denn so lernen Kinder schrittweise, sich selbst – auch im Vergleich mit Mitschülern – realistisch einzuschätzen. Sie lernen, dass sie manchmal nur mit Mühe Ziele erreichen können, und üben auch auszuhalten, dass sie nicht immer erfolgreich sein können.

Zweifellos sollte schulisches Lernen immer auch besondere Interessen, Erfahrungen und Fähigkeiten der Kinder berücksichtigen. Kinder sollten aber auch erfahren, dass ihnen in der Schule Leistungen und Anstrengungen zuge-

200 / Lösungen

traut werden. Es ist für Kinder hilfreich, wenn sie wissen, ob sie etwas leisten sollen oder ob sie frei von Leistungserwartungen spielen können.

**Aufgabe 9** In der Moderne ändern sich familiäre Strukturen radikal, Biografien und Sozialisationen verlaufen sehr unterschiedlich. Das Modell Eriksons setzt stabile soziale Beziehungen voraus. Solche stabilen Lebensformen sind vielfach nicht mehr gegeben. Das Leben in der Gegenwart ist individualisiert, pluralisiert, nicht selten enttraditionalisiert, multikulturell und häufig für viele Betroffene in mehrerlei Hinsicht instabil. Dies kann sich **nachhaltig auf die Ausbildung von Identitäten bei den nachkommenden Generationen auswirken**. Welche Folgen es beispielsweise haben kann, wenn Kinder im Konflikt zwischen Urvertrauen und Urmisstrauen nicht lernen, sich der Wirklichkeit zuzuwenden, oder infolge defizitärer Erfahrungen in dieser Lebensphase – tiefenpsychologisch betrachtet – unbeständig nach innerer Ruhe suchen, ist heute noch nicht abzusehen.

Man könnte weiterhin fragen, ob die Gewissensbildung junger Menschen heute anders stattfindet als vor Jahrzehnten. Möglicherweise wird das Pflichtbewusstsein weniger stark ausgebildet. Das erzieherische Ziel der „Moralität" ist ohne Gewissensbildung im Kindesalter sicher nicht erreichbar.

Auch die Identitätsbildung fällt in einer Zeit mannigfacher Orientierungen in fast allen Lebensfeldern vielen Jugendlichen schwerer als in der Vergangenheit („Identitätsdiffusion"). Häufig legen nicht einmal mehr die Eltern klare Orientierungen an den Tag.

Grundsätzlich bleibt pädagogisch erstrebenswert, dass Kinder und Jugendliche verlässliche und dauerhafte Beziehungen und Bindungen erfahren – wenn vielleicht auch anders als früher. Autoritäten, die Kindern Orientierung geben, ihnen Grenzen setzen und glaubwürdige Vorbilder für sie sind, haben nach wie vor Bedeutung. Das müssen Eltern, Erzieher und Lehrer wissen. Eriksons Theorie hilft, auch in Zeiten veränderter sozialisatorischer Bedingungen an fundamentale Voraussetzungen für ein gelingendes Aufwachsen von Kindern und Jugendlichen zu erinnern.

**Aufgabe 10** Jugendliche befinden sich nach Erikson im Konflikt „**Identität vs. Identitätsdiffusion**", Kinder im Grundschulalter im Konflikt „Werksinn vs. Minderwertigkeitsgefühl". Wenn Kinder Leistungen erbringen wollen, suchen sie auch Autoritäten, die ihre Leistungen anerkennen können. Zudem suchen sie Vorbilder, an denen sie sich orientieren und welchen sie nacheifern können. Im Pubertätsalter lösen sich die Jugendlichen zwar einerseits von den Erwachsenen und deren Normen und Werten, sie brauchen aber dennoch – gerade in Zeiten innerer wie äußerer Krisen – feste Bezugspersonen, die ihnen als Ansprechpartner und Ratgeber zur Seite stehen. In diesem Sinne bedürfen auch Jugendliche kompetenter und glaubwürdiger pädagogischer Autoritäten. Das schließt Auseinandersetzungen nicht aus, im Gegenteil. Nicht zuletzt lernen Jugendliche in Auseinandersetzungen mit Erwachsenen, die sie als Autoritäten anerkennen, was für sie (und ihre eigene Identität) wichtig ist und wofür sie sich auch gegen Widerstände einsetzen wollen.

**Aufgabe 11** Das Fallbeispiel weist deutlich auf **Defizite in der ersten lebensgeschichtlichen Phase** hin. Stephanie konnte offensichtlich nur sehr wenig Urvertrauen ausbilden. Ihre massiven Erfahrungen von Vernachlässigung zeigen sich in oralen Defiziten wie dem Abbeißen der Nägel. Auch ihre Ernährungsprobleme und die Tatsache, dass ihre Mutter sich nur wenig Zeit für sie nahm, lassen vermuten, dass Stephanies orale Bedürfnisse unbefriedigt blieben. Unbewusst sucht sie Ersatzbefriedigungen für diese noch immer wirksamen Bedürfnisse.

Erikson nennt die erste psychosoziale Entwicklungskrise des Kindes „**Urvertrauen vs. Urmisstrauen**". Wie wenig Vertrauen Stephanie ausbilden konnte, zeigt sich in ihren vielfältigen Ängsten. Besonders problematisch ist ihre fortwährende innere Unruhe. Ihr Urmisstrauen verhindert, dass sie sich kontinuierlich und ausdauernd mit einem Sachverhalt auseinandersetzen kann.

Die zweite psychosoziale Krise des Kindes bezeichnet Erikson als „**Autonomie vs. Scham und Zweifel**" und die dritte Krise „**Initiative vs. Schuldgefühl**". Stephanie zeigt z. B. in der Schule Initiative, welche sie aber nicht lange durchzuhalten vermag. Sie hat eigene Ideen (= „Autonomie"), bewertet diese aber häufig nur selbst. Infolge ihrer vielfältigen Vernachlässigungen oder auch aufgrund von Erfahrungen willkürlicher Gewalt z. B. seitens ihrer Mutter hat Stephanie offenbar kein Gefühl von Scham entwickelt, sondern innerhalb dieser Erfahrungen in gewisser Weise Autonomie ausbilden können. Da ihr Vater in ihren ersten Lebensjahren offensichtlich keine Bedeutung für sie gewann, konnte sie einen Ödipuskonflikt kaum erleben. Man muss davon ausgehen, dass ihre Bezugspersonen sich insgesamt wenig als Identifikationsobjekte anboten, sodass mögliche Gefühle von Hass oder Abneigung kaum Schuldgefühle bei Stephanie ausgelöst haben dürften. Denkbar wäre, dass ein tief greifendes Urmisstrauen solchermaßen dominierte, dass weitere Entwicklungskrisen im Sinne Eriksons für sie kaum Bedeutung gewinnen konnten.

Stephanie zeigt aktuelle Ansätze von Werksinn, sie arbeitet in der Schule offenbar grundsätzlich, wenn auch diskontinuierlich, mit. Sie dokumentiert aber nie Zweifel bezüglich ihres Tuns. Die Sorge, dass ihre Arbeiten minderwertig sein könnten, hat sie allem Anschein nach nicht. Damit läuft sie Gefahr, nicht zu lernen, ihre Leistungen nach und nach angemessen einzuschätzen.

Indes müssen Stephanies Entwicklungsmöglichkeiten keineswegs pessimistisch beurteilt werden. Sie erfährt durch ihre Tante weitreichende Förderung und Unterstützung, wie die offenkundigen Entwicklungsfortschritte zeigen, seit sie bei dieser lebt. Innerhalb einer tiefenpsychologisch orientierten Sichtweise ist wichtig, dass Stephanie kontinuierlich Zuwendung und Vertrauen erfährt. Man kann annehmen, dass dies im Zusammenleben mit ihrer Tante der Fall ist.

Neben liebevoller und kontinuierlicher Zuwendung, um so innerlich mehr Sicherheit finden zu können, bedarf sie zugleich auch der Erfahrung, Regeln einhalten oder Anforderungen bewältigen zu müssen (und auch zu können). Darum wäre es wichtig, sie auch mit Verboten und Konsequenzen bei Verstößen gegen Gebote zu konfrontieren. Solche Verbote müssen maßvoll und schrittweise erfolgen, Stephanie darf nicht überfordert werden. In diesem Zusammenhang sollte nicht übersehen werden, dass sie willkürliche Bestrafungen erlebt hat und insofern vielleicht viele Strafen nicht als pädagogische Maßnahmen erfassen kann. Wichtig ist, dass sie Strafen als natürliche Folgen von fragwürdigem Verhalten erleben kann. Darüber hinaus sollte Stephanie Aufgaben gestellt bekommen, die sie bewältigen kann, sodass sie Erfolgserlebnisse hat.

Wünschenswert wäre eine intensive Kooperation zwischen der Schule und ihrer Tante. Die Lehrerinnen und Lehrer müssten wissen, wie wichtig Erfolge – sowohl im sozialen Miteinander als auch mit Blick auf schulische Leistungsanforderungen – für Stephanie sind. Sie müssten weiter wissen, dass Rückschläge im Verhalten unvermeidbar sind, und dürfen das Mädchen nicht überfordern. Auch sie müssen für Stephanie als verlässliche und vertrauenswürdige Personen erfahrbar sein. Wichtig für sie ist, Vorbilder im Alltag zu erleben, an denen sie sich orientieren kann. Stephanie hat sicherlich lange zu wenig gelernt, Ordnung in ihren Tagesablauf zu bringen. Mehr äußere Ordnung könnte ihr dabei helfen, auch mehr innere Ordnung zu entwickeln. So ist zu hoffen, dass über einen klar strukturierten Tagesverlauf ihre Schlafprobleme minimiert werden können.

Sicherlich lässt sich zudem über therapeutische Hilfen für Stephanie nachdenken. Möglicherweise kann eine Spieltherapie helfen, ihre bisherigen defizitären Erfahrungen zu kompensieren. Solche therapeutischen Maßnahmen

Lösungen ⚲ 203

können pädagogische Förderung allerdings nie ersetzen, sondern immer nur ergänzen. Sie können aber dazu beitragen, dass Stephanie sich leichter auf eine pädagogische Förderung bzw. pädagogische Forderungen einlässt.

**Aufgabe 12** **Akkommodation und Assimilation:** Wenn ein Kind für eine schon gelernte Aktivität neue Gegenstände wählt, findet Assimilation statt. Zum Beispiel nehmen kleine Kinder alles in den Mund, auch Blumen oder Dreck. Erfolgt innerhalb einer Interaktion mit der Umwelt eine Verhaltensänderung, findet Akkommodation statt. Kleinkinder sagen oft zu allen Männern erst „Papa", lernen aber bald, zwischen Mann und Papa zu unterscheiden. Wenn wir z. B. im Lateinunterricht grammatischen Formen begegnen, die es im Deutschen nicht gibt, müssen wir beim Übersetzen die Aussagen in deutscher Grammatik wiedergeben, was ein hohes Maß an Assimilation darstellt. Übersetzen wir umgekehrt vom Deutschen ins Lateinische und wählen grammatische Formen, die wir im Deutschen nicht kennen, findet Akkommodation statt.

**Schema und Struktur:** Kinder lernen meist erst das Krabbeln, dann das Stehen, schließlich das Laufen. Sie bilden auf diese Weise Bewegungsschemata aus. Strukturell kann sich ein Mensch bald auf zwei Beinen fortbewegen, wobei er unterschiedliche Schemata des Bewegens auf zwei Beinen anwenden kann (Gehen, Laufen, Rennen).

**Aufgabe 13** Kinder im **sensomotorischen Stadium** (0–2 Jahre) testen gerne die Wirkungen ihrer Handlungen aus. Sie schalten Lichtschalter immer wieder an und aus. Oder sie haben Freude daran, mit den Augen Personen zu suchen, die sich für sie verbergen und dann wieder sehen lassen.

In der **präoperationalen Phase** (2–7 Jahre) mögen Kinder Memory und zeigen dabei erstaunliche Merkfähigkeit. Sie haben Spaß am symbolischen Repräsentieren, indem sie Bilder und Zeichen erkennen bzw. wiedererkennen.

Für Grundschulkinder im **konkret-operationalen Stadium** (7–12 Jahre) werden Regeln wichtig, die streng eingehalten werden. Sie spielen „Fangen", „Verstecken" oder „Völkerball". Das Versteckspiel verlangt ihnen konkrete gedankliche Operationen ab, da sie überlegen müssen, wo sie nur schwer gefunden werden können.

Strategiespiele oder auch Denkaufgaben gefallen älteren Kindern im **Stadium der formalen Operationen** (11–13 Jahre). Um Rätselfragen zu beantworten oder Strategien zu entwickeln, müssen sie induktiv und deduktiv den-

204 / Lösungen

ken. Bei Strategiespielen müssen sie auch berücksichtigen, was sich „Gegner"
im Spiel einfallen lassen und wie sie auf deren Strategien reagieren können.

**Aufgabe 14** Piaget beschreibt, zu welchen Einsichten Kinder in welcher Altersstufe fähig
sind. Er legt dar, wie die **kognitiven Fähigkeiten von Kindern gefördert**
werden können und auf welche Weise man sie mit pädagogischen Erwartungen überfordern könnte. Piagets Einsichten helfen zu entscheiden, inwiefern
man Kindern schon „Freiheit" zugestehen kann. Kinder im Vorschulalter können die Folgen ihres Handelns nur sehr konkret und in zeitlich wie räumlich
überschaubarem Rahmen abschätzen. Ein Kind, das ein anderes schlägt, weiß,
dass es diesem wehtut, ihm ist aber nicht klar, dass es möglicherweise länger
anhaltende Verletzungen bewirkt.

„**Moralität" im Sinne Kants** kann und darf Kindern und Jugendlichen,
wenn man Piagets Erkenntnisse berücksichtigt, noch nicht abverlangt werden.
Diese kann nur erreichen, wer auch gedanklich „formal operieren" kann, denn
die Reflexion „guter Zwecke" setzt die kognitive Fähigkeit zur Abstraktion
voraus.

**Aufgabe 15** Im Familiengespräch behauptet Paula, die Frau der Mutter zu sein, und sie hält
hartnäckig an dieser Auffassung fest. Die anderen Mitglieder versuchen
erfolglos, Paula davon zu überzeugen, dass sie nicht die Frau der Mutter sein
kann. Als sich die Frage stellt, wer die Frau des Vaters sei, wenn die Mami nicht
seine Frau sei, überlegt Paula, dass Anne, die ältere und nicht anwesende
Tochter, die Frau des Vaters sein könnte. Sie begründet dies damit, dass Anne
„so groß" sei. Paula will auch nicht, dass der Vater die Mutter liebt, und droht
dem Vater sogar. Lotte vermutet dann, dass Paula die Frau der Mutter sein
wolle, weil sie sie sehr „lieb" habe. Paula weiß, dass sie kein Mann ist, stimmt
aber dann zu, als überlegt wird, ob sie einmal ein Mann werde. Nachdem die
Mutter nachdrücklich erklärt hat, dass sie die Frau des Vaters sei, antwortet
Paula, dass sie die Mutter brauchen werde, wenn sie „als Vater" verzaubert
worden sei. Paula spielt dann diese „Verzauberung".

Sicherlich hat Lotte recht, wenn sie sagt, Paula liebe ihre Mutter und wolle
deshalb ihr Mann sein. Paula weiß offenbar, dass ein Ehepaar eine enge Beziehung verbindet, sie wünscht sich eine sehr intensive Beziehung zur Mutter.
Darum wünscht sie sich, der Mann der Mutter zu sein. Diesen Wunsch überträgt sie in die Realität. Darin zeigt sich Paulas kognitiver Egozentrismus. Sie
lässt sich in diesem Denken auch nicht von logischen Argumenten beeinflussen. Wenn der Vater der Mann der Mutter wäre, könnte Paula dies nicht sein.

Würde Paula konsequent reversibel denken, würde sie einsehen, dass sie nicht der Mann der Mutter sein kann. Das aber lernen Kinder erst ab dem Alter von etwa sechs Jahren. Dennoch kann Paula ansatzweise logisch denken, wie der Konditionalsatz am Ende des Gesprächs beweist: „Wenn ich …, dann brauche …". Dieser logische Schluss gelingt ihr aber nur in Bezug auf eine Fantasiewelt, die sie sich nun konstruiert. Sie unterscheidet noch nicht zwischen Wirklichkeit und Fantasie- oder Wunschwelt. Ein weiterer Beleg dafür, dass Paula ansatzweise logisch denkt, ist ihr „Argument", dass Anne die Frau des Vaters sein könnte, weil sie „so groß" ist. Paula weiß also, dass nur „große" Menschen Ehepartner sein können. Sie kann aber noch nicht zwischen groß und erwachsen unterscheiden, sie kann also noch keine Merkmale differenzieren.

Lotte dagegen kann genauer unterscheiden: Die Mutter ist größer als Anne, Paula kann kein Mann sein, weil sie als Mädchen geboren wurde und deshalb immer weiblich bleiben wird. Lottes Denken ist nicht mehr von Fantasien oder Wünschen bestimmt, sondern baut auf Wissen und logischen Folgerungen auf. Lotte argumentiert immer konkret: Sie verweist auf die Größe der älteren Schwester, auf Paulas Geburt als Mädchen. Sie kann noch nicht abstrakt begründen, z.B. dass Kinder Erwachsene nicht als Ehepartner haben können. Indes erreicht Lotte so eher die Gedankenwelt Paulas als ihre Eltern, die logisch-rational argumentieren. Sie fordern Paula auf, rational zu denken, was nicht gelingt.

Alle Versuche, Paula in dieser Situation zur Einsicht zu bringen, bleiben erfolglos. Paula wird noch zu sehr vom egozentrischen Denken bestimmt. Piaget hat überzeugend dargelegt, dass Kinder dieses Denken mit zunehmendem Alter überwinden. Am Ende der präoperationalen Phase und zu Beginn der formal-operationalen Phase wird Paula konsequenter reversibel und weniger egozentrisch denken. Dieser Prozess wird durch kontinuierliche Kommunikation gerade auch in ihrer Familie gefördert. Insofern erreichen ihre Eltern und Lotte Paula argumentativ zwar in diesem Gespräch nicht, dennoch fördern sie ihre Denkentwicklung. Indem Paula in ihrem Umfeld erleben kann, dass Menschen rational denken und realitätsbezogen miteinander diskutieren, lernt sie nach und nach, ihr eigenes Denken strukturell zu verändern. Irgendwann wird sie begreifen, dass sie nicht Mädchen und Mann zugleich sein kann, daraus wird ein Prozess des Akkommodierens in ihrem Denken stattfinden und zu einer strukturellen Veränderung ihres Denkens führen.

Wichtig ist Piagets Einsicht, dass dieser Prozess nicht erzwungen und nicht vorweggenommen werden kann. Kinder durchlaufen diese Entwicklung ihres Denkens von selbst, wenn sie in einer Umgebung aufwachsen, in welcher Denken aktiv und erfahrbar praktiziert wird.

**Aufgabe 16**    Hans und sein Lehrer sehen sich unterschiedlichen Erwartungen – auch eigenen – ausgesetzt; was vor allem in moralischer Hinsicht gilt: Muss ein Dieb
nicht bestraft werden? Darf es sein, dass viele für die Folgen des Vergehens
eines Einzelnen aufkommen müssen? Muss man in jedem Fall sein Wort halten?

Vordergründig erscheint eine Zuordnung der Haltung des Direktors zum
Kohlberg-Modell am einfachsten. Der **Direktor** beharrt auf seiner Autorität
(**Stufe 1**). Oder er fordert eher die Einhaltung von „Recht und Ordnung", die
er gefährdet sehen könnte, wenn einzelne Lehrer sich das Privileg herausneh-
men würden, diese zumindest partiell zu durchbrechen. Immerhin würde er
sich so auf der **Stufe 4** des Kohlberg-Modells bewegen. Man kann nicht ausschließen, dass er sich sogar auf **Stufe 5** bewegt: Wenn sein Verhalten Resultat
einer längeren Reflexion wäre, die ihn zu der Einsicht geführt hätte, dass es für
die Allgemeinheit der Schüler besser wäre, einzelne Ausnahmen im Hinblick
auf eine Ahndung von Vergehen nicht zuzulassen und in diesem Sinne vermeintlich „harte" Urteile gegen Einzelne hingenommen werden müssten. Der
Text lässt darüber keine Urteile zu; insofern bleibt man auf Vermutungen angewiesen. Vieles aber spricht für eine Orientierung auf **Stufe 4**.

**Hans** muss den Konflikt durchstehen, einem einzelnen Mitschüler oder
seiner gesamten Klasse Schaden zufügen zu können. Hans ist nicht neutral,
denn Peter ist sein Freund. Er findet einen Weg, der zwar im gewissen Sinne
negative Folgen für Peter nach sich zieht – nämlich dass der Lehrer ihn als Täter
„entdeckt" –, der den Schaden dieser Folgen für Peter aber sehr begrenzt hält.
Die Klasse kann Hans so entlasten. Folgen hat sein Verhalten allerdings für den
Lehrer bzw. für dessen Stellung gegenüber seinem Direktor.

Ob Hans die „Tat" Peters selbst moralisch bewertet, bleibt offen. Hans erlebt
den Konflikt als moralischen Konflikt aufgrund der möglichen Folgen der Tat.
Hans' eigene Parteilichkeit für Peter spricht ebenfalls eher gegen eine hohe
moralische Stufe in seinem Denken und Handeln. Andererseits zeigt sich Hans
flexibel, er folgt nicht starren Vorstellungen von Strafe, sondern ermöglicht
„alternative" Lösungen. Er dokumentiert in diesem Sinne die häufige „Gebrochenheit" moralischen Denkens und Handelns. Hans ist nicht mehr an einem
Denken orientiert, das in Kategorien einer festen Ordnung oder von notwen-
diger Bestrafung denkt (**Stufe 4** oder sogar nur **Stufe 1**). Zugleich bleibt Hans
immer noch subjektiv parteilich und sieht auch eigene Vorteile (**Stufe 2**).
**Stufe 6** hat er sicherlich nicht erreicht, an Prinzipien orientiert er sich nicht;
wenn er allerdings einen flexiblen Umgang mit Normen versucht, strebt er
**Stufe 5** an. Die „Gebrochenheit" aber bleibt.

Der **Lehrer** dagegen zeigt zumindest zum Ende ein Verhalten, das der **6. Stufe** des Kohlberg-Modells entsprechen könnte. Im Konflikt einer Orientierung an Recht und Ordnung einerseits und einer Orientierung am Prinzip der eigenen Wahrhaftigkeit oder am Prinzip der eigenen Verlässlichkeit andererseits entscheidet er sich, in diesem Fall den eigenen – moralischen – Prinzipien gegen die institutionelle Ordnung zu folgen. Die Entscheidung des Lehrers ist deswegen beeindruckend, da er offenbar persönliche Nachteile in Kauf zu nehmen bereit ist und somit – eben anders als Hans – von persönlichen Interessen absehen kann. Der Lehrer ist auch bereit, Hans' Konflikt anzuerkennen und aufgrund dessen auf eine Ahndung des Vergehens Peters zu verzichten. (Wie er das wiederum „moralisch" einschätzt, wird nicht gesagt.) Zweifellos orientiert sich der Lehrer an bedeutenden moralischen Prinzipien, wobei er offenbar in diesem Sinne Vorzugsentscheidungen trifft. Diese sind reflektiert und wohl auch begründet. Allerdings zeigt der Lehrer eine solche Haltung nicht von Anfang an. Seine erste Reaktion auf den Diebstahl stellt den Versuch einer unkonventionellen Konfliktlösung dar. Dabei löst er sich immerhin von sturen Reaktionsformen, womit er wohl **Stufe 5** anstrebt. Das aber bleibt erfolglos, wonach der Lehrer nun droht. Er verweist auf die schulischen bzw. behördlichen Instanzen der Verfolgung von Diebstahl **(Stufe 4)**, stellt Strafen **(Stufe 1)** und sogar Nachteile für die gesamte Klasse in Aussicht **(Stufe 2)**. In diesem Sinne ist auch das Verhalten des Lehrers „gebrochen", insgesamt aber kann er moralischen Problemen differenzierter und auf höherer Stufe begegnen.

Das Fallbeispiel kann gut belegen, wie schwierig es in der Praxis für Betroffene ist, bei Entscheidungen von sozialen (auch institutionellen), situativen oder affektiven Umständen abzusehen. Weiter zeigt das Beispiel, dass Menschen moralisch segmentär handeln. Zuletzt wird bewiesen, dass gesellschaftliche oder soziale Zwänge bzw. Bedingungen moralischem Handeln vielfach eher im Wege stehen, als es zu ermöglichen.

**Aufgabe 17** Zweifellos müssen **in einer Schule Werte und Normen gelten**. Diese sind allein deshalb notwendig, um einen funktionierenden Unterricht überhaupt gewährleisten zu können. Tugenden wie Pünktlichkeit, Verlässlichkeit oder auch – zumindest in einem gewissen Rahmen – Disziplin sind in der Schule unverzichtbar. Dennoch gelten diese Tugenden nicht absolut. Einseitig diszipliniertes Verhalten kann Menschen einengen; Pünktlichkeit hat nicht in allen Lebenssituationen einen gleich hohen Stellenwert.

208 | Lösungen

Volker Ladenthin fordert, die Schule müsse den Schülerinnen und Schülern beibringen, **selbst zu werten und zu urteilen**. Sie müssen von sich aus den Wert z. B. der Pünktlichkeit für bestimmte Lebenssituationen erkennen und einsehen. Darum müsste die Schule sie immer wieder zum eigenen Werten auffordern. Wichtig ist, niemals das Werturteil eines Schülers zu benoten, sondern immer nur die Qualität seiner Begründungen. Werte gelten in der postmodernen und multikulturellen Welt relativ oder relational. Umso wichtiger aber ist es, dass Schülerinnen und Schüler sich bewusst machen, dass sie immer auch Wertentscheidungen treffen müssen. Laut Ladenthin müssen sie lernen, nach den Voraussetzungen für ein „gutes" und „gerechtes" Leben zu fragen. Schulischer Unterricht darf Kinder und Jugendliche niemals aus dieser Aufgabe entlassen.

In einem solchen Kontext dürfen konkrete Werte und Tugenden vermittelt werden. Aber dies muss in einer Weise geschehen, dass Schülerinnen und Schüler selbst **Werte und Tugenden hinterfragen und prüfen**. Die Schule kann die moralische Entwicklung fördern, sodass Kinder lernen, auf hohen Entwicklungsstufen im Sinne Kohlbergs moralisch zu prüfen und zu werten, und dass sie z. B. egozentrische oder egoistische Orientierungen überwinden. Es wäre allerdings pädagogisch nicht zu rechtfertigen, Werte als zeitlos gültig zu vermitteln, keine Kritik zuzulassen und dies dann z. B. über Notensanktionen einzufordern.

Sicherlich können Lehrerinnen und Lehrer die Vermittlung konkreter Werte und Tugenden dadurch unterstützen, dass sie sich selbst glaubwürdig an diesen orientieren und so für Schülerinnen und Schüler den „Zweck" oder „Sinn" eines Tuns in Orientierung an solchen Werten und Tugenden erfahrbar machen. Trotzdem kann es sein, dass die Schülerinnen und Schüler die Überzeugungen ihrer Lehrerinnen und Lehrer nicht teilen können oder wollen.

**Aufgabe 18**  Jede Gemeinschaft hat das Recht, ihre Regeln weiterzugeben und die Einhaltung dieser Regeln einzufordern. Das gilt auch für **Religionsgemeinschaften**. Diese berufen sich darauf, ein „gerechtes" Leben zu ermöglichen und für einen höheren Lebenssinn einzustehen, was unter anderem durch die Einhaltung von Geboten erreicht wird. Dieser Anspruch ist prinzipiell legitim. Religionsgemeinschaften müssen aber zulassen, dass die nachwachsenden Generationen auch innerhalb der Gemeinschaften den jeweiligen Anspruch und die entsprechenden Gebote kritisch hinterfragen und bewerten. Sie dürfen auf keinen Fall verhindern oder unterdrücken, dass Kinder vielseitig gebildet werden und sich vielfältiges Wissen oder unterschiedliche Auffassungen und Meinungen aneignen. Umgekehrt dürfen sie in ihrem Sinne religiös bilden und die Menschen mit Inhalten wie Werten der eigenen Religion umfassend vertraut machen. Insofern ist es auch legitim, wenn religiöse Eltern ihren Kindern eine religiöse Bildung abverlangen und es nicht ihnen selbst überlassen, ob sie religiöses Wissen oder religiöse Riten überhaupt kennenlernen wollen. Da nicht jeder Mensch gleichermaßen in jede Religion eingewiesen werden kann, ist es pädagogisch zu rechtfertigen, dass Eltern ihre Kinder in ihre jeweilige Religionsgemeinschaft einführen. Das geschieht auch im Bezug auf Werte und Normen. In Familien werden Kinder zuerst in die familiären Werte und Normen bzw. in die des familiären Umfeldes eingeführt. Allerdings müssen sie diese dann mit zunehmendem Alter hinterfragen dürfen.

**Aufgabe 19** **a** Vorgestellt wird ein Beispiel des vermeintlich gelungenen Verlaufs einer **Mediation**. Eine Mediatorin will exemplarisch ein „allparteiliches" Verhalten innerhalb einer Streitschlichtung vorführen. Ein Buch im Wert von 20 Euro wurde entliehen und nicht zurückgegeben, ein Mädchen, Marion, behauptet, dieses einem anderen Mädchen, Carmen, übergeben zu haben, was dieses bestreitet. Es kommt zu wechselseitigen Beschimpfungen. Die „Mediation" erfolgt in den vorgegebenen fünf Schritten. Beide Schülerinnen aber halten an ihren Versionen fest, bis sie müder und „resignierter" werden. Die Mediatorin schlägt jetzt vor, die Mädchen sollten beide jeweils die Kosten für das Buch zur Hälfte tragen. Marion stimmt sofort „lächelnd" zu, Carmen zögert, sie bekommt wenig Taschengeld, sie willigt erst ein, als die Mediatorin ihr erklärt, ihre Mutter könne ihr ja den Betrag vorstrecken. Am Ende klatschen alle Beifall, die „Mediatorin" hebt noch hervor, es habe allen „Spaß gemacht".

Hingegen lässt sich fragen, ob diese Mediatorin wirklich „allparteilich" aufgetreten ist. Der Tatbestand wurde nicht aufgeklärt, eines der Mädchen musste also zu Unrecht zahlen. Für Carmen stellt das zu zahlende Geld eine offenbar deutlich höhere Belastung als für Marion dar. Hätte also Carmen, wäre diese Geschichte real gewesen, wirklich „Spaß" an der Entwicklung haben können?

**b** **Moralisch** wäre gewesen, Unrecht wiedergutzumachen. Auf keinen Fall ist es aus moralischer Perspektive eine Lösung, die Tatsache eines Unrechts damit zu kaschieren, dass Menschen gedrängt werden, den Schaden auszugleichen, ungeachtet der Frage, ob sie ihn verursacht haben oder nicht.

Die Konfliktlösung ist im Grunde auch nicht demokratisch. Als Carmen zögert, wird sie von der Mediatorin, die für sie eine Autorität darstellt, zu-

210 ◢ Lösungen

mindest bedrängt, ihrem „Lösungsvorschlag" zu folgen. Angenommen, eines der Mädchen lügt in diesem Konflikt bewusst, so wäre diese „Lösung" hoch problematisch.

c  Es stellt sich die Frage, ob in Konflikten immer Unparteilichkeit oder Allparteilichkeit möglich oder überhaupt wünschenswert ist. Muss Unrecht nicht Unrecht genannt werden? Es könnte so der Eindruck entstehen, dass bei Konflikten über versiertes Auftreten in Mediationsfällen leicht eigene Vorteile erreicht werden könnten. Können oder dürfen Schülerinnen und Schüler in eine Mediation gedrängt werden? Welche Streitfälle eignen sich für solche Verfahren und welche nicht? Der Streit der Mädchen stellt kein kommunikatives Problem dar, sondern es geht um offensichtliches Fehlverhalten. Kann akzeptiert werden, dass nicht nach der „Wahrheit", sondern lediglich nach einer „Lösung" gesucht wird, die weiteren offenen Streit verhindert? Ist so dieser Streit überhaupt gelöst? Was denkt das Mädchen, das das Buch entweder tatsächlich an das andere gegeben oder umgekehrt nicht bekommen hat?
Wenn Mediation dazu führt, die Frage der Moral auszublenden, wird sie leicht zu einer problematischen Einrichtung.


**Aufgabe 20**  **I:** Peter regt mich auf, ich schlage ihm gleich ins Gesicht!
**Me:** Denk daran, dass du nicht schlagen darfst. Du wirst streng bestraft, wenn du Peter schlägst!
**I:** Ich will Peter aber schlagen. Wenn ich ihn sehe, platze ich vor Wut!
**Me:** Denke an den vielen Ärger, den du dir damit einhandelst!
**Mind:** Du könntest Peter kräftig die Meinung sagen – ohne ihn zu schlagen.
**I:** Aber ich bin doch so wütend auf ihn!
**Me:** Wenn du Peter nur mit Worten angreifst, wirst du sicher nicht bestraft.
**Mind:** So könntest du deinen Ärger ausdrücken, und Peter findet es auch nicht gerade erstrebenswert, wenn er so deutlich Kritik zu hören bekommt.
**I:** Aber ich würde ihm doch viel lieber einmal ins Gesicht schlagen.
**Mind:** Womit erreichst du am Ende mehr?


**Aufgabe 21**  **Play:** Kindergartenkinder spielen gerne Vater-Mutter-Kind. Häufig ahmen sie dabei ihre Eltern nach, orientieren sich also konkret an ihren eigenen Erfahrungen. In ihrem Spiel spiegeln sie so auch Schwächen der eigenen Eltern – ohne es zu merken.

**Game:** Ältere Kinder mögen Regelspiele und fordern dann auch die Einhaltung der Regeln streng ein. Beim Fangen gilt das Kind als „gefangen", das vom „Fänger" berührt wurde; beim Versteckspiel muss der Suchende zunächst mit zugehaltenen Augen genau bis z. B. zur Zahl 10 zählen, damit die anderen Kinder in dieser Zeit Verstecke suchen können.

Aus den freieren Spielen werden also Spiele mit festen vorgegebenen Regeln. Letztere ermöglichen, dass Kinder, die sich vielleicht vorher nicht einmal kannten, sofort miteinander spielen können, zwingen die Kinder aber auch, sich diesen Regeln zu unterwerfen.

**Aufgabe 22**  Die Bedingungen des Aufwachsens der nachwachsenden Generationen haben sich nachhaltig verändert. Die Familien haben sich gewandelt. Große Familien, in welchen drei Generationen zusammen unter einem Dach leben, finden sich heute nur noch selten. Auch sind viele Familien nur noch Ein-Kind- oder Zwei-Kinder-Familien. Damit sinkt die Zahl von familiären Bezugspersonen für Kinder. Im Jahr 2007 wurden in Frankreich mehr nichteheliche als eheliche Kinder geboren. In Deutschland findet seit längerer Zeit eine umfassende Diskussion um einen „Erziehungsnotstand" oder eine „Erziehungskatastrophe" statt. Wenn aber Kinder in ihren Familien zu wenig Fürsorge und Begleitung erfahren und insofern **nur wenig prägende „signifikante Andere"** erleben, entsteht die Gefahr, dass sie nur wenig vorbereitet auf Erwartungen des „verallgemeinerten Anderen" sind. Sie könnten dann solche Erwartungen als Zumutungen oder Überforderungen erleben.

Müssen infolgedessen in der Gegenwart Lehrer in der Schule und noch mehr Erzieher im Kindergarten zunehmend auch noch die Rolle der „signifikanten Anderen" einnehmen, um Kinder überhaupt mit Postulaten von „verallgemeinerten Anderen" konfrontieren zu können?

Erzieher und Lehrer sind und bleiben Vertreter des „verallgemeinerten Anderen", sie sollen die Kinder zunehmend mit Wissen, Regeln und Erwartungen der gesellschaftlichen Welt vertraut machen. Aber sie müssen zugleich den wirklichen Möglichkeiten und Fähigkeiten von Kindern Rechnung tragen. Sie können sich nicht mehr darauf beschränken, Kindern und Jugendlichen gesellschaftliche Anpassung abzuverlangen. Sie müssen auch zunehmend ihren unterschiedlichen individuellen Voraussetzungen Rechnung tragen. Zu fragen wäre, ob Kindergärten und Schulen sich vor dem Hintergrund dieser veränderten pädagogischen Bedingungen nicht auch ändern müssen. Die Tatsache, dass vielfach Sozialarbeiter und Psychologen mit in die pädagogische

212 / Lösungen

Schularbeit einbezogen werden, lässt einen entsprechenden Reformprozess erkennen.

Offen bleibt aber, ob professionelle Pädagogen in staatlichen Institutionen die „signifikanten Anderen" in Familien ersetzen können. Das Modell Meads kann helfen, die gegenwärtigen veränderten sozialisatorischen Entwicklungen kritisch in den Blick zu nehmen und nach Lösungen zu fragen, welche die fundamentalen Aufgaben von Schulen und Kindergärten nicht aus dem Blick verlieren.

**Aufgabe 23** Diese drei „Materialien" motivieren nicht nur zu kreativem und fantasievollem Spiel oder zum Experimentieren, sie können auch zur Identitätsbildung der Kinder beitragen. Im Spiegel sehen die Kinder sich selbst, sie erleben, wie sie sich durch Mimik und Gestik verändern können, sie können eigene Entwicklungen im Spiegel sehen oder auch überprüfen, wie Veränderungen an ihnen selbst aussehen. Puppen wiederum können „Komplizen" der Kinder werden, auch können Gefühle auf diese Puppen projiziert werden, die Kinder können sich mit bestimmten Puppen identifizieren oder von ihnen abgrenzen. Das gilt ähnlich auch für Masken. Die Kinder können sich hinter Masken verstecken, andere Rollen einnehmen und einüben, Gefühle (wie Freude oder Angst) bei anderen Kindern auslösen oder passiv durch Masken erleben. In allen Fällen können die Kinder solche Erfahrungen ohne gezielte pädagogische Unterstützung seitens der Erzieherinnen und Erzieher machen.

Nach **Schäfer** bilden Kinder nach und nach eine „Grammatik" der Wahrnehmung aus. Diese drei Materialien können diesen Prozess wesentlich stützen. Wahrnehmen hat immer sinnliche, emotionale, kognitive und auch biografische Seiten. Die Kinder können so mit ihrer Wahrnehmung spielerisch experimentieren und sie dadurch zugleich verfeinern und differenzieren. Diese „Materialien" werden also im Sinne Schäfers spielerisch genutzt. Mithilfe der Materialien können die Kinder sich selbst und die Welt ästhetisch begreifen. Insofern zeigt sich, dass eine gute „Selbstbildung" und ein gutes ästhetisches Erfahren von Kindern doch einer (indirekten) pädagogischen Stützung durch Erwachsene bedarf.

**Aufgabe 24** Auffallend ist, dass die Kinder selbst experimentieren und auch eigenständig Fragen entwickeln und stellen. Ihre Experimente führen zu neuen Annahmen und neuen Fragen. Niemals wird ihnen eine vermeintlich „richtige" Antwort seitens der Pädagogen präsentiert. Interessanterweise fragen die Kinder diese auch nicht nach Erklärungen.

Dennoch bleibt der Pädagoge in diesem Beispiel nicht untätig oder beschränkt sich nur auf Beobachtungen. Mariano hängt bewusst die Schablone mit der Schwalbe in ein Fenster, das Richtung Süden liegt. Er weiß, dass so ein Schatten entstehen muss. Mariano provoziert die Kinder mit Wünschen oder Handlungen, die das Interesse der Kinder wecken und bestimmte Erwartungshaltungen entstehen lassen. Aber niemals gibt er ihnen Erwartungen selbst vor. So werden einmal die „hundert Sprachen" der Kinder anerkannt, zugleich aber bringen sich die erwachsenen Pädagogen in der Weise ein, dass sie die Kinder motivieren, jeweils in ihren Sprachen zu denken und zu handeln. Auf diese Weise findet Lernen statt. Dieses Lernen folgt nicht sachlicher Logik, sondern kindlichen Denkstrukturen – und doch machen die Kinder Lernerfahrungen, die sie auf ein Leben in der Realität vorbereiten.

**Aufgabe 25** Die Kinder in Reggio-Einrichtungen können „frei" denken und agieren, sie werden nicht durch direkte Vorgaben der Erwachsenen zu bestimmtem Handeln gedrängt. Aber sie müssen sich z. B. bei Projekten mit anderen Kindern verständigen und einigen. Sie müssen sich auch an Regeln halten – z. B. Essens- und Schlafzeiten einhalten. Sie haben auch Aufgaben wie z. B. Tischdienst zu erfüllen. Sie müssen also Gebote des Zusammenlebens in der Gemeinschaft anerkennen.

Im Kinderhaus oder in Kindertagesstätten finden sie Materialien vor, die sie ansprechen, oder die Erzieherinnen und Erzieher machen ihnen Vorschläge bzw. suchen mit ihnen bestimmte Orte auf. Auf diese Weise werden die Kinder immer – wenn auch indirekt – durch die Erwachsenen beeinflusst. Wichtig ist, dass die Kinder im Reggio-Kindergarten sich nicht nur mit Materialien aus dem Kindergarten befassen, sondern dass sie selbst Materialien – aus dem Elternhaus, aus der Natur, sogar von Müllhalden – mit- und einbringen können. So werden sie motiviert, sich mehr mit Gegenständen der realen Lebenswelt zu befassen. Welche Materialien sie dann bevorzugen, bleibt ihnen zumeist freigestellt.

Der Prozess der Bildung der Kinder verläuft tatsächlich weithin „frei". Wie die Kinder ihre Erfahrungen z. B. im Umgang mit Materialien deuten und welchen Stellenwert solche Erfahrungen für ihre Identitätsentwicklung gewinnen, bleibt ihnen überlassen. Mit welcher „Sprache" sie Erfahrungen machen und deuten, bleibt in ihrer Freiheit. Sie werden nicht – zumindest nicht gezielt – zu bestimmten Auffassungen oder Haltungen gedrängt.

Das Lernen der Kinder in Reggio-Einrichtungen ist somit selbst-bildend. Nach **Schäfer** sollen Kinder ihre „eigene Kultur" ausbilden. Auf dieser Basis

214 / Lösungen

könnten sie sich dann auch schrittweise in die kulturelle Welt ihres Lebensumfeldes hineinfinden. Die Frage aber, ob überhaupt und bis zu welchem Alter Kinder nur lernen sollten, was sie auch lernen wollen, bleibt damit allerdings offen. Schäfer muss darauf vertrauen, dass Kinder von sich aus nicht nur einseitig lernen, sondern sich die Welt vielseitig aneignen. Es wäre zu überlegen, ob nicht Erziehende durch Einbringen von und auch Hinweisen auf Materialien möglichen einseitigen Orientierungen von Kindern entgegentreten sollten. Schäfer schließt die aktive Teilnahme von Erziehenden an kindlichen Handlungsprozessen ja keineswegs aus. In diesem Kontext muss auch ernst genommen werden, dass möglicherweise Kinder aufgrund ihres familialen Umfeldes nicht dazu tendieren, „kulturellen" Orientierungen zu folgen. Auch kindliche Selbstbildung ist somit auf pädagogische Unterstützung angewiesen.

**Aufgabe 26** Schäfer begreift **Sprechen als einen komplexen Vorgang** oder als eine komplexe Erfahrung. Sprechen ist mehr als eine nur kognitive Leistung des Sprechenden. Sprechen hat subjektive Bedeutung für den Sprechenden, es betrifft seine Emotionen und auch seine Sozialbeziehungen. Sprechen findet innerhalb einer „soziokulturellen Ordnung" statt, ist aber mehr als eine Unterwerfung unter ein Ordnungssystem. Wörter gewinnen für den Sprechenden symbolische Bedeutung, jeder Mensch muss lernen, sein Symbolverständnis mit Blick auf Worte so ausdrücken zu können, dass andere Menschen es zumindest nachvollziehen können. Sprechen stellt somit eine komplexe Leistung des Sprechenden dar.

Schäfer kritisiert, dass Sprachtests immer nur singuläre Fähigkeiten eines Menschen prüfen, insbesondere finden diese Prüfungen niemals in sozialen Kontexten, die für die Sprechenden Bedeutung gewinnen, statt. Auch Sprachförderung bezieht sich zumeist auf einzelne sprachliche Kompetenzen, welche gezielt gefördert werden sollen. Damit wird der gesamte Kontext der sprachlichen Bildung eines Menschen aber ausgeblendet. Sprachliche Leistungen eines Menschen lassen sich aber primär in seinen Lebenskontexten erkennen und auch innerhalb dieser Kontexte fördern.

Tatsächlich kann man fragen, wie hilfreich gezielte Sprachförderung für ein Kind ist, wenn es zugleich in einem Umfeld lebt, wo das, was speziell sprachlich gefördert wird, keinerlei Berücksichtigung oder Anerkennung findet.

**Aufgabe 27** Nach Schäfer muss **Sprachförderung** innerhalb von kindlichen Lebenskontexten stattfinden. Kinder lernen Sprache und Sprechen von selbst, sie bedürfen keiner gezielten Anleitung. Allerdings sind Lebenskontexte notwendig, die

Lösungen / 215

Sprachanlässe für sie bieten. Sie müssen Menschen erfahren, die auf vielfältige Weise sprachlich miteinander kommunizieren, Kinder erleben, die „sprechen". Sie müssen Zuhörer finden; sie müssen Menschen finden, die sich kommunikativ mit ihnen auseinandersetzen und aktiv versuchen, sie zu „verstehen". Sinnvoll ist es, wenn Menschen ihnen die Welt sprachlich erschließen, z. B. durch das Vorlesen von Geschichten oder Märchen, über die dann die Kinder mit diesen Menschen sprechen können. Wichtig ist, dass Menschen die Sprache der Kinder anerkennen, sie zum Sprechen ermutigen, auch kindliche sprachliche Eigenheiten nicht sofort korrigieren oder zurückweisen, sondern die Kinder – in immer wieder neuen und veränderten kommunikativen Prozessen – ihre Sprache selbst finden lassen. Sprache ist ein Mittel, Erfahrungen zu verarbeiten: Erfahrungen sind immer subjektiv, insofern muss Sprache immer auch bis zu einem gewissen Grad subjektiv bleiben können. Das kindliche Symbolverständnis gewinnt in diesem Kontext besondere Bedeutung. Kinder bilden ihre eigenen „Symbole" aus, Erwachsene sollten versuchen, diese zu verstehen, nicht aber Kindern ein eigenes Symbolverständnis diktieren wollen. So lernen Kinder Sprache als Möglichkeit der Selbstwerdung und Selbstbildung kennen. Schrittweise über Kommunikationsprozesse können sie sich dann in die sprachlich-kulturelle Ordnung der Welt, in der sie leben, einfügen. Dadurch werden sie später auch bereit sein, z. B. das grammatische System „ihrer" Sprache zu verstehen und (in der Schule) zu lernen.

**Aufgabe 28** Das Konzept Familie befindet sich **permanent im Wandel**. Heute gibt es unterschiedliche Konstellationen, die von Ein-Eltern-Familien bis hin zu Patchwork- oder Adoptivfamilien reichen. Der Jenaer Pädagogik-Professor Michael Winkler ist daher der Meinung, dass man über Familie eigentlich nur im Plural sprechen könne.

Auch statistische Werte unterstreichen diesen Wandel zur **Individualität** hinsichtlich der Familienkonstellation. Es ist seit den Neunzigerjahren ein **Rückgang der traditionellen Kernfamilie** (Vater-Mutter-Kind(er)) zu verzeichnen.

Dennoch gibt es Aspekte, die auch in der gegenwärtigen Gesellschaft in allen Familienkonstellationen vorkommen: Laut Winkler zeichnet sich Familie insbesondere durch geteilte Geheimnisse oder Geschichten aus. Die Mitglieder einer Familie sind **subjektiv gebunden** und **grenzen sich nach außen ab**. Sie entscheiden dabei gemeinsam, wer zur Familie gehört. Es können z. B. auch gute Freunde oder Nachbarn zur Familie gezählt werden. Insgesamt wird in der Familie ein gesellschaftlich geprägtes Idealbild angestrebt. Systemtheoretiker

216 / Lösungen

sehen die Familie als **System** an, deren Mitglieder sich gegenseitig – bewusst oder unbewusst – beeinflussen.

**Aufgabe 29**  Michael Winkler sieht die Familie aus einem systemtheoretischen Blickwinkel als sozialisatorische Triade. Er geht von der Vorstellung der Familie als System aus, bei dem die Mitglieder voneinander abhängen und sich gegenseitig beeinflussen. Niemand kann, z. B. im Falle von Problemen, aus dem System ausbrechen. Es ist jedoch möglich, das System von außen neu zu steuern.

Winkler spricht von zwei Beziehungen zwischen den Teilen des Familiensystems: der **Paarbeziehung** und der **Filiationsbeziehung**. Zu der zumeist etablierten Paarbeziehung tritt mit der Geburt des ersten Kindes – und der Geburt weiterer Kinder – die Filiationsbeziehung zwischen jeweils einem Elternteil und dem Kind hinzu. Dieser Prozess setzt die vertraute „erotische" Paarbeziehung unter Spannung; Konflikte und Störungen können entstehen. Die Geburt eines Kindes stellt damit eine große Herausforderung an die Veränderungsbereitschaft des Systems.

Die Art des Umgangs miteinander und die Art des Konfliktlösens wird oft an die nächste Generation weitergegeben. Helmut Fend konnte im Rahmen der LifE-Studie nachweisen, dass enge Zusammenhänge zwischen der Herkunftsfamilie und den Einstellungen der darin aufgewachsenen Menschen bestehen. Das Weiterreichen von kulturellen Praxen, Einstellungen und Verhaltensweisen von Eltern an ihre Kinder wurde verifiziert. Z. B. wird die Gewohnheit zu lesen oder die Parteizugehörigkeit oft auf die nächste Generation übertragen. Diese **Weitergabe**, das Weiterreichen von Normen und Werten, aber auch von Verhaltensweisen von Generation zu Generation wird als **familiäre Transmission** bezeichnet. Im positiven Fall, z. B. von Normen und Werten in Bezug auf das gesellschaftlich friedliche Zusammenleben, unterstützt dies selbstverständlich die Persönlichkeitsentwicklung des Kindes. Aber die Entwicklung des Kindes kann durch die Transmission auch gefährdet bzw. erschwert werden, wenn es sich um negative Aspekte handelt, z. B. um Gewalt, Sucht oder auch eine (zu) frühe Mutterschaft. So wird beispielsweise ein Kind, das mit einem autoritären Erziehungsstil, also mit wenig emotionaler Wärme und fehlender Förderung von Individualität erzogen wurde, diesen häufig später auch bei den eigenen Kindern anwenden.

Insbesondere im Falle von Gewalthandlungen ist ein deutlicher Zusammenhang zwischen der systemischen Sicht auf Familie und der familialen Transmission zu erkennen.

**Aufgabe 30** Die grundlegende **Aufgabe der Familie** ist die **Sozialisation**. Die Eltern und deren Verhalten sind bedeutsam für die Kinder und deren Zurechtfinden in der Welt. Sie können die gesunde Entwicklung ihrer Kinder nach Schneewind durch sogenannte Elternkompetenzen – selbstbezogene, kindbezogene, kontextbezogene und handlungsorientierte Kompetenzen – positiv beeinflussen. Der Erwerb bzw. das Vorhandensein der Kompetenzen helfen den Eltern, die Kinder zu Selbstständigkeit, Leistungsfähigkeit und sozialer Verantwortung zu erziehen. In der Regel gelingt die familiäre Sozialisation angemessen. Es gibt jedoch auch problematische Verläufe.

Kommt es z. B. zu **psychischen und physischen Gewalterfahrungen** in der Familie, sollten diese in jedem Fall mit Hilfe von außen beseitigt oder zumindest gelindert werden.

Darüber hinaus wird eine mögliche **Identitätsdiffusion** bei Heranwachsenden beschrieben. So kann z. B. ein überbehütender Erziehungsstil der Eltern dazu führen, dass Kinder oder Jugendliche psychische Störungen entwickeln. Die Kinder werden nicht selbstständig und es werden gleichzeitig zu hohe Erwartungen vonseiten der Eltern an sie gestellt. Sie sind damit überfordert, ihre eigene Identität zu entwickeln und flüchten sich z. B. in Suchtverhalten. Auch hier ist Hilfe von außen notwendig.

Hilfestellung können überforderte oder besorgte Eltern insbesondere von **Sozialarbeitern** erhalten. An vielen Schulen ist bereits ein Schulsozialarbeiter etabliert. An ihn können sich Eltern und Kinder bei Bedarf wenden. Die Hürde ist hier meist nicht so hoch wie bei Lehrern, die gleichzeitig auch bewerten. Hilfesuchende Eltern könnten befürchten, dass es bei Lehrern zu einer Vermischung der Bewertungs- und Beratungsfunktion kommt.

Bei erheblichen Problemen ist auch ein **therapeutischer Ansatz** in Erwägung zu ziehen. Sinnvoll kann in den genannten Fällen, aber auch wenn eine Familie oder einzelne Mitglieder sich mit einem Problem überfordert fühlen, eine **systemische Familientherapie** sein. Gemäß der systemischen Therapie ist der Grund für auftretende Probleme nicht bei einem einzelnen Familienmitglied zu suchen, sondern es wird eine Störung des Systems verantwortlich gemacht. Dabei ist z. B. die magersüchtige Tochter in der Familie nur der Symptomträger für eben diese Störung. Durch eine Familientherapie soll das Gleichgewicht im System „Familie" wiederhergestellt werden, indem die Wechselwirkungen der Mitglieder gemeinsam mit einem Psychotherapeuten beleuchtet werden.

**Aufgabe 31** Nach Hurrelmann sind „**Ressourcen**" für Jugendliche besonders wichtig, weil Jugend immer auch krisenhafte Formen und Zeiten beinhalten kann. Eltern, Lehrer und Ausbilder haben in dieser Lebensphase einen nicht zu unterschätzenden pädagogischen Einfluss. Allerdings sollten sie die „Handlungsspielräume" der Jugendlichen nicht zu sehr eingrenzen, sondern „Haltepunkte" setzen. Erwachsene können bewusst eine eigene Identitätsbildung der Jugendlichen unterstützen. Sie können sich als Gesprächspartner anbieten und innere Auseinandersetzungen anregen, sie können auch trösten und ermutigen. Das bedeutet aber nicht, dass sie keine Grenzen setzen sollten, wenn Jugendliche Gefahr laufen, sich selbst nachhaltig zu schaden.

Der **Einfluss der sogenannten Peergroups** im Jugendalter sollte nicht zu hoch eingeschätzt werden, selbst wenn nicht unterschätzt werden darf, dass auch Jugendliche untereinander Normen und Werte vorgeben und einfordern.

**Aufgabe 32** Hurrelmann postuliert, die **Phase der Jugend als eigenständige Lebensphase** und nicht mehr nur als Übergangsphase zu sehen. Seine Forderung ist insofern pädagogisch berechtigt, als in der Jugendphase meist eine eigene und eigenständige Identität ausgebildet wird. Dieser Schritt wird häufig von inneren und manchmal auch äußeren Lebenskrisen begleitet.

Andererseits ist die Lebensphase „Jugend" empirisch schwer zu erfassen und insofern auch schwer zu definieren. Heute leben manchmal noch Menschen im Alter von über 30 Jahren bei ihren Eltern oder haben ihr Studium noch nicht beendet, während andere mit 20 Jahren schon Eltern sind und Verantwortung im Beruf und in der eigenen Familie tragen. Die Phase der Jugend ist demnach individuell von unterschiedlicher Dauer. Sicherlich endet auch die Identitätsentwicklung eines Menschen nicht mit dem Jugendalter. Wenn Hurrelmann erklärt, die Phase der Jugend habe für den „gesamten weiteren Lebenslauf Muster bildenden Charakter", so lässt sich dies auch mit Blick auf die Kindheit annehmen.

Dennoch lässt sich pädagogisch begründet der Phase der Jugend ein hoher Stellenwert zuschreiben: Unbestreitbar ist das Leben unübersichtlicher geworden. Der Prozess der Identitätsbildung findet für (junge) Menschen unter komplexeren Bedingungen statt als vor Jahrzehnten. Daher ist ein Moratorium sinnvoll, damit ein junger Mensch mündig werden kann. Jugendliche müssen eigene Erfahrungen machen, die sie nicht lebenslang in bestimmte Rollen zwängen, sondern ihnen Wahl- und Entscheidungsmöglichkeiten eröffnen.

Lösungen / 219

Allerdings müssen Jugendliche auch lernen, dass ein Moratorium immer nur für eine begrenzte Zeit gelten kann, dass sie also nach einer gewissen Zeit auch Entscheidungen treffen und Verantwortung übernehmen müssen.

**Aufgabe 33**  Hurrelmann begreift sein „**Modell der produktiven Realitätsverarbeitung**" als Möglichkeit, Verhalten von Jugendlichen, aber auch von Erwachsenen einzuordnen. Er gibt wichtige Hinweise, indem er daran erinnert, welche hohe Bedeutung Erwachsene auch in der Jugendphase für die betroffenen Kinder und Jugendlichen haben.

Allenfalls könnte Hurrelmanns Modell dazu verführen, eine zu wenig kritische gesamtgesellschaftliche Perspektive einzunehmen. Denn Jugendliche, ihre Eltern, Lehrer und auch ihre gleichaltrigen Freunde handeln immer auch im gesellschaftlichen Kontext.

So sind Jugendkrisen niemals nur Resultat unbewältigter individueller Realitätsverarbeitung, sondern immer auch von gesellschaftlichen Prozessen. Perspektivlosigkeit, mangelnde pädagogische oder auch berufliche Förderung, mangelnde Handlungs- und Entfaltungsmöglichkeiten müssen immer auch gesamtgesellschaftlich betrachtet und beurteilt werden. Hurrelmanns Modell ließe sich insofern missverstehen, als man annehmen könnte, das Gelingen von Identitätsbildung im Jugendalter hänge weitgehend davon ab, wie es ein Jugendlicher – mit Hilfen – schafft, die eigenen Realitätserfahrungen „produktiv" zu verarbeiten. Dies würde eine verkürzte Problemsicht darstellen, die auch Hurrelmann selbst sicherlich nicht befürworten würde.

**Aufgabe 34**  Dass Erziehungswissenschaft als Schulfach deutlich mehr von Mädchen als von Jungen gewählt wird, ist unbestreitbar. Sozialisationsinstanzen wie Elternhaus oder auch Medien vermitteln vielfach noch immer, dass Beziehungs- und Erziehungsarbeit primär Aufgabe von Frauen ist. Möglicherweise machen Mädchen in ihren eigenen Familien ähnliche Erfahrungen. Jungen wiederum lernen offenbar nur wenig, erzieherische Arbeit wertzuschätzen, ihr Bild vom „Mann" lässt sich mit solchen Aufgaben nur schwer vereinbaren (7. Maxime). Mädchen erleben, dass sie mit dem Einsetzen sogenannter „soft skills" erfolgreich sind; gerade solche aber, so wird zumindest angenommen, finden auch im Pädagogikunterricht Anerkennung. Mädchen interessieren sich und sind offener für Beziehungen, sie finden im Pädagogikunterricht Anknüpfungspunkte. Jungen begreifen nicht oder wollen nicht sehen, dass sie im Fach Erziehungswissenschaft nicht nur Kompetenzen ausbilden, die sie zu pädagogischem Denken und Handeln befähigen, sondern auch solche Kompetenzen, die ihnen einen Umgang mit Mitmenschen erleichtern könnten. Umgekehrt könnte und müsste man problematisieren, dass „Pädagogik" als weiblich wahrgenommen wird: Aber auch Pädagogik beinhaltet statistisch exaktes und theoretisch widerspruchsfreies Arbeiten, beinhaltet auch Widerstreit und Auseinandersetzungen. „Richtiges" pädagogisches Handeln muss keineswegs immer bedeuten, dass man Verständnis zeigt und Rücksicht nimmt. Das aber sehen Jungen nicht und es wird auch häufig nicht entsprechend kommuniziert (10. Maxime).

Dass Jungen sich nicht für „Erziehung" interessieren würden, ist eine falsche Annahme. In Jungenschulen beispielsweise ist die Anzahl derer, die dieses Fach als Unterrichtsfach wählen, deutlich höher, als in koedukativen Schulen. Wenn Jungen glauben können, dass Pädagogik nicht primär „feminin" orientiert ist, wählen sie dieses Fach offenbar leichter. Das gilt übrigens umgekehrt mit Blick auf naturwissenschaftliche Fächer bei Mädchenschulen.

**Aufgabe 35** Hurrelmanns Modell nimmt gezielt die **jugendliche Identitätsentwicklung** in den Blick und beschreibt **Bedingungen und Faktoren, die diese beeinflussen**. Zugleich stellt es heraus, wie sehr Jugendliche selbst ihre Identität konstruieren, aber auch von personalen und sozialen Ressourcen abhängig bleiben. Damit macht Hurrelmann deutlich, dass Jugendliche für die eigene Identitätsbildung selbst Verantwortung übernehmen müssen, er lässt aber keinen Zweifel daran, dass pädagogisches Handeln von Eltern, Lehrern oder Ausbildern notwendig bleibt.

Hurrelmann spricht von der „erstmaligen Chance, Ich-Identität" zu entwickeln. Damit aber spricht er nicht von „Autonomie". Er strebt eine gelingende „Identitätsbildung" des Jugendlichen an. Möglicherweise dominiert hier eine salutogenetisch orientierte Sichtweise. Kann sich ein Jugendlicher eine „Identität" erarbeiten, ohne darüber krank zu werden oder in deviantes (abweichendes) Verhalten auszuweichen, kann dieser Prozess als erfolgreich betrachtet werden. Vergleicht man diese Sichtweise mit dem Postulat Kants einer Erziehung zur Mündigkeit und zur Moralität, entstehen Fragen. Hurrelmann thematisiert nicht, ob ein Jugendlicher lernt, sich mit sich selbst und seiner Lebenswelt kritisch auseinanderzusetzen. Auch problematisiert er nicht, ob der Jugendliche die Bereitschaft entwickelt, in seinem Denken und Handeln auch die Handlungs- und Entwicklungsmöglichkeiten seiner Mitmenschen anzuerkennen. Gerade wenn aber im Jugendalter Prozesse mit Muster bildendem Charakter für den gesamten weiteren Lebenslauf stattfinden, wäre aus einer kritischen pädagogischen Sicht wichtig, dass Jugendliche nicht nur eine indivi-

Lösungen 221

duelle Identität ausbilden, sondern sich so entwickeln und bilden können, dass sie als einmalige und besondere Subjekte ihr Leben verantwortungsbewusst mit anderen und auch für andere Menschen gestalten können. Hurrelmann knüpft an dieses Postulat in der Tradition Kants bzw. der pädagogischen Aufklärung nicht an – ohne dass ihm unterstellt werden dürfte, dass er dieses nicht bejahen wollte.

**Aufgabe 36** Hurrelmann will die **Maximen zur produktiven Realitätsverarbeitung** immer **aktuellen Entwicklungen** anpassen. Er trägt deshalb der Tatsache Rechnung, dass die soziale und ethnische Vielfalt in der jüngeren Vergangenheit zugenommen hat, insbesondere bezieht er auch eine wachsende ökonomische Ungleichheit in seine Gedanken mit ein. So öffnet er den Blick für Gefährdungen: Nicht allein die Tatsache einer Parzellierung der Jugendwelt, sondern insbesondere die Tatsache, dass daraus in erheblichem Maße unterschiedliche Chancen erwachsen, Entwicklungsaufgaben zu bewältigen, führt er vor Augen und weist so auf Konfliktpotenzial mit Blick auf die Jugend, aber auch die Gesamtgesellschaft hin.

Weiter nimmt er die unterdessen vielerorts geführte Diskussion auf, ob Jungen in der Bildung und auch in anderen Bereichen benachteiligt wären. So wiederum kann er bewusst machen, dass sich Jungen möglicherweise immer weniger gesellschaftlich, schulisch, beruflich oder auch familiär integrieren könnten.

Somit weist Hurrelmann indirekt auf neue gesellschaftliche Aufgaben und Herausforderungen hin.

**Aufgabe 37** Im „Traditionslosen Arbeitermilieu" leben Menschen vielfach ohne weitreichende Bindungen zu Mitmenschen und sie finden auch nicht Orientierungen in einer Wertewelt ihres sozialen Umfeldes. Hinzu kommt, dass die Jugendlichen schulisch wenig erfolgreich sind und sich so auch sozial als wenig angesehen erleben müssen. Sehr begrenzte materielle und konsumistische Möglichkeiten belasten sie weiter. So erleben sich diese Jugendlichen einerseits als „minderwertig", andererseits finden sie für sich keine positiven Ziele oder Orientierungen. Da sie kaum tragfähige persönliche Bindungen erleben, entsteht Misstrauen gegenüber Mitmenschen, zugleich wollen sie nicht als „Versager" oder „Verlierer" wahrgenommen werden.

Dadurch kann **Gewaltbereitschaft begünstigt** werden. „Opfer" ihrer Gewalt könnten leicht solche Menschen werden, die sie, wie auch immer, selbst

**222** | Lösungen

für minderwertig erklären können. So könnten sie sich „stark" fühlen und zumindest für Momente an Selbstvertrauen gewinnen.

Primär wäre es für solche Jugendlichen wichtig, dass sie „Lebensperspektiven" entdecken können. Sie müssen Erfahrungen machen können, die sie als „Erfolge" erleben können, sie müssen aber darüber hinaus hoffen können, ihr Leben zunehmend selbst positiv gestalten zu können. In diesem Kontext müssen sie Menschen erleben, die sie als partnerschaftliche Unterstützer wahrnehmen, die ihnen helfen, ihnen Orientierungen geben und ihnen Handlungsperspektiven eröffnen. Pädagoginnen und Pädagogen können und müssen solche Prozesse mit einleiten und unterstützen, sie können sie aber nie allein bewirken. Es ist wichtig, dass Jugendliche tragfähige Beziehungen nicht nur mit professionellen Pädagogen aufbauen; die Herstellung beruflicher Perspektiven wiederum ist allein pädagogisch kaum machbar.

**Aufgabe 38**  Kohlbergs erste Überlegungen zur Moralerziehung bezogen sich auf eine Unterstützung und Förderung der **Wertentwicklung** über die Diskussion von **Dilemma-Geschichten**. Diese sollen Schülerinnen und Schüler dazu anregen, ausgehend vom jeweils aktuellen Entwicklungsstand ihre moralische Urteilsfähigkeit weiter auszubilden und auf der nächsthöheren Stufe der Moralentwicklung zu urteilen. Die Lehrerin oder der Lehrer kann und sollte hier unterstützend einwirken, z. B. durch Rückfragen oder auch entsprechende Hinweise. Die Jugendlichen dürfen jedoch nicht belehrt werden; sie sollen selbst moralisch werten.

Die Unterstützung der Moralentwicklung ist auf jeden Fall zu befürworten. Sicherlich kann die Diskussion von **Dilemma-Geschichten** dazu beitragen, der Entstehung von Gewalt im Traditionslosen Arbeitermilieu **präventiv** entgegenzuwirken. Jugendliche können dabei lernen, weitere bzw. alternative Handlungsmöglichkeiten zu entwickeln oder zu erfahren. Durch eine kritische Reflexion und Hinterfragung von Werten, die sich anschließen kann, sollte es auch zur Entwicklung der Kritikfähigkeit kommen. Dies unterstützt die Heranwachsenden dabei, Kritik besser zu akzeptieren. Somit kann der Problematik begegnet werden, dass vielen Angehörigen des Traditionslosen Arbeitermilieus die Fähigkeit fehlt, Kritik anzunehmen (vgl. Z. 50 ff.).

Eine „bloße" **Moralerziehung** bzw. die Förderung des moralischen Urteilens reicht jedoch für eine **erfolgreiche ganzheitliche Präventionsarbeit** nicht aus. Die Fähigkeit, auf einer höheren Stufe der Moralentwicklung zu denken, ist nämlich noch keine Garantie dafür, dass tatsächlich gemäß einer höheren Stufe geurteilt oder gar gehandelt wird. In den Siebziger- und Achtzigerjahren entwickelte Kohlberg daher den „**Just Community**"-Ansatz zur Erweiterung der Möglichkeiten der Förderung des moralischen Urteilens. Die durch diesen Ansatz geprägten **Just-Community-Schulen** sind demokratische Schulen, in denen es inhaltlich darum geht, moralische Kompetenzen auszubilden. Dies geschieht u. a. durch Vollversammlungen, an denen sowohl Lehrerinnen und Lehrer als auch Schulleitungen sowie Schülerinnen und Schüler teilnehmen. Hier werden alle möglichen Fragen bezogen auf das Schulleben diskutiert und per Mehrheitsentscheid Vereinbarungen oder Entscheidungen getroffen. Ein aus Schülerinnen und Schülern sowie Lehrkräften zusammengesetzter Fairness- bzw. Vermittlungsausschuss sucht bei Konflikten nach Lösungen. Eltern werden in der Regel informiert, sind aber nicht Teil der Schulgemeinde und nehmen deshalb nicht an den Versammlungen teil. Es gibt darüber hinaus ein spezielles Curriculum der Moralentwicklung. In Deutschland gab es Mitte der Achtzigerjahre Schulversuche mit dem Just-Community-Ansatz. Auch in der Jugendhilfe im **Jugendstrafvollzug** wurden Just Communities etabliert.

Im Prinzip ist der Just-Community-Ansatz sehr vielversprechend. Bei der **Persönlichkeitsentwicklung**, der Entwicklung von Empathie und Toleranz kann er sicherlich unterstützen. Die Untersuchungsergebnisse der Modellschulen zeigen jedoch widersprüchliche Ergebnisse. Einerseits konnte festgestellt werden, dass sich das Denken und Handeln der betroffenen Schülerinnen und Schülern tatsächlich nachhaltig veränderte. Jedoch wurde auch deutlich, dass sich gerade bei größeren Schulen z. T. nicht die erwarteten positiven Veränderungen zeigten. Es könnte vielleicht sein, dass Schülerinnen und Schüler sich nur deshalb moralisch verhalten, weil sie der Lehrperson gefallen möchten. Inwieweit das in der Schule Gelernte auf das alltägliche Leben übertragen wird, ist fraglich. Es ist darüber hinaus unklar, ob Schülerinnen und Schüler aus dem Traditionslosen Arbeitermilieu überhaupt die Zielgruppe für ein solches Schulkonzept sind. Die Jugendlichen der Modellschulen wurden zuvor u. a. nach Interessenlage ausgewählt. Ein Just-Community-Ansatz in der Jugendarbeit wäre vermutlich eine noch sinnvollere Möglichkeit.

Neben der Förderung der moralischen Entwicklung ist es ohnehin erforderlich, auch die prekären **Lebens- und Ausgangsbedingungen** im Traditionslosen Arbeitermilieu zu verbessern. Dies betrifft nicht nur die materiellen Bedingungen – was eine politische Aufgabe wäre. Kohlberg geht davon aus, dass das Erreichen höherer Stufen der moralischen Entwicklung mit der **kognitiven Entwicklung** einhergeht. Also muss (auch) hier angesetzt werden, z. B. durch individuelle Förderung und die Förderung von Kompetenzen. Darüber hinaus gehört eine Förderung im **emotionalen Bereich** dazu. Die Angehörigen des Traditionslosen Arbeitermilieus haben häufig ein geringes Vertrauen in die eigene Leistungsfähigkeit (vgl. Z. 18 f.). Wenn das Ziel angestrebt wird, die (intrinsische) Motivation zu erhöhen, brauchen Jugendliche Erfolgserlebnisse, und ihnen muss aufrichtige emotionale Anerkennung entgegengebracht werden. Hieraus kann sich dann ein Gefühl von Zufriedenheit und Sicherheit entwickeln, was **Desintegrationsprozessen** und **Frustrationen** entgegenwirken und das Vertrauen in die eigene Leistungsfähigkeit erhöhen sollte. Wenn Schule diese Aufgaben ernst nimmt und wenn vielleicht zumindest Teilaspekte der „Just Community"-Schule in die pädagogische Praxis übernommen würden, dann könnte ein ganzheitlicher Beitrag zur Prävention von Gewalt im Traditionslosen Arbeitermilieu geleistet werden.

**Aufgabe 39** Eine **ICH-Schwäche** kann unter zwei Bedingungen zu Aggressionen führen: Ein Kind wächst unter vielen Regeln und Bevormundungen auf. Das Über-ICH wird zu einer mächtigen Instanz, die dem Kind jegliche Triebabfuhr „verbietet". Nun kann es passieren, dass das Kind aufgrund eines traumatischen Erlebnisses gegen diese „Regeln" des Über-ICH mit Aggressionen aufbegehrt. So etwas kann z. B. durch einen Schulwechsel geschehen oder bei einer Trennung der Eltern.

Die andere Möglichkeit besteht darin, dass die Wünsche des Kindes fast immer erfüllt werden. Dies geschieht häufiger, da viele Eltern den Konflikt mit ihren Kindern scheuen und lieber ihre Wünsche erfüllen, statt ständige Nörgeleien zu ertragen. Oft wollen Eltern auch die „Freunde" des Kindes sein und vergessen so, Regeln zu setzen. In solchen Fällen haben die Kinder eine ICH-Schwäche wegen eines zu starken ES. Aggressionen werden bei diesen Kindern zum einfachen Mittel der Lustbefriedigung: Wenn z. B. Wünsche nicht sofort erfüllt werden, wird das Kind gegen sich oder andere aggressiv.

**Aufgabe 40** Freud geht davon aus, dass die negative Triebenergie „abgeleitet" wird. Dadurch, dass das Individuum sich immer der umgebenden Kultur anpassen muss, stauen sich unter diesem Anpassungsdruck aggressive Triebe. Durch künstlerische Ausdrucksformen werden diese **Triebe in eine produktive Tätigkeit umgeleitet.** Der Einzelne findet so besondere Ausdrucksmöglichkeiten, die ihm helfen, die Wünsche des ES und die Forderungen des Über-ICH in Einklang zu bringen bzw. auszugleichen.

**Lösungen** 225

**Aufgabe 41** Jugendliche wünschen sich Freizeit, Abenteuer und Erlebnisse, wollen aber zugleich in sozialen Gemeinschaften Anerkennung finden. Darüber hinaus sind sie mit Leistungserwartungen in der Schule oder der beruflichen Ausbildung konfrontiert. Sie müssen immer wieder neu die **Balance zwischen Anforderungen und Wünschen oder Bedürfnissen** finden.

Zum Beispiel weiß ein Jugendlicher, der am nächsten Tag eine Klausur schreibt, die seine Abschlussnote in dem entsprechenden Unterrichtsfach maßgeblich mitbestimmt, dass er sich darauf vorbereiten muss. Es will sich aber auch mit Freunden treffen. Möglicherweise beabsichtigt seine Peergroup, am Nachmittag vor der Klausur, gemeinsam an einer Kletterwand die eigenen Fähigkeiten zu erforschen. Der Jugendliche, der die Arbeit schreiben muss, ist begeisterter Kletterer und wird nicht zuletzt aufgrund seiner sportlichen Fähigkeiten von seinen Freunden anerkannt. Ihm ist wichtig, sich in der Gruppe zu beweisen. Daher fällt es ihm schwer, gerade auf das Klettern zu verzichten. Der Jugendliche könnte sich entscheiden, zum Klettern zu gehen, aber zu einem bestimmten Zeitpunkt die Gruppe zu verlassen, um sich auf die Klausur vorzubereiten. Er könnte auch versuchen, den Termin für das gemeinsame Klettern zu verschieben. Vielleicht wäre er sogar bereit, auf das Klettern und das Treffen mit seinen Freunden zu verzichten – in der Hoffnung, dass ihm durch diese einmalige Nichtteilnahme keine Nachteile in der Peergroup entstehen. Nicht auszuschließen wäre auch, dass er gemeinsam mit den Freunden klettert und sich am nächsten Tag in der Schule krankmeldet. In allen Fällen muss der Jugendliche die möglichen Konsequenzen seiner Entscheidung abwägen. Diese wird er – bewusst oder unbewusst – nicht ohne Blick auf seine soziale Mitwelt fällen, ohne die seine Suche nach Identität nie stattfindet.

Die Entscheidung des Jugendlichen hängt von mehreren Faktoren ab: Welche Stellung hat er in der Gruppe inne, in der er sich bewegt? Welche Werte dominieren in dieser Gruppe? Schulischer Ehrgeiz wird keineswegs in allen jugendlichen Zusammenschlüssen negativ bewertet. Inwieweit der Jugendliche die langfristigen Folgen seines Tuns berücksichtigen bzw. in konkreten Situationen seine Balance finden kann, ist immer auch abhängig von seinem kognitiven und affektiven Lernen sowie seinen sozialen Erfahrungen.

**Aufgabe 42** Alle vier der von Krappmann beschriebenen **identitätsfördernden Fähigkeiten** bilden sich nur in längeren Entwicklungsprozessen heraus. Sie entstehen nicht durch gezieltes Training einer dieser Fähigkeiten, sondern vielmehr auf dem Fundament lang andauernder Erfahrungen sowie Beziehungen in Entwicklungs- und Erziehungsprozessen.

Kinder, die Fürsorge, Zuwendung und Bestätigung erfahren, die ermuntert werden, eigene Schritte zu gehen, deren eigene Meinung geachtet und deren Gefühle, Wünsche und Erwartungen ernst genommen werden, finden sicherlich eher den Weg zur eigenen **Identitätsdarstellung** als Kinder, die entsprechende Erfahrungen nicht machen.

**Empathie** werden Menschen kaum ausbilden, wenn sie selbst wenig Liebe und Zuwendung erfahren haben. Zugleich müssen sie aber auch in Erziehungsprozessen darauf hingewiesen werden, ihre Mitmenschen und deren Gefühle und Wünsche wahrzunehmen. Kinder mit Geschwistern können dies z. B. dadurch lernen, dass ihre Eltern sich mit ihnen gemeinsam über Erfolge ihrer Geschwister freuen.

**Rollendistanz** und **Ambiguitätstoleranz** können Kinder in jungen Jahren noch nicht lernen. Dies setzt die Fähigkeit voraus, Erfahrungen differenziert betrachten zu können. Wichtig ist also die Förderung einer kognitiven Entwicklung, innerhalb derer Kinder nicht nur formal denken lernen, sondern auch unterschiedliche Aspekte und Gesichtspunkte bestimmter Sachverhalte berücksichtigen können. So können sie Enttäuschungen besser ertragen. Wichtig aber wäre zudem, dass sie im Leben zuvor schon Frustrationen ausgehalten haben. Darum ist es erzieherisch keinesfalls erstrebenswert, Frustrationen von Kindern zu verhindern, sondern es ist wichtig, ihnen beim Durchleben von Frustrationen beizustehen.

Rollendistanz fällt besonders Jugendlichen schwer, weil sie auf der Suche nach „Rollen" im Leben sind. Umgekehrt erleben sie in ihren Rollen als Schüler oder Freund oder Mitglied in einer Sportmannschaft immer wieder Enttäuschungen, die sie zum Nachdenken zwingen. Es könnte auch sein, dass sie nur Rollen spielen, ohne zu merken, dass sie so keine eigene Persönlichkeit ausbilden. Darum sollte in der Familie wie in der Schule das Thema „Persönlichkeit" berücksichtigt werden. Es sollten Auseinandersetzungen mit Menschen stattfinden, die nicht einfach Rollenerwartungen erfüllen, sondern sich mit diesen kritisch auseinandersetzen. Im Literaturunterricht lassen sich viele Beispiele behandeln: Wilhem Tell, Möbius in Dürenmatts Drama „Die Physiker", Hauke Haien in Storms „Der Schimmelreiter" oder Laurie und David in Morton Rhues „Die Welle". Rollendistanz entsteht aber auch durch Kritik am eigenen Rollenverhalten. Insofern sollten Eltern keineswegs alle Verhaltensweisen ihrer jugendlichen Kinder hinnehmen, sondern auch den Mut zu sachlich begründeter Kritik haben. Damit drängen sie ihre Kinder zur Auseinandersetzung mit sich und ihren Rollen als Kinder, Schüler, etc.

**Aufgabe 43** Lothar Krappmann benennt „Rollendistanz", „Role-taking", „Ambiguitäts-toleranz" und „Identitätsdarstellung" als **identitätsfördernde Fähigkeiten**, Immanuel Kant fordert von Erziehung „Disziplinierung", „Kultivierung", „Zivilisierung" und „Moralisierung". Kant beschreibt so auch eine Stufenfolge der Erziehung. Krappmann fragt nicht nach erzieherischen Schritten, sondern bedenkt Fähigkeiten, welche Menschen als soziale Wesen ausbilden müssen, um innerhalb einer sozialen Lebenswelt eine eigene Identität konstruktiv ausbilden zu können.

Ziel menschlicher Entwicklung ist nach Kant „Moralisierung". Krappmann erklärt zum Ziel der Sozialisation den autonomen Menschen, der auch für die Autonomie anderer eintritt. Man könnte das Eintreten für die Autonomie anderer als ein Orientieren an guten Zwecken deuten.

Die von Krappmann beschriebenen Fähigkeiten lassen sich als Konkretisierungen von Kants Postulaten der Kultivierung und insbesondere der Zivilisierung verstehen. Rollendistanz, Ambiguitätstoleranz, Identitätsdarstellung und Role-taking sind Fähigkeiten, die Menschen helfen können, im gesellschaftlichen, beruflichen und privaten Leben erfolgreich zu sein. Kant hätte diese Fähigkeiten unter dem Begriff der Zivilisierung zusammengefasst. Das Erlernen der identitätsfördernden Fähigkeiten nach Krappmann sichert noch nicht Moralisierung, aber es könnte ein bedeutendes Fundament für Moralisierung darstellen. Empathie ist auch eine Voraussetzung dafür, überhaupt differenziert fragen zu können, was Menschen leiden lässt. Erst Rollendistanz ermöglicht es Menschen, sich partiell von Rollenerwartungen frei zu machen und das eigene Rollenverhalten aus einer anderen – beispielsweise moralischen – Perspektive kritisch in den Blick zu nehmen. Fragen zu können, ob etwas, was mir gefällt, moralisch gut oder schlecht ist, setzt voraus, dass ich das Tun distanziert betrachten kann.

**Aufgabe 44** Laut Erikson kann eine Identitätsdiffusion in der Zeit der Pubertät entstehen. Diese drückt sich vor allem in folgenden problematischen Entwicklungen aus: Die Jugendlichen verlieren die **zeitliche** und **biografische Dimension**, d. h., sie haben keinen Bezug mehr zu ihrer Gegenwart sowie zu ihrem konkreten Alltag und halten sich in einer Art „Leerstelle" der Adoleszenz auf. Der Jugendliche kann sich nicht vorstellen, wie es in seinem Leben weitergeht und **verliert sich z. B. in sozialen Netzwerken**. Weiter kommt es zur Diffusion der **Arbeitsfähigkeit**, d. h., die Jugendlichen fühlen sich gelähmt und sind nicht in der Lage, sich in einer Leistungsgesellschaft einzubringen. Dies kann auch als Fortsetzung der Krise „Werksinn vs. Minderwertigkeitsgefühl" verstanden werden. Das Individuum fühlt sich minderwertig und nutzlos, verbringt seine Zeit beispielsweise mit exzessivem Computerspielen. Die **Diffusion der Intimität** verhindert, dass der Jugendliche freundschaftliche oder partnerschaftliche Beziehungen aufnehmen kann. Er bleibt verunsichert, inwieweit er dem Anderen Vertrauen schenken und sich auf Nähe einlassen kann. Als Verschiebung dieser Gefühle kann beispielsweise eine unverhältnismäßige **Freizügigkeit in sozialen Netzwerken** vorkommen. Dies alles kann laut Erikson in einer **negativen Identität** münden: Die Jugendlichen flüchten sich in die Verneinung aller Werte ihrer Eltern und der Leistungsgesellschaft. Es kann eine emotionale Flucht stattfinden, indem der Jugendliche depressive Züge annimmt oder eine aktive Flucht, beispielsweise das Untertauchen in die Straßenszene.

**Aufgabe 45** Viele Jugendliche nutzen soziale Netzwerke insbesondere als Kontaktplattform. Netzwerke wie Facebook werden von Jugendlichen v. a. verwendet, um **Kontakte zu halten**. Weiter wird in diesen Netzwerken ein mehr oder minder erfolgreiches „Selbstmarketing" betrieben, wobei z. B. männliche Jugendliche gerne Fotos von sportlichen Wettkämpfen posten, weibliche Jugendliche eher von gemeinsamen freundschaftlichen Aktivitäten (z. B. Essengehen o. ä.).

Gefahren können vor allem dann entstehen, wenn Jugendliche zu viele Informationen über sich preisgeben. Besonders ungünstige Folgen kann es haben, wenn Jugendliche sich **in extremer Form bildlich präsentieren:** z. B. bei männlichen Jugendlichen Fotos von exzessiven Trinkgelagen oder bei weiblichen Jugendlichen extrem freizügige Fotos. Eine weitere Gefahr stellt auch das sogenannte „Cyber-Mobbing" dar. Jugendliche tragen ihre Konflikte im Internet aus: Beispielsweise wird auf Facebook-Seiten beleidigendes über andere gepostet oder es werden Verlinkungen zu Video-Kanälen wie youtube hergestellt, die die verknüpften Personen in Situationen darstellen, die sie blamieren, z. B. wenn Jugendliche weinen oder verprügelt werden. Diese Situation hat eine Vielzahl von Jugendlichen selbst oder im Bekanntenkreis bereits erlebt.

In diesem Zusammenhang wichtig ist auch die Aufklärung über die richtige Datenschutzeinstellung bei sozialen Netzwerken.

Chancen der sozialen Netzwerke liegen darin, über diese Communitys die sozialen Beziehungen zu pflegen und auszubauen. Diese Chancen werden allerdings nicht von Jugendlichen aus bildungsbenachteiligten Milieus genutzt.

Lösungen ✦ 229

**Aufgabe 46** Bereits im Kindergarten sollten die Kinder mit den elementaren Grundkenntnissen im Umgang mit Medien aller Art vertraut gemacht werden. Dabei muss auch ein besonderes Augenmerk den digitalen Medien gelten, um bei Kindern frühzeitig ein **Sicherheitsbewusstsein** hervorzurufen, insbesondere was die Preisgabe persönlicher Informationen angeht.

In der Sekundarstufe I kann dann verstärkt und konkret auf die Chancen und Risiken des Internets eingegangen werden. Dabei sollte es einerseits um eine kritische **Reflexion der Informationsbeschaffung** gehen (z. B. Zitationsfähigkeit von Internetquellen), andererseits um **verantwortungsbewusstes Verhalten in Online-Communitys**.

Das Elternhaus muss von der Kindheit bis in die späte Pubertät den Mediengebrauch von Kindern und Jugendlichen kritisch-konstruktiv begleiten. Dies meint im Einzelnen auch die Kontrolle kindlichen Medienkonsums.

**Aufgabe 47** Laut Dieter Baacke müssen Kinder und Jugendliche möglichst früh bei der Ausbildung von Medienkompetenz erzieherisch unterstützt werden. Dies betrifft die **Medienkunde**, die hilft, sich beispielsweise den Umgang mit einem PC zu erarbeiten. Es ist also wichtig, 10-jährigen Kindern den Zugang zu PCs zu ermöglichen, damit sie lernen, damit umzugehen. Wesentlich wäre an dieser Stelle aber auch, dass sie beim Surfen im Internet nicht sich selbst überlassen werden. Viele Internet-Browser bzw. Betriebssysteme bieten Kindersicherungen, die unbedingt eingestellt werden sollten. Dadurch haben die Kinder z. B. nur Zugriff auf bestimmte Internetseiten, und auch ihre Nutzungsdauer des Computers kann kontrolliert werden. Es sollten feste Online-Zeiten vereinbart werden, damit Kinder sich nicht komplett im Medium verlieren. Des Weiteren sollten Eltern den Browser-Verlauf kontrollieren. Eltern müssen Kinder auch über die Gefahren der Bekanntgabe persönlicher Daten intensiv informieren, bevor die Kinder in sozialen Netzwerken aktiv werden. Diese Maßnahmen würden nach Baacke auf Dauer auch die Fähigkeit zur **Medienkritik** stärken.

**Aufgabe 48** Jugendliche sollten frühestens ab dem Alter von 14 Jahren ein Smartphone besitzen, da über diese Geräte oftmals ein unkontrollierter Zugang zu sämtlichen Web-Inhalten möglich ist. Beispielsweise werden über diesen Weg „Ekel-Videos" verbreitet, wobei das Anschauen dieser zu einer Art Wettbewerb unter Jugendlichen werden kann. Weiter können Kindersicherungen durch viele Apps umgangen werden. Die Internetnutzung über Smartphones lässt sich somit weitaus weniger kontrollieren als die am PC.

Andererseits bietet die Smartphone-Nutzung Jugendlichen auch Chancen: So gibt es beispielsweise Lern-Apps, die beim Vokabellernen oder beim Üben von Mathe-Aufgaben helfen. Außerdem ermöglichen Smartphones den Jugendlichen viele Formen der Kommunikation und den Zugang zu einer großen Anzahl an Informationsquellen.

# Stichwortverzeichnis

Adaptation 46
Aggression 174
• ~stheorien 138–152
Akkommodation 46 f.
Ambiguitätstoleranz 159 f., 163
Ambivalenz 85, 139, 147
Anale Phase 20 f.
Animismus 51
Äquilibration 47, 84
Assimilation 46 f.
Ästhetische Bildung 91 ff.
Aufklärung 6 f.
Ausstoßung, vernachlässigende 112
Autonomie 31 ff.
Autoritarismus 146
Autorität 32 ff., 38, 41, 66, 70, 117, 161
Axiologisches Kriterium 3

Bewahrpädagogik 188 ff.
Bildung 8–11, 73, 84–90, 114, 126, 148
Bildungskompetenzen 117
Bindung, verstrickende 112 f.

Conditio humana 9–12

Delegation 112 f.
Denken
• deduktives 54 ff.
• induktives 54
• magisches 51 f., 88
• Meta~ 54
• reversibles 53
• systemisches 110–113
Deontologische Orientierung 64
Desintegration 85, 143–146, 170
Devianz 169, 172 ff.
Dilemmageschichte 62, 65 f., 74
Diskursethik 72
Disziplinierung 6 ff.

Egozentrische Orientierung 22, 53, 64
Egozentrismus 49 f., 53
Elementarpädagogik 84, 103
Empathie 71, 160, 163
Entwicklungsaufgaben 124 ff.
Erziehungsbedürftigkeit 106
Erziehungskompetenzen 116
Erziehungsstil
• autoritärer 115
• vernachlässigender 115
• permissiver 115
• autoritativer 115
Erziehungsziele 3, 5–10, 116
Epigenetisches Prinzip 27 f., 47
Epistemisches Subjekt 47
ES 19, 25, 149 f.

Facebook 174–178, 192
Familiale Professionalisierung 119 ff.
Familiäre Transmission 114 f., 118
Familie 107–110
• ~formen 107 ff.
• ~therapie 120
Fernsehkonsum 185
Filiationsbeziehung 110 f.
Finalismus 48
Formal-operationales Stadium 51 f.
Freudsche Fehlleistung 27

Game 79 ff.
Generativität 39, 41
Genitale Phase 22
Gewalt
• expressive 147
• instrumentelle 147
• regressive 147
• in der Familie 118
• ~wirkungsforschung 184
Gewissen 19, 25, 33 f., 40

## Stichwortverzeichnis

Homöostase 120

ICH 19, 25, 149 f.
- ~-Identität 40, 128, 135 f., 158 ff.
Identität 37 f., 43, 78 f., 117, 128, 135,
    153–172
- balancierende 155
- negative 170 ff.
- ~sdarstellung 159 f.
- ~sdiffusion 37 f., 118, 169–172
Identitätsprobleme 142
Individualisierung 42, 109, 139 f.
Individuation 111 f., 126, 128 f., 163
Initiative 33 f.
Integration 126, 128 f., 163
Integrität 40 f.
Interaktionismus 77, 154, 157 ff.
Intermediärer Bereich 93 f.
Intimität 39 f., 170
Isolierung 39 f.

Just-Community-Ansatz 67 f.

Kategorischer Imperativ 7
Klinische Methode 47 f.
Kohärenz 78
Kompetenzen 89
Konkret-operationales Stadium 53 f.
Kultivierung 7, 11

„Law and Order"-Einstellung 146
Latenzphase 22
Loyalitätskonflikt 111

Medienkompetenz 188–193
Mediennutzungsverhalten 181 ff., 187
Medienpädagogik 188–193
Mediensozialisationsforschung 184
Medientheorien 183 f.
Medienwirkungsforschung 184 f.
Mind 78 f.
Minderwertigkeitsgefühl 35 ff.
Mobbing 177
Moralische Entwicklung 61–67
Moralische Erziehung 64–68
Moralische Segmentierung 70 f.

Moralisierung 7, 11
Motivational 69
Mündigkeit 5–10, 25, 32, 41 ff., 79,
    102, 148, 166 ff.

Nachahmen 44, 87

Ödipuskonflikt 17 f., 21, 33
Onlinespiele 179 f.
Orale Phase 20

Paideutisch 4
Play 79 ff.
Präoperationales Stadium 50 ff.
Produktive Realitätsverarbeitung
    124–134
Projektarbeit 89
Psychoanalyse 15 ff.

Realitätsflucht 180
Reggio-Pädagogik 99–102
Role-taking 158, 160
Rolle 156–161
Rollendistanz 159 f.

Schuldgefühl 33 f.
Selbstbildung 87–90
Selbstdarstellung 178 f.
Self 78 f.
Sensomotorisches Stadium 48 ff.
Signifikante Symbole 78
Signifikanter Anderer 79
Soziale Netzwerke 174–180, 187,
    192 f.
Sozialisation 128 ff.
Sozialisationsinstanz 106, 121, 129 f.,
    133, 171
Sozialisatorische Triade 110 f.
Soziozentrische Orientierung 64
Spracherwerb 96 ff.
Spiel 47, 52, 80, 93–96
- Fiktions~ 52
- Funktions~ 52
- Illusions~ 52
- Konstruktions~ 53, 102
- Regel~ 35, 53

- Rollen~ 47, 53 f., 78 f., 156 ff.
- Strategie~ 54
- Symbol~ 52
- werkschaffendes 52

Sprachgebrauch
- analytischer 160
- reflexiver 160

Stagnation 39
Symbolsystem 50, 78, 97, 156
Systemische Theorie 110–113
Systemische Therapie 120

Über-ICH 19, 25, 31, 149
Urmisstrauen 29 f.
Urvertrauen 29 f., 121
Utilitaristische Orientierung 64

Verallgemeinerter Anderer 79 f., 82
Verzweiflung 40

Web 2.0/3.0 175

Zivilisierung 7, 11, 59, 103, 113

# Quellennachweis

## Bildnachweis

**Umschlagbild:** Blend Images – KidStock
**S. 1:** © Monkey Business Images – Dreamstime.com (oben links), © Monika Adamczyk – Fotolia.com (oben rechts), © AVAVA – Fotolia.com (unten links), © Wojciech Gajda – Fotolia.com (unten rechts)
**Abb. 1:** Klaus Beyer: Handlungspropädeutischer Pädagogikunterricht. Eine Fachdidaktik auf allgemeindidaktischer Grundlage, Teil I: Aufgaben, Prinzipien und Lernziele. Baltmannsweiler: Schneider Verlag Hohengehren 1997, S. 147
**Abb. 7:** nach Donaldson 1982
**Abb. 9:** Ann Colby/Lawrence Kohlberg et al.: The Measurement of Moral Judgement. Vol. 2. Cambridge University Press 1987, übersetzt von Fritz Oser, verteilt anlässlich der Tagung der Berliner Seminarleiter im Max-Planck-Institut für Bildungsforschung, 1995
**Abb. 11:** Herbert Gudjons: Pädagogisches Grundwissen. Überblick – Kompendium – Studium. 10. aktualisierte Auflage, Bad Heilbrunn: Verlag Julius Klinkhardt 2008, S. 162
**Abb. 12:** wavebreakmedia. Shutterstock
**Abb. 14:** Klaus Hurrelmann/Gudrun Quenzel: Lebensphase Jugend. Eine Einführung in die sozialwissenschaftliche Jugendforschung, 11., vollständig neu bearbeitete Auflage, Weinheim und Basel: Beltz Juventa 2012, S. 38
**Abb. 15:** Wilhelm Heitmeyer u. a.: Gewalt. Schattenseiten der Individualisierung bei Jugendlichen aus unterschiedlichen Milieus. Weinheim und München: Juventa 1995, S. 75 und 57
**Porträts**
**S. 14:** Imagno/Getty Images
**S. 26:** Ted Streshinsky/Time & Life Pictures/Getty Images
**S. 45, 76:** ullstein bild – Granger Collection
**S. 83:** Matthias Kleinow
**S. 121:** Uni Bielefeld
**S. 136:** © Heinrich Böll Stiftung Berlin, Deutschland; http://en.wikipedia.org/wiki/File:Flickr_-_boellstiftung_-_Prof._Dr._Wilhelm _Heitmeyer_(1).jpg; CC BY-SA 2.0
**S. 152:** Lothar Krappmann

## Weiterführende Literatur

Heinz Abels: Einführung in die Soziologie. Band 2. Die Individuen in ihrer Gesellschaft. 2. Auflage, Wiesbaden: VS Verlag für Sozialwissenschaften 2004
Sabine Andresen/Klaus Hurrelmann: Kindheit. Weinheim und Basel: Beltz 2010
Stefan Aufenanger et al.: Erziehung zur Gerechtigkeit. Unterrichtspraxis nach Lawrence Kohlberg. München: Kösel 1984
Dieter Baacke/Horst Schäfer (Hrsg.): Leben wie im Kino. Jugendkulturen und Film. Frankfurt am Main: Fischer 1994
Dieter Baacke et al.: Handbuch Medien. Medienkompetenz: Modelle und Projekte. Bonn: Bundeszentrale für Politische Bildung 1999

Dirk Baier: Abweichendes Verhalten im Jugendalter. Ein empirischer Vergleich verschiedener Erklärungsansätze. In: ZSE : Zeitschrift für Soziologie der Erziehung und Sozialisation 25 (2005) 4, S. 381–398

Dietrich Benner/Helmut Peukert: Erziehung, moralische: In: Enzyklopädie Erziehungswissenschaft. Band 1. Stuttgart: Klett-Cotta 1995, S. 394–402

Armin Bernhard: „Multiple Identitäten" als neues Persönlichkeitsideal? Der sozialwissenschaftliche Diskurs über Identität und seine möglichen Folgen für die Pädagogik. In: Ders.: Bildung und Erziehung: Grundlagen emanzipativer Subjektwerdung. Beiträge zur kritischen Bildungstheorie und Pädagogik. Kiel: Peter Götzelmann Verlag 2001

Helga Bilden: Das Individuum – ein dynamisches System vielfältiger Teil-Selbste. Zur Pluralität in Individuum und Gesellschaft. In: Heiner Keupp/Renate Höfer (Hg.): Identitätsarbeit heute. Klassische und aktuelle Perspektiven der Identitätsforschung. Frankfurt am Main: Suhrkamp 1997, S. 229–243

Bundesministerium für Bildung und Frauen: Grundsatzerlass Medienerziehung. Erlass des Bundesministeriums für Unterricht, Kunst und Kultur. GZ 48.223/6 –B/7/2011, Rundschreiben Nr. 4/2012. Wien 2012, https://www.bmbf.gv.at/schulen/unterricht/uek/medienerziehung_5796.pdf?4dzgm2, aufgerufen am 02. 09. 2015

Rainer Döbert: Horizonte der an Kohlberg orientierten Moralforschung. In: Zeitschrift für Pädagogik, Band 4. Weinheim: Beltz 1987, S. 491–511

Nicola Döring: Identität + Internet = Virtuelle Identität? In: forum medienethik Nr. 2, München: kopaed 2000, S. 65–75

Nicola Döring: Ständig in Verbindung. Aufwachsen im Internet- und Handy-Zeitalter. In: Pubertät, Schüler. Seelze: Friedrich Verlag 2013, S. 74 f.

Erik H. Erikson: Jugend und Krise. Stuttgart: Klett 1988

Sabine Feierabend/Theresa Plankenhorn/Thomas Rathgeb: JIM-Studie 2014. Jugend, Information, (Multi-)Media. Basisstudie zum Medienumgang 12- bis 19-Jähriger in Deutschland. Hrsg. von Medienpädagogischer Forschungsverbund Südwest, Stuttgart 2014, http://www.mpfs.de/fileadmin/JIM-pdf14/JIM-Studie_2014.pdf, aufgerufen am 02. 09. 2015

Sabine Feierabend/Theresa Plankenhorn/Thomas Rathgeb: KIM-Studie 2014. Kinder + Medien + Computer + Internet. Basisuntersuchung zum Medienumgang 6- bis 13-Jähriger in Deutschland. Hrsg. von Medienpädagogischer Forschungsverbund Südwest, Stuttgart 2014, http://www.mpfs.de/fileadmin/KIM-pdf14/KIM14.pdf, aufgerufen am 02. 09. 2015

Sigmund Freud: Das Unbehagen in der Kultur. Frankfurt am Main: S. Fischer Verlag 1972

Dörthe Friess/Johanna Hofmeir: Armut ist Dauerstress. Erfahrungsbericht aus einem sozialen Brennpunkt. In: Imke Behnken (Hrsg.): Geld : Aufwachsen in der Konsumgesellschaft. Schüler, Seelze: Friedrich Verlag 2008, S. 45–49

Burkhard Fuhs: Familien gibt's nur im Plural. Von realen Familien und denen im Kopf, Friedrich Jahresheft Schüler 2001 „Familie", Seelze: Friedrich Verlag S. 10 f.

Stanley I. Greenspan/Beryl L. Benderly: Die bedrohte Intelligenz. Die Bedeutung der Emotionen für unsere geistige Entwicklung. Übersetzt von Friedrich Griese, München: Bertelsmann 2001

Karin Grossmann/Klaus E. Grossmann: Bindungen. Das Gefüge psychischer Sicherheit. Stuttgart: Klett-Cotta 2006

René Gymnich: PädPsych. Das pädagogische Lexikon für Schule und Studium. Baltmannsweiler: Schneider Verlag Hohengehren 1999

Benno Hafeneger: Der aggressive Jugendkörper. In: Yvonne Niekrenz/Matthias D. Witte (Hrsg.): Jugend und Körper : Leibliche Erfahrungswelten. Weinheim: Juventa 2011, S. 123–142

Marius Harrig: Clique, Konsumdruck und Klauen. Zum Einfluss der Peers auf die Delinquenz Jugendlicher. In: Imke Behnken (Hrsg.): Geld : Aufwachsen in der Konsumgesellschaft. Schüler, Seelze: Friedrich Verlag 2008, S. 70 f.

Wilhelm Heitmeyer u. a.: Gewalt. Schattenseiten der Individualisierung bei Jugendlichen aus unterschiedlichen Milieus. Weinheim und München: Juventa 1995

Martin Hirzel: Wer ist Papis Frau? In: Deutsches Institut für Fernstudien in der Universität Tübingen (Hrsg.): Zeitungskolleg Achtung: Kinder. Textsammlung Tübingen 1978, S. 118 f.

Klaus Hurrelmann: Einführung in die Sozialisationstheorie. Über den Zusammenhang von Sozialstruktur und Persönlichkeit. Weinheim und Basel: Beltz 2002

Klaus Hurrelmann/Gerlinde Unverzagt: Kinder stark machen für das Leben. Herzenswärme, Freiräume und klare Regeln. Freiburg: Herder Verlag 2008

Klaus Hurrelmann/Gudrun Quenzel: Lebensphase Jugend. Eine Einführung in die sozialwissenschaftliche Jugendforschung. 11., vollständig neu bearbeitete Auflage, Weinheim und Basel: Beltz Juventa 2012

Klaus Hurrelmann: Jugendliche als produktive Realitätsverarbeiter: Zur Neuausgabe des Buches „Lebensphase Jugend". In: Diskurs Kindheits- und Jugendforschung, 2012, Hf. 1, S. 89–100

Bente Knoll et al.: Ich im Netz. Selbstdarstellung von weiblichen und männlichen Jugendlichen in sozialen Netzwerken, Bericht zum Forschungsprojekt „imaGE 2.0. Selbstdarstellung und Image-Management von weiblichen und männlichen Jugendlichen in digitalen Medien", Wien 2013, https://www.saferinternet.at/fileadmin/files/imaGE_2.0/Ich_im_Netz_Bericht_09012014_FINAL.pdf, aufgerufen am 02. 09. 2015

Lawrence Kohlberg/Eliot Turiel: Moralische Entwicklung und Moralerziehung. In: Gerhard Portele (Hg.): Sozialisation und Moral: neue Ansätze zur moralischen Entwicklung und Erziehung. Weinheim: Beltz 1978, S. 13–80

Katharina Liebsch: Risikolagen. In: Dies. (Hrsg.): Jugendsoziologie. Über Adoleszente, Teenager und neue Generationen (Lehr- und Handbücher der Soziologie). München: Oldenbourg 2012, S. 177–207

LifE. Lebensläufe ins frühe Erwachsenenalter. Ein Gemeinschaftsprojekt der Universitäten Potsdam, Konstanz, Zürich, http://www.uni-potsdam.de/life-studie/

Elsbeth Krieg (Hg.): Lernen von Reggio: Theorie und Praxis der Reggio-Pädagogik im Kindergarten. Lage: Verlag Hans Jacobs 2002

Elsbeth Krieg, Das reggianische Bild vom Kind, in: Dieselbe, Lernen von Reggio. Theorie und Praxis der Reggio-Pädagogik im Kindergarten. Lage: Verlag Hans Jacobs 2002, S. 12–31

Volker Ladenthin/Gabriele Schulp-Hirsch: Identitätsprobleme. Pädagogische Schwierigkeiten mit einem Begriff. In: PädagogikUNTERRICHT (29), Heft 4, hrsg. vom Verband der Pädagogiklehrer und Pädagogiklehrerinnen. Wesel 2009, S. 2–7

Dr. Georg Lind, verteilt anlässlich der Tagung der American Association for Moral Education 1996 in New York. Überarbeitung: Christian Hoenecke, zitiert nach: http://bildungsserver.berlin-brandenburg.de/fileadmin/bebis/k/o/kohlberg1.pdf, aufgerufen am 1. 3. 2010

Loris Malaguzzi: Zum besseren Verständnis der Ausstellung. 16 Thesen zum pädagogischen Konzept. Hrsg. von FIPP e. V. – Fortbildungsinstitut für die pädagogische Praxis, Berlin 1980

Ursel Mielke: Schwierige Kinder besser verstehen. [Ursachen erkennen. Vertrauen schaffen. Probleme lösen. Mit vielen Fallbeispielen]. Küttigen/Aarau: Midena 1996, Lizenz des Weltbild-Verlags Augsburg

Heinz Moser: Einführung in die Medienpädagogik. Aufwachsen im Medienzeitalter, Wiesbaden: VS Verlag für Sozialwissenschaften 2010

Gertrud Nunner-Winkler: Prozesse moralischen Lernens und Entlernens. In: Zeitschrift für Pädagogik. Band 55, Heft 4. Weinheim: Beltz 2009, S. 528–548

Rolf Oerter/Eva Dreher: Jugendalter. In: Rolf Oerter/Leo Montada: Entwicklungspsychologie. 6., vollständig überarbeitete Auflage, Weinheim: Beltz PVU 2008, S. 271-332

Helmut Peukert: „Erziehung nach Auschwitz" – eine überholte Sinndefinition? Zum Verhältnis von Kritischer Theorie und Erziehungswissenschaft. In: Neue Sammlung. Band 30. Seelze: Friedrich Verlage 1990, S. 345–354

Helmut Peukert: Die Erziehungswissenschaft der Moderne und die Herausforderung der Gegenwart. In: Dietrich Benner/Dieter Lenzen/Hans-Uwe Otto (Hg.): Erziehungswissenschaft zwischen Moderne und Modernitätskrise. 29. Beiheft der Zeitschrift für Pädagogik, Weinheim: Beltz 1992, S. 113–127

Christa Sallmann/Annette Franz/Katarina Hopf: Die Puppe in Fiktionsspielen – das Kind und das Schattenspiel. In: Senatsverwaltung für Jugend und Familie (Hrsg.): Hundert Sprachen hat das Kind, Berlin 1992, S. 33–52

Gerd E. Schäfer: Spiel. 2006, http://www.hf.uni-koeln.de/data/eso/File/Schaefer/Vorlesung_Spiel.pdf, aufgerufen am 10. 01. 2013

Gerd E. Schäfer: Spracherwerb als frühes Erfahrungslernen. Thesen aus kognitionswissenschaftlicher und pädagogischer Sicht. Vortrag zum GEW-Workshop „Sprache – Kommunikation – Bildung" zum Förderprogramm „Sprache & Integration" des BMFSFJ 2. und 3. Dezember 2011 in Steinbach/Ts., http://www.gew.de/Binaries/Binary84637/Vortrag SpracherwerbSch%C3%A4fer.pdf, aufgerufen am 14. 01. 2013

Gerd E. Schäfer: Was ist frühkindliche Bildung? In: Ders. (Hg.): Bildung beginnt mit der Geburt. Für eine Kultur des Lernens in Kindertageseinrichtungen, 4., aktualisierte Neuausgabe, Berlin: Cornelsen Verlag Scriptor 2011 (A), S. 15–74

Gerd E. Schäfer: Aufgaben frühkindlicher Bildung. In: Ders. (Hg.): Bildung beginnt mit der Geburt. Für eine Kultur des Lernens in Kindertageseinrichtungen, 4., aktualisierte Neuausgabe, Berlin: Cornelsen Verlag Scriptor 2011 (A), S. 75–178

Ansätze für einen offenen Bildungsplan. In: Ders. (Hg.): Bildung beginnt mit der Geburt. Für eine Kultur des Lernens in Kindertageseinrichtungen, 4., aktualisierte Neuausgabe, Cornelsen Verlag Scriptor: Berlin 2011 (A), S. 216–271

Gerd E. Schäfer: Bildungsprozesse im Kindesalter. Selbstbildung, Erfahrung und Lernen in der frühen Kindheit. 4. Auflage, Weinheim und München: Juventa-Verlag 2011 (B)

Klaus A. Schneewind: Sozialisation in der Familie. In: Klaus Hurrelmann/Matthias Grundmann/Sabine Walper (Hrsg.): Handbuch Sozialisationsforschung, 7. Auflage, Weinheim und Basel: Beltz 2008

Norbert F. Schneider: Was ist Familie? Eine Frage von hoher gesellschaftspolitischer Relevanz, 31. 05. 2012, Bonn: Bundeszentrale für politische Bildung, http://www.bpb.de/politik/grundfragen/deutsche-verhaeltnisse-eine-sozialkunde/138023/was-ist-familie

Eva-Maria Schnurr: Die Macht der Familie. In: Die Zeit, http://www.zeit.de/zeit-wissen/2010/01/Die-Macht-der-Familie, aufgerufen am 01. 09. 2015

Bernd Schorb/Erich Mohn/Helga Theunert: Sozialisation durch (Massen-)medien. In: Klaus Hurrelmann/Dieter Ullrich (Hrsg.): Neues Handbuch der Sozialisationsforschung. Basel: Beltz 1991, S. 493–510

Günter Schreiner: „Julia und der Dealer". Erfahrungen aus einem Versuch, mit Schülern über ein lebensnahes moralisches Problem zu diskutieren. In: Die Deutsche Schule. Band 2/1982, S. 128–140

Schulgesetz für das Land Nordrhein-Westfalen, https://www.schulministerium.nrw.de/docs/Recht/Schulrecht/Schulgesetz/Schulgesetz.pdf, § 2, S. 2 f., aufgerufen am 02. 09. 2015)

Statistische Ämter des Bundes und der Länder: Eheschließungen und Ehescheidungen, http://www.statistik-portal.de/Statistik-Portal/de_jb01_jahrtab3a.asp

Statistisches Bundesamt: Geborene und Gestorbene, https://www.destatis.de/DE/Zahlen Fakten/Indikatoren/LangeReihen/Bevoelkerung/lrbev04.html

Statistisches Bundesamt: Familien 2014: Ehepaare noch dominierend, aber rückläufig, https://www.destatis.de/DE/ZahlenFakten/GesellschaftStaat/Bevoelkerung/HaushalteFamilien/AktuellFamilien.html

Daniel Süss/Claudia Lampert/Christine W. Wijnen: Medienpädagogik. Ein Studienbuch zur Einführung. Wiesbaden: VS Verlag für Sozialwissenschaften 2010

Katja Thimm: Rivalen fürs Leben. In: Spiegel Spezial 4/2007, S. 66–75

R. Murray Thomas/Birgitt Feldmann: Die Entwicklung des Kindes. Weinheim und Basel: Beltz 1989

Wolfgang Ullrich/Franz-J. Brockschnieder, Reggio-Pädagogik auf einen Blick. Einführung für Kita und Kindergarten. Freiburg: Herder 2009

Ulrike Wagner/Christa Gebel/ Claudia Lampert (Hrsg.): Zwischen Anspruch und Alltagsbewältigung: Medienerziehung in der Familie. Schriftenreihe Medienforschung der Landesanstalt für Medien NRW (LfM), Band 72. Berlin: Vistas 2013

Rainer Winkel: Am Anfang war die Hure. Theorie und Praxis der Bildung. Baltmannsweiler: Schneider Verlag Hohengehren 2005

Michael Winkler: Erziehung in der Familie. Innenansichten des pädagogischen Alltags. Stuttgart: Kohlhammer 2012

Michael Winkler: Erziehung in der Familie. In: PädagogikUNTERRICHT (35), Heft 1, hrsg. vom Verband der Pädagogiklehrer und Pädagogiklehrerinnen, Wesel 2015, S. 2–13

Michael Winterhoff: Warum unsere Kinder Tyrannen werden oder: die Abschaffung der Kindheit. Gütersloh: Gütersloher Verlagshaus 2008

Wir danken allen Rechteinhabern für die Abdruckerlaubnis.

Der Verlag hat sich bemüht, die Urheber der abgedruckten Bilder und Texte ausfindig zu machen. Wo dies nicht gelungen ist, bitten wir diese, sich ggf. an den Verlag zu wenden.

# Erfolgreich durchs Abitur mit den **STARK** Reihen

### Abiturprüfung
Anhand von Original-Aufgaben die Prüfungssituation trainieren. Schülergerechte Lösungen helfen bei der Leistungskontrolle.

### Abitur-Training
Prüfungsrelevantes Wissen schülergerecht präsentiert. Übungsaufgaben mit Lösungen sichern den Lernerfolg.

### Klausuren
Durch gezieltes Klausurentraining die Grundlagen schaffen für eine gute Abinote.

### Kompakt-Wissen
Kompakte Darstellung des prüfungsrelevanten Wissens zum schnellen Nachschlagen und Wiederholen.

### Interpretationen
Perfekte Hilfe beim Verständnis literarischer Werke.

**Und vieles mehr auf www.stark-verlag.de**

# Abi in der Tasche – und dann?

In den **STARK** Ratgebern findest du alle Informationen für einen erfolgreichen Start in die berufliche Zukunft.

Alle Titel zu Beruf & Karriere
www.berufundkarriere.de

**Bestellungen bitte direkt an**
STARK Verlagsgesellschaft mbH & Co. KG · Postfach 1852 · 85318 Freising
Tel. 0180 3 179000* · Fax 0180 3 179001* · www.stark-verlag.de · info@stark-verlag.de

Lernen ▪ Wissen ▪ Zukunft
**STARK**

*9 Cent pro Min. aus dem deutschen Festnetz, Mobilfunk bis 42 Cent pro Min. Aus dem Mobilfunknetz wählen Sie die Festnetznummer: 08167 9573-0